癒し 地域包括ケア研究

聖カタリナ大学30周年・聖カタリナ大学短期大学部50周年 開学記念特集号

創風社出版

発刊に寄せて

聖カタリナ学園
理事長　中田婦美子

　このたび、本学の創立記念と看護学科設置を祝し、ここに大学研究論文叢書「癒し 地域包括ケア研究」を発行できますことは、誠に時宜を得たものであると思います。心身の癒しについて、聖書は次のように述べています。「疲れた者、重荷を負う者は、誰でもわたしのもとに来なさい。そうすれば、魂は安らぎを見いだすだろう。」(マタイ11・28) これはキリストご自身の言葉でありますが、真の癒しとは、本来神からのものであることを示しています。

　この研究叢書は、それぞれの専門分野の方々が、「心の癒し」という主題を独自の視点から論文としてまとめたものですが、その底辺に流れる共通した思想は、神の似姿として造られた人間の尊厳とその幸福への追求に他なりません。それは、本学の教育理念である「愛と真理」のルーツであり、本学園の歴史的軌跡でもあると思います。

　その歴史は、17世紀の初めにまで遡ります。鹿児島の甑島(こしきじま)に上陸したドミニコ会宣教師フランシスコ・モラーレスは、厳しいキリシタン弾圧の下で多くの人々の魂の救いと癒しのために働き、最期は殉教しました。彼によって種まかれた信仰の種子は、20世紀になって再度四国に来日した同じドミニコ会宣教師の努力によって、この地に落ち、聖カタリナ学園という豊かな実りを結ぶまでに成長しました。すなわち、神の癒しと救いの恵みというのは、その時代と社会の必要に応えた善意ある多くの人々の手を通して、地域を包括し、更に、世界の平和と福祉のために益するものとして及びます。本学の保護者、聖カタリナの神と隣人に対する愛の精神が、松山赤十字病院の掲げる人道的博愛主義の精神と連携することにより、地域創生のためにより具体的で豊かな貢献となることを期待しております。癒しの概念については、キリストの弟子であるペトロが次のように証明しています。「キリストはわたしたちの罪のために十字架を担われました。その傷によって、あなたがたは癒されたのです。」(ペトロⅠ 2：24) 神ご自身が先に示された限りない愛によって、わたしたちは癒しの真の意味を理解できるのです。

　このたびの発刊が、本学にとって、その建学の精神の原点にたちかえる機会となり、カトリック教育の将来への展望に向けて、その使命を遂行する一助になれば、これ以上の喜びはありません。

　最後に、本叢書の編纂から発行に至るまでのすべて任を負われた本学副学長玉井建三氏は、大学創設以来、本学の建学の精神を良く理解し、その発展に尽力していただきましたことを、ここに心からの謝意を表明したいと思います。

目 次

発刊に寄せて …………………………………………………………… 1

いやし 隣人を大切にする心 ………………………………………… 7

シエナの聖カタリナとキリスト教的愛の実践 …………………… 9
  はじめに ……………………………………………………… 9
 Ⅰ．キリスト教的慈善 ……………………………………………… 9
 Ⅱ．カタリナと隣人愛 ……………………………………………… 11
 Ⅲ．貧しい人々への愛 ……………………………………………… 15
 Ⅳ．病人の看護 ……………………………………………………… 17
 Ⅴ．心の癒し ………………………………………………………… 19

土曜日の癒し ―キリスト教的安息日を祝うために― ……………25
  はじめに ………………………………………………………25
 Ⅰ．土曜日の根底にある無形の聖土曜日 …………………………26
 Ⅱ．「陰府への降下」とユダヤ的安息日の無化 ……………………27
 Ⅲ．モルトマンによる再理解 ………………………………………29
 Ⅳ．後生の一大事としての内観瞑想 ………………………………31
 Ⅴ．称名念祷への展望 ………………………………………………32
  おわりに ………………………………………………………34

こころ豊かな地域支援活動 ―愛媛の実践を中心に― ……………39

地域包括ケアのあり方とその方向性
  ―コミュニティと自然とのつながりを求めて― ………………41
  はじめに ―俳人正岡子規のケアを巡って― ………………41
 Ⅰ．人間にとってのケア（care） …………………………………43
 Ⅱ．健康転換とケアシステムの変化 ………………………………46
 Ⅲ．生活モデルによる地域包括ケアのあり方 ……………………50

Ⅳ．地域包括ケアの方向性―愛媛におけるケア実践に学ぶ―　………58
　　　おわりに―地域包括ケアに関わる専門職養成について―　………66

バチカンと国際ボランティア50年の歩み　………………71
　　　はじめに　………………………71
　　　Ⅰ．JICAボランティア事業の50年の歩み　………………72
　　　Ⅱ．JICAボランティア体験の具体例　………………73
　　　Ⅲ．本学の取り組みと学生の学び　………………76
　　　Ⅳ．第2バチカン公会議から50年　………………80
　　　まとめ　………………………85

高齢者の生活と支援 ―地域における連携、協働のあり方を中心に―　…89
　　　はじめに　………………………89
　　　Ⅰ．高齢社会の現状と課題　………………89
　　　Ⅱ．介護サービスの基盤整備と人材確保　………………93
　　　Ⅲ．認知症高齢者の支援　………………97
　　　Ⅳ．地域住民を主体とした支援体制づくり　………………100
　　　おわりに　………………………102

愛媛の退院可能な精神障害者の実態と支援の取り組み　………………105
　　　はじめに　………………………105
　　　Ⅰ．わが国と愛媛の精神科医療　………………106
　　　Ⅱ．愛媛における退院可能な精神障害者の実態　………………110
　　　Ⅲ．愛媛における精神障害者地域移行・地域定着支援への取り組み…117
　　　おわりに　………………………124

人権意識調査から考察する法的課題と福祉教育　………………127
　　　はじめに　………………………127
　　　Ⅰ．全国高齢者福祉施設における職員の人権意識調査　………………128
　　　Ⅱ．福祉施設における人権調査　………………133
　　　Ⅲ．福祉を学ぶ愛媛の大学生の人権意識調査　………………138
　　　おわりに　………………………146

いのちを大切にする心を育てる幼児教育
　　　―隣人を愛する心とその実践― ……………………149
　　　はじめに …………………………………………149
　　Ⅰ．いのちの定義とその検証 ……………………150
　　Ⅱ．少年犯罪といのち ……………………………156
　　Ⅲ．いのちを大切にする心を育てる幼児教育 …159
　　　むすびにかえて …………………………………162

ターミナル・ケアと家族支援 ……………………………165
　　　はじめに …………………………………………165
　　Ⅰ．対象及び目的 …………………………………165
　　Ⅱ．音楽療法の方法及び経過と結果 ……………166
　　Ⅲ．考察 ……………………………………………167
　　Ⅳ．まとめ …………………………………………169
　　　おわりに …………………………………………171

愛媛県今治市玉川町鈍川地区「ふれ愛茶屋」での
　　　フットケア活動の取り組みに関する研究
　　　―フットケア活動における社会福祉学科学生の学び― ………175
　　　はじめに …………………………………………175
　　Ⅰ．今治市社会福祉協議会の取り組み …………176
　　Ⅱ．フットケア活動 ………………………………178
　　Ⅲ．フットケア活動の実際 ………………………181
　　Ⅳ．考察 ……………………………………………185
　　　結論及び今後の課題 ……………………………188

松山市の「ふれあい・いきいきサロン」の意義と効果 ……………191
　　　はじめに …………………………………………191
　　Ⅰ．松山市におけるふれあい・いきいきサロン事業の概要 …………192
　　Ⅱ．ふれあい・いきいきサロン参加者への意識調査の概要 …………194
　　Ⅲ．調査結果の概要 ………………………………196
　　　まとめ ……………………………………………203

離島在住高齢者の生活状況について
　　　　—地方都市との比較を通して— ………………………207
　　　はじめに ……………………………………………………207
　　Ⅰ．離島と都市部の高齢者を対象とした生活状況に関する実態調査 …208
　　Ⅱ．離島と都市部の高齢者を対象とした生活状況に関する
　　　　　　　　　　　　　　　　　実態調査の結果 ………212
　　Ⅲ．離島と都市部の高齢者の生活状況に関する比較 …………221
　　　おわりに ……………………………………………………231

看護教育のあり方 —本学が目指すもの— ………………235

愛媛県における看護大学教育 ……………………………237
　　　はじめに ……………………………………………………237
　　Ⅰ．わが国における看護大学教育 …………………………237
　　Ⅱ．愛媛県における看護大学教育 …………………………240
　　Ⅲ．愛媛県における看護大学教育の展望 …………………244
　　　まとめ ………………………………………………………248

日本赤十字社愛媛県支部・松山赤十字看護専門学校における
救護員養成と赤十字看護師の「歩み」、そして「歩むべき道」 ………251
　　　はじめに ……………………………………………………251
　　Ⅰ．松山赤十字病院開設前 …………………………………252
　　Ⅱ．松山赤十字病院の創立から終戦 ………………………254
　　Ⅲ．戦後復興からの医療・看護 ……………………………257
　　Ⅳ．21世紀を展望し平成へ …………………………………264
　　Ⅴ．看護の原点を見失わず、
　　　　赤十字精神を受け継ぐ看護師を育てるために …………269

あとがき ……………………………………………………………275
執筆者紹介 …………………………………………………………278

いやし 隣人を大切にする心

シエナの聖カタリナとキリスト教的愛の実践

ホビノ・サンミゲル

　隣人愛の実践は、イエスの最も重要な教えの一つであり、キリスト教の倫理の中で本質的な戒めである。聖カタリナは、幼い頃からこれを悟り、自分の人生を神と人間に奉仕するために捧げることを決心した。この論文では聖カタリナの著作に基づいてキリスト教的慈善について研究し、当時の人々の証言、主に彼女の霊的指導者であったライムンド・デ・カプアの『伝記』に描かれた出来事を通してキリスト的愛の実践に対する活動について論ずる。

はじめに

　シエナの聖女カタリナがおこなった活動の中でも、最も重要なのは社会への奉仕活動である。彼女は短い生涯をかけて（1347～1380）、世の中のために、隣人愛、病人の看護、心の癒しといった、キリスト教的愛の実践を自分の人生の生き甲斐とした。本稿においては、カタリナのこの奉仕精神をよりよく理解するために、キリスト教的慈善とは何か、そしてキリスト教的愛の実行の概念との関係について、まず考察していく。次に、キリスト教的愛の教えがカタリナの社会活動にどのような影響を及ぼしたかについて論述する。最後に、カタリナが病人、貧者、身寄りのない人達のためになした慈善事業について、具体的に論じる。

Ⅰ．キリスト教的慈善

　キリスト教は、人を精神的・肉体的・社会的奴隷制から救うための宗教として生まれた。人格の尊厳と権利の尊重がそのメッセージの本質的な部分にあたる。その目的は、M．ネカブィーニが「人間の連帯、困っている兄弟への援助、などといった概念は、キリスト教とともに生まれたものであり、愛徳の概念を正義の概念と密接に結びつけました。」[1]と言っているように、自由と社会的連帯の内に生きる一つの家族をつくることなのである。
　このような助けあいや連帯の考えは、神があまねく全人類の父であるということに基づいている。神は唯一の父であり、人とその他のものをお創りになった。それは、愛の行為であり、その目的は、人類という家族を兄弟コミュニティーにすることである[2]。

イエスからのメッセージは、神の普遍的父性を再確認したものである。彼は、この基本的な概念を発展させて、最大の掟を説いている。それは、二つの側面から成り立っている。即ち、何にもまして神を愛し、隣人を自分のように愛すること（マルコ 12・28-34）なのである。[3] キリスト教の愛の教えは、愛が実行されるなら、新しい人間が生まれ、新しい社会が形成され、そこでは人類、国籍、膚の色などの区別はない。なぜなら、みんな同じ父から生まれた兄弟なのだから（コロサイ 3・10-11）、この愛が人類共存の基礎となるのである。ここで言う愛とは、それまでとはうって変わって、敵にまでにも及ぶ愛なのである（ルカ 6・27-28）。それは、あらゆる人間関係を克服し、一つの家族の下に人類を結合させることができる心くばりである。[4]

　聖ヨハネによれば、神は愛であり、愛を実行するものは神に似る（1 ヨハネ 4・8、16）と言っている。イエスは、愛の掟を実行して神と一致し、当時の人びとへの奉仕に全生涯を捧げた偉大な預言者であった。彼は、貧しい人々、病人たち、身寄りのない人たちの偉大な守護者であった（マタイ 4・23-25）。彼は、また何の報酬も期待することなく、人類の救いのために命を犠牲にした偉大な祭司だったのである。

　キリスト教における「キリスト的愛の実践」は、「慈善、善行、beneficencia」を通じてなされてきた。トマス・アクィナスによると、"beneficencia" という言葉は、ラテン語の "bene facere" から来ており、「人によいことをする」ということを意味する。トマス・アクィナスは、慈善の実行のされ方について二つの側面をあげている。一つは、一般的に共通する善を行うことである。つまり、必要があれば常になされる自発的なものである。これは、困っている人に対する愛の行いとして善を実行するキリスト教的慈善にあたる。第二は、何か義務として行う個別的な善行である。人は、義務としてその善をなし、その行いは正義の概念に属している。[5]

　キリスト教徒は、最初より、愛の教えを実行するため、慈善を行うことがいかに大切かを知っている。だから、彼らは人々の幸福、ことに寡婦、孤児、貧民、病人など当時最も蔑まれていた人たちの幸せを、いや幸せが増すための、あらゆる努力を惜しまなかった（ヤコブの手紙 1・27）。

　ヨーロッパがキリスト教化されたとき、為政者たちは、教会の功績を認めたばかりではなく、慈善事業をその手に委ねた。これによって教会は、歴史を通じて困っている人たちを助けるために数多くの無料の施設を設けた。この慈善事業の活動によって数々の男子及び女子修道会が創立されたが、それは困っている人たちを助けるのが唯一の任務といった、慈善事業だけを行う修道会も多くみられるようになった。

　カタリナが活躍した中世は、貧者、障害者、老人、身寄りのない人たちの世話をするための病院や救貧院が創設されるなど、慈善事業が顕著にみられた。また、孤児や身寄りのない人のために、孤児院も建てられた。ことに、これらの施設を無条件に援助した国王も

幾人かいた。このため、多くの教会や修道院が福祉施設になったこともあった。[6]

　この二百年間、慈善という言葉は軽蔑的意味をおびていた。というのは、主に貧者を援助していたがため、怠惰を奨励することになると考えられたからである。多くの人々が、キリスト教徒たちの寛大な心をあまりにもあてにし過ぎて、社会の寄生虫になりさがる危険が生じた。他方、教会がなしてきた慈善事業に対する権力者による妨害もあった。これは、教会財産没収の時代において特に甚だしくなったのである。

　産業革命は、富や利潤の分配における不均衡を生み、これらの問題を解決するには、伝統的な慈善では不十分だということが、この新しい状況下において明らかになった。かくして、「慈善」より「社会正義の概念」へと発展していき、新興市民階級に対する十分な保護を期待したのである。この新しい社会において、人権が認められることによって、正義の概念が徐々に発展していったが、その主眼とするところは、就業者か否かに関わらず、社会の構成員全体を対象とする公正な援助にある。[7] それゆえ、現代では慈善という語が社会福祉という言葉に置き換えられる傾向にある。

　これは、単に用語の置き換えだけではなく、その内容にも変化がみられた。つまり、かつて個人の善意や寛大さに依存していたのに対して、今日では社会の義務とみなされてきたのである。[8]

　教会が行う慈善事業は今日なお活発に行われているとはいえ、[9] 現代社会の数々のニーズが国家や諸々の公の団体にも、従来の福祉事業の責務を負担させるようになってきた。しかし、社会福祉の概念が改められたといっても、それがいつもキリスト教的愛の概念と関連づけられていたということを忘れてはならない。社会福祉を単に社会正義の義務としてのみ捉えるべきではない。やはり、今まで特徴とされていた連帯感や自発性といったものを大切にし、人間関係が冷たく、没個性的な、官僚主義的なものにならないようにすることが必要なのである。[10]

　福祉に対する現代社会のニーズが多様化するにしたがって、各サービスにおいても職業としての専門化がますます要求されるようになっている。しかし、古来のキリスト教的慈善事業を特徴づけていた献身的な無償の奉仕の精神を忘れることはできない。連帯の精神が社会正義と結びついて実現されるなら、より公正な、より幸福な社会づくりに貢献するであろう。このような精神がカタリナをして、人々への奉仕に駆り立て、彼らに福利と幸福をもたらすべく、努力せしめたと言える。

Ⅱ．カタリナと隣人愛

　キリスト教は、当初より隣人愛をとおして色々な面で苦しんでいる人々を助けようとしてきた。[11] キリスト教において、隣人愛とは隣人の幸せや福利のために働くことを意味して

いる。そして、その人の境遇に応じて人間らしい生活が送れるように、あらゆることに対して手助けをすることを意味している。このような教えが歴史を通じて、キリストの弟子たちをして、人々への奉仕にかりたてる原動力となった。

カタリナは、若い頃よりこういった活動に対する意識に目覚めていた。彼女にとって、存在するものすべてが愛の所産である。この意味で、彼女は、人生は愛であり、愛なくして生きることはできないと断言している。『対話』[12]の中で「霊魂は、愛なくしていきることができない。いつも何かを愛したいと望んでいる。なぜなら、霊魂は愛でできており、愛によって創られたからです……私は愛したい、私の食べ物は愛だから。」[13]と述べている。

カタリナの心は、神と人々への愛にすべてを捧げている。彼女にとって、この両者への愛は、心と行動とが密接につながっているのである。それは、切り離すことができない愛である。隣人をも同時に愛することなしには、神を愛することができないのである。「神と隣人とに対して抱く愛とは同じものだから」[14]である。カタリナにとって、この信念は「律法の始めであり、中心であり、終わり」[15]である。

神は、すべての愛の源である。人間の愛も、神の御心から生じるものである。私たちは皆、創造の御業という愛の絆によって神に結びつけられている。だから、人は、それと同じ愛をもって他の人々を愛さなければならない。神を愛すれば愛するほど、人を愛することになる。というのも、人々への愛は、神から生じるからである。また逆にいって、神を愛さない人は、神の愛するもの、すなわち隣人を愛することはとうてい不可能であると言っている。[16] ピエトロ・ドスティア枢機卿宛の手紙[17]のなかで、愛は神と人間を結ぶ絆であり、「愛は、霊魂をその創造主につなぐ聖く甘味な絆であって、神を人間に、人間を神につなぎます」[18]と言っている。

カタリナによると、神は至高の善であって、すべての完全さを自らの内に持っている。であるから、神はご自分の利益のために人間を愛してはいない。というのは、利益などといったものは、神の完全さの中に何ひとつ付け加えるだけの余地がないからである。しかし、人間は神によって無償で愛されているのであるから、神に責務を負っている。これは、なんらかの方法でかえさなければならない。人間が受けた愛を神にお返しする手段を、神自身が用意している。それは「隣人」です、とカタリナは言っている。また、次のようにも言っている。「隣人というものを私たちに与えられたのは、かれらを手段として、かれらにおいて神への愛を表すためなのです。なぜなら、至高の善である神に、私たちが善をなしうるわけがありません。ですから、神は私たちに隣人というものをあたえ、その人たちに善を行い、その人たちの境遇にしたがってできるかぎりの援助や助言などをし、そうすることによって、彼らにおいて愛を表すことができるのです。」[19]と述べている。人々が幸福になるために働くということは、神の善意を認識することを意味し、神に協力してよりよき世界を建設することである。であるから、カタリナは、救いの恵みが神によって降

り注がれんがために、自分の人生を手段としたのである。

　カタリナにとって、隣人愛はすべての徳の源なのである。それによって、強さ、忍耐、寛容、同情、慈悲など、人の心が試されるのである。それは、人が神の仲立ちとなって、御恵みを世にわかち与える手段となる行為である。また人が神により近づく手段となる美徳なのである[20]。

　人がお互い助け合わなければならないようにするために、また生きて行くために必要な精神的・肉体的たまものを不均等に与えたのだ、と神はカタリナに教示している。すなわち、「わたしにとって、体のためにも霊魂のためにも必要なすべての物を人間に与えるのは、可能であった。しかし、私は、彼らが互いに要求しあい、私の代理として、私から受けた恩寵や賜物を分かち合うことを望んだ[21]。」と言っている。カタリナは神から頂いたこの精神的・物質的恩恵を互いに分かち合う心を人間の義務とみなしている。

　キリスト教的愛は、どの様な差別も許さない。であるから、人に対して私たちが接する態度は、公平でなければならない。私たちは、同じ御父の子なのであるから同じ愛の気持ちで誰もが助け合わなければならない。神が全人類を分け隔てなく愛しておられるように（マタイ5・44-45）、私たちも隣人に対して同様にしなければならない。神が、「悪人をも、改心の時間と多くの手段を与えつつ[22]」、愛しているように、私たちも敵を愛するなら、あまねく全人類の救いのために命を捧げられたキリストに倣っていることになるのである。

　隣人を愛することは、その人の人生、その人の喜び、苦しみ、そしてその人そのものと同化することをも含んでいる。カタリナは「愛徳は次のように行動します。病人と一緒に病気になり、健康な者と一緒に健康になり、泣く人とともに泣き、喜ぶ人とともに喜びます[23]。」と言っている。

　愛が真実の愛となるためには、神の愛と同じ純粋で、無敵の特性をもたなければならない。真実の愛とは、無私で、奉仕に対する報酬など、いっさい期待しない愛である。神が私たちになさったように、無償で善を行わねばならない。エゴイズムも、欲得もなしに私たちを愛すのである。ある聖ドミニコ信徒会員に宛てた手紙の中で、「私たちは、次のように振舞わなければなりません。人が私たちに不実なら、私たちは彼らに忠実であり、借金の返済のようではなく、誠意を持って愛さなければなりません。つまり、自分の便宜を考えて人を愛することのないよう、自戒して下さい。なぜなら、それは誠実な愛でも、あなたにふさわしい愛でもないからです[24]。」と言っている。もし、自分の愛が報われなかったと嘆く人がいたとすれば、それはキリスト教的成熟からほど遠いという印である[25]。

　このような愛には、多くの犠牲が伴い、相当な忍耐力、堅固さが要求される。『対話』の中で神はこのように語りかけている。「彼らは、私を私自身のために愛します。私は、至高の慈しみであり、愛するにふさわしいからです。彼らが自分自身を愛するのは私のためなのです。彼らが隣人を愛するのも私のためであり、私に栄光と賛美とを帰するためで

す。だから、彼らは、困苦を耐え、堅忍不抜です。」と語りかけている。このような真の愛を得るには、恵まれない人々と深く関わるのをいさぎよしとしない社会から拒絶されるのを恐れてはならないということである[27]。

　隣人愛は、物質的側面だけではなく、精神的側面をも持っている。人間は、不滅の霊魂を持っているから、これを、永遠の命の幸福のため、隣人に捧げ救わなければならない。カタリナは、完全な幸福は来世において初めて可能だと、かたく信じている（フィリピの信徒への手紙3・20）。しかし、永遠の命を得るには、人は神に回心しなければならない（マタイ4・17）。それで、カタリナは、隣人の救いのために私たちのなすべきことについて、「隣人を愛し、祈りをもって霊的に彼らを助け、助言を与え、また必要に応じて、霊的・物質的に手助けしなければなりません。これを実行する力がないなら、せめてそういった望みだけでも抱きなさい。」と考えている[28]。

　人が死後にどこへ行くかは、愛の定めをいかに果たしたかによる（マタイ25・31-40）。ヨハネ・デ・ミレト伯爵夫人に宛てた手紙の中で、「愛は、互いを一致させ、天使的性質や、愛によって永遠の命に到達した人たちとも一致させます。」と言っている[29]。この世で、隣人に対して愛の業を行った者は、報酬として、神の栄光の喜びを受けるであろう。それは、愛は天国へと通じる道だからである。愛は永遠で、神の愛の生命と永久に結び合わされるであろう。

　他人の幸せなど気に求めず、エゴイストな人生を送った者は、このようなわけにはいかない（マタイ25・41-46）。この世での生きざまにしたがって、あの世で罰を受けることとなるであろう。『対話』第42章には「隣人に対して残酷であったことを認めるであろうし、傲慢、自愛心、淫乱、貪欲であったことを認めるであろう。これらすべては、彼らを絶えず新たに問責するであろう。」と記載されている[30]。

　カタリナは、愛に渇き切った人間の運命を憂慮するがゆえに、神と人間とを結ぶ行いに身を捧げるのである。彼女の人生は、精神的・肉体的救いを必要とする人たちのためにみせた、果てしない愛への活動なのである。カタリナは、人々を完全に愛したいがため苦悩する。各々がおかれた境遇にしたがって、人々の幸福のため、言葉や行いをもって活躍すべきだと考えている。彼女のこの慈善活動は、絶えざる祈りとなって、社会の、そして世界の困窮、苦境のために捧げられているのである[31]。

　カタリナは、これほどまでに隣人の運命を自分のものと同一視し、自分の幸福が彼らの運命によって左右されていたとさえ感じていた。ライムンド・デ・カプアは、「カタリナは人々が患っているあらゆる病気の苦しみを経験することによって、彼らのために永遠で栄光の幸福を手に入れることができるようにと神に祈っています。」と言っている[32]。必要とあらば、「救霊のためには、千度でも肉体の命を捧げる心構えを抱き……隣人に恩寵の生命を獲得させるためには、どんな苦しみも、責苦も耐えしのび、そして隣人を欠乏から

救うために、物質的財産を危うくさせる覚悟さえできていなければなりません。[33]」とも言っている。このような姿勢ができあがったのは、神の叡智および崇高な愛と比較して、自分がいかに小さいかを痛感したからである。

III. 貧しい人々への愛

　キリスト教的愛は、抽象的概念ではない。本当の愛となるためには、日常の社会生活に密着したものでなくてはならない。聖トマス・アクィナスが述べているように、「真実の愛は隣人の善を望むのみならず、それが得られるように努めるべきもの。[34]」なのである。

　貧しい人々への愛は、おもにその人たちへの施しによって実行されるのである。施しは、貧窮にあえいでいる人たちを救うのがその目的である。聖トマス・アクィナスは、施しを「神への愛がゆえに憐れみによって困窮者になんらかのものを与えること」と定義している。[35] 貧しい人たちは、教会ではいつも優待されてきた。イエスは、貧者の仲間として世に出ている（ルカ4・18；7・22）。救いのメッセージは、彼らにささげられたものである。であるから、イエスの弟子になりたい人は、まず自分の全財産を施しものとして分け与えてしまわなければならない（ルカ12・33；18・22）。キリストに従うには、キリストのように貧しくなることが含まれているのである。

　隣人愛に満ちたカタリナの心は、貧しい人たちを目の当たりにして、無関心ではいられなかった。カタリナは困窮者においてこそ、キリスト教的愛の掟を実行する手段があると考え、子供の頃よりその施しを始めている。また、自分の心を、イエスの慈悲に満ちた心と一致させることにも努めている。つまり「世の富を持ちながら、兄弟が必要なものに事欠くのを見て同情しない者があれば、どうして神の愛がそのような者の内にとどまるでしょう。」（ヨハネの手紙一3・17）という聖ヨハネの言葉が彼女の心にしみこんでいる。ライムンド・デ・カプアは、「キリスト教的愛が彼女のすべての行為と慈善に霊感を与えました。[36]」だから、生涯を飢え渇く人たちへの奉仕に捧げると言っている。カタリナは「イエスを喜ばせるもっとも確実な方法は、隣人に対して愛情深くあること」を意識していたから、「彼女の心は人々をたすける熱情に燃えていました。[37]」のである。

　カタリナの生きた中世の街々は、作物の収穫の悪い年が続いて、貧民であふれていた。必然的に食料が不足し、毎日物乞いをするために人の家の戸をたたく者も大勢いた。

　カタリナの家は、かなり広いものであった。父は、ジャーコボ・ベニンカサといって、有名な染物師であった。妻のラパは、25人の子供をもうけ、カタリナは23番目の子供であった。カタリナは、その末っ子で、とても住み心地のよい家であった。貧しい人たちがカタリナの家にくると、彼女はいつもありったけのものを与えるのであった。そのため、家から食料や衣服やその他の物がたちまちなくなっていった。

カタリナのこういった行いは、兄弟の間で喧しい議論を呼び、父が仲裁にはいらねばならないほどであった。ライムンド・デ・カプアは、「父親のもとに行き、神がその家族に与えた財産の内、貧者に割り当てられた部分を、天引きさせてくれるように願った。父は、喜んでそれを許した。その娘が完徳への道を歩んでいることを、はっきり見て取っていたからである。そのうえ、彼は自分があたえた許可を皆に知らせようと考えた。そして、言うのであった。「だれも、私の娘が施しをするのを邪魔してはならない。私は娘の自由に任せる。娘は、望むならば家にあるものを全部与えてもよい。[38]」とライムンド・デ・カプアは書いている。その時以来、議論は途絶えてしまった。カタリナは、家族全員の快諾のもとで、本当に困っている人たちに、与えられるものすべてを自由に与え、この施しを行ったのである。カタリナは、貧しい人がくるのを待つだけではなかった。困窮している家族があると聞くと、彼女のほうから援助に出向くのであった。それも、彼らの名誉を考えて、人目を避けて行くのであった。すなわち、「朝早く起きて、そのような家族に麦、ぶどう酒、油、その他必要なものを届ける。[39]」こともあった。

　窮乏している人がいることを耳にすると、いてもたってもいられない。ある日、近所の未亡人がひどい病気をしていて、子供に食べさせるものすら何もないのを聞かされると、「彼女の心はないていました。そして、神に、一晩中、この不幸な女を助けるために健康を与えて下さるように願いました。そして、夜があける前に起きて、家の中を回り、小さな袋に麦をいっぱい入れ、大きなぶどう酒瓶や、油の入った甕や、料理などを取り集め[40]」、それらを携えて未亡人の家に行った。早起きしたのは、誰にも見られたくなかったからである。そこにはイエスの言葉、「だから、あなたは施しをするときには、偽善者たちが人からほめられようと街道や街角でするように、自分らの前でラッパを吹き鳴らしてはならない。はっきりとあなたがたに言っておく。彼らは、すでに報いを受けている。施しをするときは、右の手のすることを左の手に知らせてはならない。あなたの施しが人目につかせないためである。そうすれば、隠れたことを見ておられる父が、あなたに報いてくださる。（マタイ6・2-4)」が念頭にあったからである。

　貧者に対する愛情がこれほど大きかったため、何も与えるものがない時は、自分の着ている服を施すのであった。ある日など、着ているマントを与えたこともある。マントは、当時、ドミニコ修道女会の修道服の一部であった。側にいる人たちは、彼女のそんな行為を非難さえしたという。しかし、固い信念を持った彼女は「私は、愛徳がないより、修道服がないほうがいいのです。[41]」と言うのである。またあるときは、聖ドミニコ教会から修道院への帰り道、ある貧しい人が物乞いをしている。その時、何もあげるものがなかった。ふと見ると、小さな銀の十字架がロザリオからぶら下がっていた。すぐに、糸を切ってその十字架を貧しい男に与えてしまった。困っている人の惨状をやわらげるためなら、どんな物を与えても平気だったのである。[42]

カタリナは、神の至上の善意を堅く信じていたから、神は困窮した人たちをお見捨てにならないことを知っていた。だから、施すものがなくなったら、いつも神に助けと慈悲を願っていた。それだからこそ、神が彼女を通じて不思議な御業をお見せになったので、貧しい人たちが奇跡的に救われたことが何度もあった。「カタリナの心に満ちあふれていた愛は、奇跡によっても神を賛美しました[43]。」と述べている。貧しい人たちを救うために行ったカタリナの奇跡は他にもいくつかあるが、ワインを増やした奇跡は、その中でも重要なものである。カタリナは、父の秘蔵のワインを毎日樽から取り出しては、貧しい人たちに分け与えていた。そのワイン樽だと、通常20日間で空になっているはずであるが、数ヶ月間も取り続けることができた。このことが街中に知れわたり、賛嘆の的となった奇跡であった。最良のパン、最高のワイン、最良の食べ物を貧者に分け与えたカタリナの愛徳をこのように神の恵みを受けたのである[44]。

　カタリナは、弟子たちにも、同様の慈善精神を吹き込んでいる。ミセール・マリアーノに宛てた手紙の中で、「貧しい人たちの良き施し手となって下さい。彼らとは、神への畏怖の内に、接して下さい。貧しい人たちのことを、謙遜を持って支援することができるなら、そうなさって下さい。そうすることがお出来にならないときは、お世話をなさっている時間を有効にお使いになり、できることをなさって下さい[45]。」とお願いをしている。

　また困窮者を援助した人たちへの礼状もある。ルイサ・デ・グラネーロに宛てた手紙では、「あなたの義務をよく果たして下さい。なぜなら、あなたや豊かな人たちはできるだけよき支援者とならなければなりません。それに、貧しい人々こそが永遠の命への導き手なのですから[46]。」と言っている。カタリナにとっては、すべてのものは神からきたものであるから、兄弟と分かち合う義務がある、と堅く信じている。長い観想中に起きた数々の恍惚状態において、神は、貧者に対して行う慈善がいかに崇高なものか、彼女にお示しになった。彼女の寛大さへの褒美として、彼女に、喜びと永遠の幸福、そして太陽のように輝かしい栄光の衣服をお約束になった。

Ⅳ. 病人の看護

　病人も、カタリナの慈悲深い心の中では大きな役目を占めていた。すなわち、「カタリナは、感嘆するほど貧者の困窮に同情していたが、その心は、病者に対しても限りない哀れみを抱いていました。彼女は、病者の苦しみをやわらげるために、信じられないようなことさえ実行しました[47]。」とライムンド・デ・カプアは言っている。彼女自身長い闘病生活を経験したので、病人の不安や孤独をいやと言うほど知らされていた。だから、「彼女の体は、いつも病気に悩まされ、誰もが耐えることができないほどカタリナはいつも病弱であった[48]。」とライムンド・デ・カプアは述べている。

カタリナは、イエスにならって、自分のために生きず、人生をすべて他人の奉仕に捧げた。彼女の心に燃えるキリスト教的愛の炎は、苦しむ人々に完全に身を捧げるべく、彼女を衝き動かした。あらゆる病人に対してキリストが抱いた同情心がカタリナの心にも入り込み、病に苦しむすべての人たちのために、偉大な活動に駆り立てた[49]。当時のシエナは、イタリアで最も医療の行き届いた町の一つであった。このシエナだけでも、巡礼者や市民を診察する施設が16件もあった。これらの病院は、病気によってそれぞれ分かれていた。この時代には、特に人々を恐怖と絶望のどん底に陥れた伝染病のペストが流行っていたため、人口が激減していた。病院や診療所の規模が小さく、激増する病人に対して、とても対応し切れなかった[50]。

　カタリナの生涯において、特に1372年と1373年にペストが流行った年であった。カタリナは、あらゆる病人の世話を熱心に行っていて、弟子の一人が書き残したことによると、「カタリナは、ずっとペスト患者の看護をし、彼らによき死を迎えさせてやり、そして彼女自ら埋葬してあげました[51]。」と福者ライムンドは述べている。

　この他、最も恐れられていた病気の一つに、らい病があった。これは、苦しく、感染性のある不治の病だった。患者たちは、皆から忌避され、体中が瘡蓋(かさぶた)だらけになり、徐々に死へと向かうのであった。シエナの聖ラザロ病院は特に有名で、らい病患者を受け入れていた。患者達の看護をしていたのは、ボランティアの人たちで、感染の危険を冒してまで、自発的に奉仕活動をするのであった。彼らは、神が来世に報いてくださると信頼していた。

　これらの患者の中でも、特に症状の重い者がいると、看護してくれるボランティアを見つけることは困難であった。テッカという婦人も重い皮膚病にかかって、ひどい悪臭が病院中を蔓延し、彼女に近づくものは誰一人おらず、当時の習慣として、彼女を病院から運び出すことになった。しかしカタリナがこのことを耳にすると、すぐに病院へ駆けつけて、この患者の世話をすることを約束した。患者側からの感謝もないにもかかわらず、やり始めた看護を根気よく続けた。この影響によって、ある日、カタリナの両手がらい病に侵されているのを知った。このように、「カタリナがこの伝染病に感染したことは明白であったが、この不幸も彼女を引き留めることができなかったのです。彼女は、この慈愛の務めを放棄するより、体全体がらい病に覆われた方がよいと思っていました」とライムンド・デ・カプアは言っている。それでも患者が死ぬまで、看護を続けている。テッカが死ぬと、「手は、ほかの所よりも白いくらいでした。らい病が輝きを与えたようでした[52]。」と言うように、奇跡的にもカタリナの手がもとの状態に戻り、らい病の痕跡すらとどめなかった。カタリナは、自分の命にかかわることでも、苦しむ人たちの慰めとなるなら、恐れないという、崇高な愛の精神から隣人愛を実行した。イエスは「わたしがあなたがたを愛したように、互いに愛し合いなさい。友のために自分の命を捨てること、これ以上に大きな愛はない（ヨハネ15・13）」と言っている[53]。」

カタリナは、肉体の病を患っている人たちのことを気遣っただけでなく、心の病を患っている人たちの快復のためにも献身的に働いたことから、彼女を心身両面の女医とも言えるのである。病人たちにとって、彼女の看護が肉体的苦痛の緩和と同時に精神的健康の支えとなった。

　聖ドミニコ信徒会員で、パルメリナという婦人がおり、全財産を慈善事業に寄付したが、カタリナの評判を落とすため、人前でも影においても彼女の悪口を言い始めた。カタリナは、その婦人に友好的に近づこうとしたが、傲慢な態度で拒絶されてしまった。その後婦人は、重病になったが、カタリナの祈りによって、死ぬ直前に過ちを悟り、希望に満ちて主の御手に霊魂を委ねることができた。[54]

　また、アンドレアという婦人は、悪性の乳がんを患っていて、化のうがひどく、胸全体に広がっていた。「この病患がひどい悪臭を放っていたので、鼻をふさがないで近づくことができませんでした。それで、彼女を看護したり、訪問したりする者は、ほとんどいませんでした」。カタリナがこの見放された婦人の病状を聞き及ぶと、「すぐさま、彼女を見舞いに行き、陽気に彼女を慰め、病気の続く間は看病したいと申し出ました」。その婦人は、喜んで彼女に看病をしてもらうことにした。しかし、病状がますます悪化するにしたがって、カタリナを批判したり、悪口を言うようになった。それでもカタリナは、この上ない親切さと忍耐を持って、彼女の心に平静と明るさを呼び戻したので、婦人は今までの態度がいかに誤っていたかに気づくことができた。アンドレアは、カタリナの無心の奉仕に感謝しながら、霊魂を神の御手に委ねることが出来たのである。[55]

　ライムンド・デ・カプア及び弟子の幾人かは、カタリナが病気を治す奇跡を行ったと語っている。なかには「悪魔につかれた人を快復させた」[56]という人もいる。治療の見込みがまったくなくなったとき、万病を治す唯一の名医である神にお願いするのであった。カタリナは自分自身を「病人をいやし、死者を生き返らせ、らい病を患っている人は清くし、悪霊を追い払う」（マタイ10・7-8）ために、キリストによって遣わされた者とみなしていた。であるから、あらゆる病人、ことに最も見放された人たちは、彼女の内に、温もりや希望を与え、生きる喜びを子供たちに与える母の心を、いつも見出すのであった。

V. 心の癒し

　カタリナは、貧者や病人を助けるかたわら、社会的、政治的、道徳的、宗教的等の問題を抱えた人たちに助言を与えたり、慰めるなど広範な活動を行っている。残されたおびただしい書簡が、その活動の偉大さを物語っている。

　381通ほどもある書簡を詳しく分析研究するのは、本論文の目的ではない。であるから、テーマと最も関係の深い点をいくつか取り上げて論述する。

1) 平和のメッセンジャー
　カタリナは、平和こそがキリスト教的愛の最も価値ある成果だと考えていた。当時分断されたヨーロッパに平和をもたらそうと、懸命に活動した。何度か、彼女自身が和平交渉の仲介役となって、両特使に面談にいたったこともあった。グレゴリオ11世教皇も、カタリナをフィレンツェの平和の使者として派遣した。重要な手紙は、教皇、枢機卿、フランス国王シャルル五世、イタリア諸都市の貴族などといった人たちに宛てたもので、和解、平和、戦争の放棄などを求めている。[57]

2) 苦しいときの助言者
　カタリナは他人の肉体的・精神的苦痛に対して、非常に敏感であった。精神的・肉体的病苦に侵され、悩まされている人たちを慰めるため、数多くの手紙を書いている。苦痛を堪え忍ぶようお願いしたり、苦痛は罪の所産であることを思い起こさせたり、苦痛をもたらした人たちを許すように、しむけたりした。そして、人生のいろんな矛盾の中にあって、神を信頼し、神の意思を受け入れるよう、勇気づけた。[58]

3) 霊的指導者
　カタリナの助言は、宗教的・精神的分野にまで及んでいる。召し出しや信仰上の問題に悩む修道士や修道女たちに、どの会に属しているかは問わず、温かい導きの言葉を与えている。歩み始めた道をしっかりと歩み、社会に奉仕する生活がいかに尊いかを悟らせ、勇気づけるのである。カタリナも、霊性の大家であった。彼女の手紙の多くは、真の霊性の著述と言える。それにおいて、われわれは、幸福への願望を満たす霊的糧を見いだしたのである。[59]

4) 夫婦への助言
　カタリナにとって、家庭は社会の中心的地位をしめていた。夫婦に宛てた手紙も数通残っており、どれほど家庭生活を大切に思っていたかがうかがえる。夫婦たちに、家庭の平和と強調を勧めている。彼らに、夫婦の和合と完成の源である、キリスト教的愛の教えを生活の基盤とするよう願っている。[60]

5) 囚人への慰め
　囚人たちにとっても、カタリナの心は温かみのある場所であった。彼らに、忍耐を持って獄舎の孤独を受け入れるよう、書き送っている。釈放されるよう取りなしたり、慰めたり、絶望しないようお願いしたりしている。
　その他、家庭内での不幸な出来事や多大な損失を被って、悲嘆にくれている人たちを慰

める手紙もあった。そういった不幸が起こるのをお許しになった神のみむねをいつも信頼して、キリスト教の信仰を通してこれらすべてを見るよう、彼らにお願いしている。[61]

　カタリナの著述の中には、人々が兄弟愛と連帯性と友情とによって結束した政治・社会づくりの計画を進展させようという意図がある。キリスト教的愛には、新しい社会構造や、新しい人間のあり方・行動のしかたなどを生み出す力があるはずだと考えている。彼女が夢みていたのは、人々がイエスの掟、すなわち、「私があなたたちを愛したように、互いに愛し合うこと」（ヨハネ15・12）を実行することだけに心を砕くような新しい世界であった。

　カタリナは、愛のために生きた。人々に対する愛があまりにも強かったので、ライムンド・デ・カプアは「一人ひとりに対する愛の炎は余りに大きく、また人類総体に対してはさらに大きかったので、彼女の思考、言葉、行いのすべて、そして全生涯およびあらゆる熱望は、愛と隣人への思いやり一色でありました。どれほど貧者に施しをし、病人を看護し、熱意と希望の息吹によって、いまわの際の人たちを慰め、勇気づけたか、とうてい推し量れるものではありません。彼女は、どれほど悲しむ人を慰め、罪人たちを回心させたか、そしてどれほど不幸な人たちを愛情を持って自分のところに引き寄せ、救ったか。流した涙、深いため息、そして熱烈な祈り。日夜、キリストの前に跪き、一人ひとりのために臨終の聖からんことを、涙とともに祈り続けました。それは、いかばかりであったか、計り知る者がいるでしょうか。[62]」と言っている。

　彼女の霊的指導者によって書かれたこの証言は、カタリナの社会（福祉に関する）に対するキリスト教的愛を実行するための活動がどのようなものであったかを正確に映し出している。カタリナは、人間の連帯についての明確な理念を持ち、人類が一つの家族となる必要性を痛感していた。そして、それを望むものは、正義と愛であり、この両側面はつまるところひとつの真実、すなわち人間の幸福へと帰着するのである。

注
1) Cavenini, M. Diccionario de Sociología, Edic. Paulinas, Madrid, 1986. Voz:"Asistencia", p.116.
2) 第二バチカン公会議は次のようなテキストを発表している。
「すべての人に父として配慮する神は、すべての人が一つの家族を構成し、相互に兄弟の精神をもって接することを望んだ。実際、神は「一人の人からすべての民族を造り出して、地上の至る所に住まわせ」（使徒元録17・26）た。すべての人はこの神にかたどって造られたのであり、一つの同じ目的、すなわち神自身に向かうように召されている。」（『第二バチカン公会議公文書全集改訂公式訳』、カトリック中央協議会、2013年、「現代世界憲章」、n.24. p.624）。
3) これらの掟は、旧約聖書の数ヵ所においてすでに、提示されている（cf. 申命記6,5: レビ記19,18）。しかし、全人類の家族に適用できる、永遠の統一性と普遍性を与えたのがキリストである（マルコ12・28－34）。
4) 聖パウロは「人を愛する者は、法律を全うしているのです」（ローマ13・8）と言う。そして、コロサイ人に、愛を全うよう勧めている。「これらすべてに加えて、愛を身に着けなさい。愛は、すべてを完成させるきずなです」（コロサイ3・14）と言っている。

5) 『神学大全』Ⅱ-2, q. 31,a.1c.（稲垣良典—日本語訳 創文社， 1987）。
6) この点に関して、次の研究書を参照。Santa Teresa, Silverio de, El precepto del Amor. Estudio histórico-crítico de la caridad y de sus relaciones con la legal y la filantropía, t. I. Burgos, 1941, pp.125-220。
7) Mariano del Pozo, Gran Enciclopedia Rialp, t. III, Madrid, 1987. Voz: Asistencia Social, p.210 参照。
8) 同上、t.IV. Voz : Beneficencia, p.43 参照。
9) 教会は、教皇庁のイニシアティブによって、1950年に創設されたカリタス・インテルナツィオナリス（Caritas Internationalis）を通じて、国際的にキリスト的実践愛を活発を行っている。カリタスは、80ヵ国に存在する。日本では、カリタス・ジャパン（Caritas Japan）として知られている。目的は、社会福祉事業を世界に広め、国際的となった宗教的、道徳的、法律的、経済的諸問題を解決すること。他に社会福祉事業団体として、オブラ・エピスコパル・ミゼレオル（Obra Episcopal Misereor）がある。ドイツの司教のイニシアティブで、1959年に創設。マザー・テレサの影響によって、貧者・病人の救済運動がインドより各地に伝播していることは、注目に値する。この運動が国際的なものとなったのは、1949年に創立されたミショナリーズ・オブ・チャリティ（Missionaries of Charity）女子修道会の活躍による。
10) Del Pozo, Mariano, 前掲書、t. IV, p.43 参照。
11) 使徒言行録に、初期キリスト教徒たちについて次のようにある。「信者の中には、一人も貧しい人がいなかった。土地や家を持っている人が皆、それを売っては代金を持ち寄り，使徒たちの足もとに置き、その金は必要に応じて、おのおのに分配されたからである」（使徒言行録4・34）。
12) 『対話』は、カタリナのもっとも重要な作品。深い神秘思想的な書で、脱魂状態の間、神より受けた御教えの記録。本論文のために使用したテキストは、José Salvador y Conde, Obras de Santa Catalina de Siena. El Diálogo・Oraciones y Soliloquios, Biblioteca de Autores Cristianos（B.A.C.）, Madrid, 1991. 『対話』は、4編より成る作品であるが、和訳は第一と第二編のみ岳野慶作訳の『シエナの聖カタリナ・対話』（中央出版社、昭和63年）。和文での引用は、おおむね本書を利用している。
13) 『対話』（岳野慶作訳）第51章、p.191。
14) 同上、第7章、p.37。
15) 同上、第54章、p.199。
16) 同上、第46章、p.173。
17) カタリナの書いた手紙（Cartas）は381通の書簡が残っている。本論分の使用テキストは、Salvador y Conde, José, Epistolario de Santa Catalina. Espiritu y Doctrina, t.Ⅰ-Ⅱ, Editorial San Esteban, Salamanca, 1982. 日本語訳は、岳野慶作『シエナの聖カタリナ・手紙』、中央出版社、1989。
18) 「枢機卿ピエトロ・ドスティアへの第一の手紙」（岳野慶作訳、前掲書，p.117）.（Salvador y Conde José, t.I, Carta 7, p.240）。
19) Carta a los Señores Priores de las Artes y al Alférez de Justicia del pueblo y del Gobierno de Florencia （Salvador y Conde, t, II,Carta 337, p.1140）。
20) 『対話』第9章、p.43 および第54章 p.200 参照。
21) 同上、第7章、p.39。
22) Carta a Fray Mateo, de Francisco Tolomei, de la Orden de Predicadores（Salvador y Conde, 前掲書 t.I, Carta 94, p.467）。
23) Carta a Tres Señoras Napolitanas, Espirituales（t.Ⅱ, Carta 356a, pp.1216-1217）。
24) Carta a una Terciaria de Santo Domingo llamada Catalina de Scetto（同上書,t.II, Carta 50, p.352）。
25) 『対話』第64章、pp.229-230 参照。
26) 同上、第76章、pp.274-275。
27) 同上、第74章、pp.264-265 参照。

28) 同上、第6章、p.31。
29) Carta a la Condesa Juana de Mileto y de Terra Nuova, en Nápoles (Salvador y Conde, 前掲書, t.II, Carta 345、p.1173)。
30) 『対話』第42章、p.152。
31) 同上、第66章、pp.242-243参照。
32) 福者 Raimundo de Capua 著, Leyenda de Santa Catalina『聖カタリナの伝記』(Alvarez Paulino O.P 編集、Vergara, 1982, p.13参照)。この巻末に、Suplemento del B. Caffarini y Cartas de otros discípulos『福者カファ‐リニによる補遺およびその他の弟子達による書簡』を含んでいる)。ライムンド・デ・カプアは聖カタリナの霊的指導者であった。従って聖カタリナを知るために、この書物は非常に重要な作品である。この『伝記』は、第一の序文以外、岳野慶作によって日本語に翻訳されている。(岳野慶作『シエナの聖カタリナ』中央出版社、1991)。
33) 『対話』第11章、pp.52-53。
34) トマス・アクィナス『神学大全』Ⅱ－2, q.32, a.5c。
35) 同上、Ⅱ－2, q.32, a.1c。
36) 岳野慶作訳『シエナの聖カタリナ』p.123。
37) 同上、p. 124。
38) 同上、pp. 124-125。
39) 同上、p. 125。
40) 同上、p. 125。
41) Carta declaración del B. Esteban Maconi, (Alvarez Paulino、前掲書, p.496)。
42) 岳野慶作訳『シエナの聖カタリナ』p.127。
43) 同上、p.133。
44) 同上、pp. 133-135 参照。Declaración de Fray Bartolomé de Sena の中で、この奇跡についても述べられている (Alvarez Paulino, 前掲書、p.468).
45) Carta a Micer Mariano, Sacerdote de la Misericordia, estando él en Monticchiello (Salvador y Conde, 前掲書、t.II、Carta 261, p.910).
46) Carta a la Señora Luisa de Granello（同上、Carta 304, p.1025).
47) 岳野慶作訳『シエナの聖カタリナ』p.136.
48) 同上、p. 50.
49) 「イエスはガリラヤを回って……いろいろな病気や苦しみに悩む者、悪霊に取りつかれた者、てんかんの者、中風の者など、あらゆる病人を連れて来たので、これらの人々をいやされた」と福音書にある（マタイ4・23-24）。
50) 千三百年代でのシエナにおいて、病人への奉仕精神は目に見張るものがある。施設 Misericordias や Santa María de la Escala 病院なども華々しいものであり、ことに後者が最も著名なものであった。(Papasogli G. Catalina de Siena Reformadora de la Iglesia, B.A.C. 1984, p.57)。
51) Declaración de Fray Tomás de Sena,（1413年の列聖調査の際の証言）(Alvarez Paulino, 前掲書、p.458。
52) 岳野慶作訳『シエナの聖カタリナ』pp.138-139.
53) Papasogli G. は「当時のシエナでは、病院が慈善事業に心魂打ち込んで奉仕する人たちのみによって支えられているのが通常だった。」と言っている（前掲書、p.61, nota 18)。
54) 岳野慶作訳『シエナの聖カタリナ』pp.140-143。
55) 同上、pp.147-150。
56) 岳野慶作訳『シエナの聖カタリナ』p.327参照。また、Declaración de Bartolomé de Ravena,（Alvarez Paulino, 前掲書、pp.499-500)。
57) 岳野慶作訳『シエナの聖カタリナ』pp.239-273参照. 本章においてあつかったテーマに関連性のある手紙は、番号のみを付す。番号は Salvador y Conde の前掲書の版に準ず。手紙 3,11,19,2

　　　　8,59,140,171,193,196,206,223,230,235,271,295,377 参照。
58) 手紙 1,5,17,25,31,32,42,47,64,65,71,81,83,111,151,175,187,204 参照。
59) 手紙 26,30,33,36,37,40,42,49,52,54,55,67,76,79,82,84,95,112,113,114,115,134,
　　154,165,172,203,214,215,217,225,235,247,263 参照。
60) 手紙 29,43,48,224,258,279,301,354 参照。
61) 手紙 4,20,38,51,63,68,75,81,110,246,254,260,264 参照。
62) Prólogo Primero a la Leyenda del B.Raimundo,（Paulimo Alvarez 前掲書、pp.12-13）。

土曜日の癒し
——キリスト教的安息日を祝うために——

寺尾　寿芳

　休日である土曜日をキリスト教的に活かすために、ユダヤ的伝統である安息日としての土曜日の再生とキリスト教独自の聖土曜日という二つの視点からアプローチする。安息日において、キリストとともに陰府から還えってきた死者たちから与えられた励ましと課題を自覚し、穏やかに応えるなかで、キリスト教的安息日は確立する。その際、内観瞑想が示唆深く、さらに称名念禱の可能性が開けてくる。このような過程を経て、土曜日の癒しは成就するであろう。

はじめに

　1980年代から一部の民間企業で実施されるようになった週休2日制は、やがて公務員や学校にも波及していった。労働者の非正規雇用やサービス産業の成長に伴って、必ずしも土曜日が休みとは限らないが、いまや「週末」の休日といえば、基本的に土曜日を指すといってもよかろう。

　しかし土曜日を休日として享受できる多くの人にとって、土曜日とは元来休日だった日曜日が一日前倒しの形で増加したにすぎないのではなかろうか。そして月曜日から金曜日までの労働によって蓄積された疲労ゆえに、土曜日は自宅でぐったりとして、寝床に日長倒れこんだままという人もいるだろう。それは心身の癒しを実現しようと願うならば、まことに自然な在り方である。

　もちろん、このような状況は一般的に広く観察されるのであり、そこでは宗教の違いなど通常念頭に上らない。寺社の檀家や氏子であれ、キリスト教会の信徒であれ、同じである。しかし、キリスト教徒が土曜日に休みを取るということは、他宗教の信者とは異なるニュアンスが伴う。つまり、たんに休日が一日分増えたということに留まらない次元が開かれるのである。ただ、その内実は簡単に描写できるものではなく、むしろ土曜日には複雑な歴史と感情が絡んでくる。そのあたりを概観しつつ、元来キリスト教徒が少数派にとどまり、かつ、現代的な生活様式によって宗教的な霊性を維持しがたい、現代日本人のキリスト者を念頭に置きながら、キリスト教的安息日つまり土曜日の癒しの可能性を模索してきたい。その際、カトリックを主に想定するが、いわば神学の最前線を模索する思索神

学的実践として、必要に応じてエキュメニカル（教派横断的）にプロテスタントや東方正教会など他教派の教えも参照したい。

Ⅰ．土曜日の根底にある無形の聖土曜日

　年末に贈呈されたり購入したりするカレンダーとは別に、カトリック信徒には信仰生活を規定する典礼暦（Calendarium Liturgicum）が存在する。[1] それは典礼を執行するために不可欠であり、日々朗読される聖書の箇所もその中で厳密に指定されている。降誕祭（Nativitatis Domini：クリスマス）の四週間前に年度の変わり目があり、復活祭（Pascha：イースター）を最大の、降誕祭をそれに次ぐ祭として、それぞれの前後に祝祭期間が付されている。[2] なかでも復活祭に至る8日間、つまり受難の主日から聖土曜日までの1週間と復活の主日を合わせた8日間は最も重要な時間的雛形をなす。[3] そこで祝われるイエス・キリストの受難・死・復活・高挙をめぐる過越の秘義（Mysterium Paschale）はキリスト教信仰の根幹を形成するのであって、このドラマを核として1年間の典礼暦が8日目ごとに（つまり日曜日から次の日曜日までという時間感覚で）主日を祝い、信者の信仰心を養うのである。この聖なる1週間のなかでも、聖木曜日の主の晩餐の夕べのミサから復活の主日の晩の祈りに至る「過越の聖なる3日間」（Sacrum Triduum Paschale）は典礼暦全体の頂点である。

　この3日間は事実上、ほぼ復活の主日に至る金曜日・土曜日・日曜日にあたり、1年を通じて、金曜日と言えば聖金曜日の典礼が、日曜日といえば復活の主日（実際は土曜日の夜に執行される復活徹夜祭と翌日曜日の昼のミサ）のもたらす意義と雰囲気がそれぞれの曜日の根底をなしている。[4]

　ここでお気づきの読者もおられようが、金曜日と日曜日に言及したが、土曜日には触れなかった。では、土曜日はどうなっているのだろうか。

　金曜日にはキリストが十字架につけられ、日曜日には復活する。いずれも重要不可欠の意義がそこにはあり、かつ劇的なシーンが典礼的にも演じられる。日曜日は言うまでもなく最も劇的なキリストの復活を祝う典礼の基本であり、他方、聖なる過ぎ越しの第一日目すなわち聖金曜日の典礼はミサの形式を取らず、沈黙が基調であり、通例のミサでは行われる派遣の祝福や閉祭の挨拶も行われず、その非日常性が際立っている。そして1年を通して金曜日はこの沈痛な雰囲気が密接に結びついている。

　そして聖土曜日（Sabbatum Sanctum）なのだが、ミサをはじめとして典礼集会が行われない。また緊急事態である臨終を除いて、聖体拝領もなされない。典礼の内容を詳しく記し、信徒のあいだにも広く知られている『教会暦と聖書朗読』を見ても、聖土曜日の欄にはただ「過越の聖なる断食（任意）（読書、朝の祈り、昼の祈りのとき、典礼色は紫を

用いる）」と極端に短く申し訳程度に記されているのみである。[5] また聖土曜日には祭壇の装飾も取り除かれる。年間の土曜日には聖土曜日とは異なりミサも執り行われるが、この曜日だけは他の曜日ことに金曜日と日曜日とは明確に異なり、過越の秘義に根差した、活き活きとした具体像を欠いているのである。土曜日だけは典礼に根差した独自のモデルつまりは「ひな形」がないのである。

II．「陰府への降下」とユダヤ的安息日の無化

　土曜日が抱える困難には別の一面もある。キリスト教ことにカトリック、聖公会、プロテスタントからなる西方キリスト教信仰の基本信条として使徒信条（Symbolum Apostolorum, Symbolum Apostolicum）がある。2世紀後半に成立したと思われるローマ信条に発する、長くかつ議論含みの歴史を持つ信条だが、早くから現在に至るまで公同の信条たる地位を確保してきた。そのなかに「十字架につけられて死に、葬られ、陰府に下り、三日目に復活し」という文言がある。ここで過越の秘義を想起すれば、「死に」が金曜日、「復活し」が日曜日であり、「葬られ、陰府に下り」が土曜日の根源的出来事となる。

　ここではとくに「陰府に下り」（descendit ad inferos）が難問である。使徒信条と並ぶ基本信条であるニケア・コンスタンティノープル信条（381年）にこの一節はない。そしてこの一節は古来諸教派間さらにはカトリックを含む同一教派内で多様な議論を産み、共通認識といえるものはいまだないのが実情である。

　カトリックの信仰に立つ組織神学者の久松英二は、この問題を詳しく考察した数少ない日本人研究者である。久松によれば、文献研究に基づく聖書解釈学が進展した近代神学以降において、この「陰府への降下」は「触れてはならないもの」つまり「現代人にとっては相容れられない神話として敬遠され、しかも聖書的根拠に欠けるという決定的理由から、教義としては相当のジレンマに直面している」[6]。現代では再評価も散見されるが、主にプロテスタント神学者のあいだで「死者に対する救済活動という伝統的見方は全く排除され」、むしろキリストの「死におけるケノーシスの究極的極み」つまり「謙卑の極点」と理解され、こうした解釈の傾向は基本的にカトリック神学者のあいだでも共有されている[7]。

　近代以降の神学者のあいだで神話にすぎないとして排拒された伝統的解釈、つまり自ら陰府に下ったキリストが死者たちを救いあげるという発想は、久松によれば、死の底知れぬ虚無性に根差すパウロの贖罪思想とは異なり、ヨハネの受肉思想にもとづくギリシャなどの東方教会に見出される救済論的解釈によって真に再評価される。復活のキリストを描くイコンに見られるように、キリストは死ないし陰府の諸力を撃退し、そこに捕われていた死者たちを解放し、そこから導き出す」。それは「地上の復活が陰府において先取り的に実現されたこと、死そのものの中に復活が存すること」を意味していると久松はいうのだ。[8]

筆者もこの久松が紹介する東方教会の救済論に共感すると告白しよう。たしかに過越の秘義はキリストの復活にその頂点があるのであり、陰府への降下を容認しながらも、陰府の暗闇に復活の主日の光の栄光を先取りする形で流し込むことは、教義理解としても正当であろう。その発想は、卑俗な話ではあろうが、まさに日曜日の休日を前日まで遡る形で増し加えたと理解される週休２日制の土曜日に見合ってもいる。

　しかし他方で、死の厳粛性が希釈された観は否めない。土曜日に与えられ、陰府の概念からも連想される死の厳しさが、独自のイメージを得る前に解消されてしまったかのようである。とくに現代日本人キリスト者は、非キリスト教的さらには非宗教的な環境において、教会外の２倍の速度ともいわれる急速な高齢化に見舞われている。そこでは圧倒的な死のリアリティが迫りくる。愛する人そして自己の老いと死が、諸々の情報とともに、死生観を圧迫するのである。先走って栄光の光を導入すれば、そこの一つの抑圧が生じてしまうような危機的事態を現代日本人としての信徒は生きているのだ。

　もちろん、東方教会的な救済論的解釈が間違っているわけではないし、望ましくないわけでもない。むしろそれを単たる理論とせず、リアルなものにするには逆説的に土曜日における死のリアリティをあえて過剰に強化し、いったんそこに徹することが要請される。つまり、光を真に求めるために一度は闇に徹する必要があるだろう。

　抑圧と言えば、キリスト教において、その母体となったユダヤ的伝統において重要な思想であり実践でもあった「安息日」（sabbatum, dies Saturni）を思い出す必要がある。原始教会においては十二使徒のなかにも割礼などユダヤ的律法伝統に固執する勢力が存在したが、それに反対するヘレニストや、ヘレニストとまでは言えないものの、膠着した律法解釈に同意しなかったパウロやバルナバらによって、ユダヤ的宗教思想の基盤はキリスト教において減滅されるに至った。さらにキリストの復活を信仰の主軸に据えるべく日曜日が時間枠の基準になるにつれ、本来の第七曜日つまり土曜の安息日がキリスト教において事実上無化されてしまう。

　しかしながら、現代日本人キリスト者も希求している安らぎ、あるいは憩いの元型はまさに旧約聖書に記された古代ユダヤ人の安息日観にこそ見出されるものである。無際限に労働力を搾取しようとして侵入する資本主義ことに新自由主義的な資本主義に苦悶する「持たざる99％」には抽象的な理念ではなく、具体的な禁忌として労働の禁止が身を守る砦となるだろう。[9] たとえば、申命記第５章には「安息日を守ってこれを聖別せよ。あなたの神、主が命じられたとおりに。六日の間働いて、何であれあなたの仕事をし、七日目は、あなたの神、主の安息日であるから、いかなる仕事もしてはならない。あなたも、息子も、娘も、男女の奴隷も、牛、ろばなどすべての家畜も、あなたの町の門の中に寄留する人々も同様である。そうすれば、あなたの男女の奴隷もあなたと同じように休むことができる。あなたはかつてエジプトの国で奴隷であったが、あなたの神、主が力ある御手と

御腕を伸ばしてあなたを導き出されたことを思い起こさねばならない。そのために、あなたの神、主は安息日を守るよう命じられたのである。」(12～15節：新共同訳)と書かれている。そこでは生産手段である家畜や（語弊があるが当時は主体性を剥奪され、道具視されていた）奴隷にすら休みが神命として保証されているのである。

　このユダヤ的安息日の具体性という特性は、キリスト教のなかでは安息日が無化され、せいぜい日曜日の栄光における副次的様態として痕跡をとどめるまでに減退してしまっている。[10] 復活の栄光のもとでは律法的な個別性など無力化されるといってもよいだろう。しかし、過酷な現場において人をたとえば過剰労働から守るのは、この具体性にほかならない。

　筆者はこうした安息日の意義と具体性を復権する必要を感じている。しかも同時に陰府に喚起される死別の厳しさを再生することも、キリストの栄光をより輝かせるためにも欠かせないと考える。そして、この二つの抑圧を解消してこそ、現代日本人のキリスト者は心身ともに癒されるはずである。

Ⅲ．モルトマンによる再理解

　上記において希求された二つの抑圧からの離脱を先んじて、かつ余人の及ばない深みと大胆さを伴って遂行した神学者が、ユルゲン・モルトマン（Jürgen Moltmann：1926～）である。元来は改革派（多分にカルヴァン派と重なるプロテスタント教派）神学を研究していたが、マルクス主義やユートピア思想などが交錯するエルンスト・ブロッホをはじめとする先端的な思想家に影響され、狭い教派の枠組みを離れ、いまではプロテスタント神学を代表するという形容すら過小な、現代キリスト教を代表する神学界の巨星とでもいうべき存在となっている。

　諸教派が相克するキリスト教体制からのある種の離脱と大胆な思索が、歴史的にキリスト教の伝統から遠く、宣教や神学研究面でも大胆な考察と行動を要する日本人神学者をモルトマンに共鳴させていることは否めない。そしてモルトマンもまた、日本人からの共感と憧憬を込めた呼びかけに積極的に応答している。たとえば、沖縄在住の一信徒から発せられた無謀とも思える招きにモルトマンは応えて沖縄を訪れ、充実した連続講演と説教を行っている（2003年）。そしてその講演において、まさしく安息日と「陰府への降下」が主題として大胆に論じられているのである。

　モルトマンは講演「自然の破壊と癒し」（2004年4月24日）のなかで、神は安息日で人間のみならず大自然のすべての存在が「安息日の祭日に招待されている」ので、安息日こそが「われわれの休むことのできない魂と緊張した身体への、すばらしい癒しとなる」と主張している。そして「祈りましょう。平和の主よ、沖縄の島々と共におられますように。海と、丘と、魚と、鳥たちと、そして、私たち人類と共におられますように。神のす

ばらしい創造の交わりにあって。アァメン。」という祈りで講演を締めくくっている[11]。

　ここで、モルトマンが自らの思想を集大成した浩瀚なる組織神学論叢の第 2 巻『創造における神』（原著 *Gott in der Schöpfung: Ökologische Schöpfungslehre*, 1985）から補足すれば、すでに「創造の知恵は、ユダヤ神学と安息日の実践の中に見出される。異邦人キリスト教会が安息日を放棄してしまったので、われわれからこの通路が失われてしまい、安息日はほとんど見過ごされてしまっている」と嘆息していたが、この安息日において神は被造物において内住し、「おのおのの被造物によって触発されるがままにされる」ことで「被造世界の中で」「被造物を『経験し』始める」と主張する[12]。

　このように、神は創造の主導権を安息日において中断するが、人間は神から見放されるわけではなく、むしろ内面から神に支えられるかたちで、かつ、自由を保証されたなかで、自らの人生を神に奉献し、味わっていただくことになる。しかも、「安息日は時間の中にあるが、しかし時間以上のものである」ため、安息日の営みは永遠の次元への越境を許すのである[13]。ここから思索を進めれば、神の内住によって、われわれ日本人キリスト者は、キリスト教体制の枠から漏れ落ちるがつねに思いをはせる対象、つまり被造物であるが洗礼を受けることなく死んだ愛する人々への想念も、隠すことなく神にさらすことになる。

　この話題に接続するように、モルトマンは講演「祖先崇拝と復活の希望」（2004 年 4 月 26 日）で、「陰府への降下」を取り上げる。モルトマンは「祖先崇拝の、独自なキリスト教的形態を発展させることが望ましい」のであり、それは「想起（思い出）の文化」の導入だという[14]。さらに大胆に「代理的聖化（きよめ）は、また祖先にも広げられる」のであり、「子孫がキリスト者になることによって、……祖先はきよめられ」、さらにキリストが「よみ（死者の国）にまでくだ」ることで、死者との交わりは確実なものとなり、ゆえに死んだ人々はわれわれの世界に「根源的な意味で『居合わせて（出席して）いる』」のだと語る。そして「死者は私たちがすることや、また苦しんでいることすべてにおいて、私たちをいわば〔引用者補註：神なるキリストの〕肩越しに見」ながら「私たちのために祈る」のである[15]。つまり、本来土曜日である安息日においてこそ、生前は未信者であっても死者は神と共にわれわれのうちに内住し、神と共にわれわれの目覚めと救済を祈っているのであり、かつ、聖土曜日にはミサはもちろん一切の典礼祭儀が行われないことから、この「陰府への降下」をめぐる事態が、神の謙虚の極みとして、キリスト教の歴史的制度的限定から解放されていると知るに至る。ここからわれわれ現代日本人キリスト者は、インカルチュレーション（inculturation：福音の文化的受肉）の一環として仏教など他宗教の要素も考慮しながら、神の意向に沿ったかたちでの祖先から向けられた祈りの眼差しを、沈潜の中で受け止めることができるようになるのである。

Ⅳ．後生の一大事としての内観瞑想

　死者をめぐる日本人の霊性を想起すれば、浄土教わけても親鸞に依拠する浄土真宗の教えと実践を避け通ることはできない。

　真宗教学者の池田勇諦は、祖先崇拝は迷信であると否定する。しかし、これはモルトマンが祖先崇拝に肯定的に着目したことと必ずしも矛盾しない。いわゆる葬式仏教に見出される霊魂観を「祟りの観念から離れない」「情念の投影」であり、「私たちの生に対する執着を実体化したもの」と池田はみなすが、それは我々の内面から神と共に目覚めを祈り、促す、モルトマンが読み取った祖先とは次元が異なるのである。むしろ池田によれば「弔う」の語源は「訪い」（とぶらい）であり、死者は祟る者でも、安らかに眠る者でもなく、生者が尋ねることで「本当の問題」へと導かれる存在、つまり、端的には遺体として「お前も、やがてこうなるぞ」と「声なき声」を発して、「死を師として生を生きる」ように生者を導く「諸仏」なのである。[16] この死者像は先述のモルトマンが着目した祖先像に重なってこよう。

　同じく真宗教学者の宮城顗は、「あなたはどう生きるんだ」、「今のままで死ねますか」という根源的問いを自覚する、つまり「『後生の一大事』を問うという形において、初めて私は自分の人生の全体を振り返る眼を与えられ」ると語る。[17] この池田と宮城の思索をキリスト教の立場で受け止めれば、まさにこのような「後生の一大事」を成し遂げてこそ、この世での人生は完成し、すべきことを緊張の中で果たしたがゆえの安息を得ることができる。

　こうした死者からの問いかけを自覚するうえで示唆深い方策として、たとえばカトリックの場合、内観瞑想にまず指を屈すべきであろう。内観瞑想とは、カトリック大阪教区に所属する司祭、藤原直達（1944〜）が創始した心理療法的修養活動である。たまたま書籍を通じて篤信の真宗門徒であった吉本伊信が編み出した内観法を知り、ただちに吉本自身やその弟子のもとで内観体験を積んだ。その後、「心のいほり・内観瞑想センター」を設立し、全国で年間十数回の内観同行を行っている。

　内観瞑想の基礎となった内観法は、俗に秘事法門と呼ばれる真宗秘密講に伝わる「身調べ」を吉本伊信が非宗教化することで心理療法化したものである。[18] 罪悪の自覚を重視したもので、内観三項目つまり「していただいたこと、して返したこと、迷惑をかけたこと」の三つの視点から、「根の記憶」とされる母親からはじめて身近な関係者に対する自己の記憶を、基本的には1週間をかけてじっくりと内省していく。このなかで内観者は抑圧した記憶、ことに愛する死者への取り返しのつかない己の過誤を自覚し、それでもなお神に許されている事実に目覚めるのである。

さらにキリスト教神学の視点から内観瞑想を概観すれば、以下の二点が特徴として浮かび上がる。

　第一に内観瞑想は思想的思索であり、仏教や東方教会の霊性を志向する。神学的にはヨハネ神学への親和性が明瞭である。藤原の思想は、カルメル会司祭で浄土教への深い理解からカトリック神学の脱西洋化を密かにかつ大胆に遂行した田中輝義にほぼ全面的に依拠しているが、この田中に従い藤原もまた「ケノーシスの神学」、つまり自己空無を発想の中核に据えている。その特徴は田中による以下の発言、すなわち法蔵菩薩の「誓願の中身は、キリスト教の十字架上の死という神の子の『自己空化』と呼応している」という一節にみることができる。[19]

　第二に内観瞑想は実践的思索であり、これは「身調べ」に由来する吉本内観法の基本発想を踏襲したためであるが、同時にパウロ的な十字架の神学や贖罪観からの影響も見出せる。藤原によれば、ダマスコの途上でキリストと出会って回心したパウロは、その後アラビアに退いて内観をしていたとされる。さらに「内観中に自らの霊肉の分裂葛藤を見て『うめき』」つつ、藤原は鋭敏な自己批判の眼差しからの罪の自覚を短詩型で告白してさえいる。[20]

　また、内観瞑想中は内側に座布団一枚を敷いた屏風の囲いの中にひたすら座り続けるのだが、藤原は屏風の内側を「陰府」とはいわないものの、中世期に発達した死者が苦痛を伴いながら浄化される他界である「煉獄」とみなす。そこでの死はリアリティを伴い、内観瞑想の現場は「棺か墓場の中にいる自分」を見て取る場所であり、そこでの認識は「死境から眺め」とされ、さらには「去った人があたかも屏風から登場してくるかのような経験」も指摘されている。[21]

　このような感覚は、たんに生者と死者とが出会うという次元を超えて、キリストと共に生者が死者のもとへと「陰府への降下」を実践する体験だともいえる一面を示していよう。まさに1週間、安息日のごとく一切の労働から離脱し、食事・排便・入浴・就寝以外は座り続けるこの内観瞑想はまさに、キリスト教内の営みでありながらもキリスト教という制度的宗教の信仰形態にこだわらず、かつ厳しく死者を実感しながらも穏やかに自分の全人生を振り返る営みである。ならば1週間とまではいかずとも、せめて土曜日の丸一日をかけて実践すべき新たなキリスト教安息日に向けた信心業となりうるのではなあかろうか。[22] いや、さらに端的に、あの聖土曜日にふさわしい信仰形態として、現代日本人のキリスト者に望まれるべきものであろう。

V．称名念祷への展望

　1週間のすべてをかけて実践する内観を集中内観ともいうが、吉本に倣い藤原は集中内

観のほかに、日々の生活中で内観三項目の振り返りを実践する日常内観を推奨している。しかし、多忙な日常生活の只中においては困難であることが否めない。そこで内観瞑想の源流でもある浄土真宗の思想と実践に立ち返ってみたい。

　死をめぐる多様なシーンで伝統的に実践、あるいはときに揶揄をも含んで連想された信心形態が、「ナムアミダブツ」という念仏である。もちろん親鸞における念仏は魔よけの呪文や神通力を喚起する真言ではなく、阿弥陀如来の救済を確信したことによる感謝（報恩）の念仏である。と同時に、罪悪深重な自己に懊悩した親鸞の自覚に発して、真宗の念仏には厳しい自己審問の念が込められている。ゆえに、先述の「後生の一大事」の問いも具体的な実践活動という面では念仏三昧へと結実するのである。[23]

　それならば、内観瞑想の全過程を包摂したキリスト教的な「念仏」があるだろうか。顧みれば、少数ながら数人の先駆者はいた。戦前には牧師の橋本鑑（福音的称名）、戦後には現在も活躍している延原時行（在家キリスト教提唱）らが挙げられる。しかし最も具体的な形でこの営みを実践したのは、カトリック司祭の井上洋治であった。遠藤周作の盟友であり、母性的キリスト教信仰を模索するなかで法然に出会い、さらに幼子が父親を呼ぶ「アッバ」（お父ちゃん）に南無を結び付けて「南無アッバ」の祈りを生み出した。松山出身の一遍による念仏札の賦算に類する実践（小さな木片に「南無アッバ」と記した「お守り札」をミサにおいて信者・非信者を問わず配布）も最晩年には行っている。[24]

　筆者はこのような先達の営みに刺激と示唆を受けつつ、独自に称名念祷を模索している。まず、伝統的にカトリック信仰の領域では、口頭で祈りを反復する形態を口祷（oratio vocalis）と呼び、わけても短い祈りの語句を繰り返す祈り射祷（oratio jaculatoria）と呼びならわしてきた。[25] それは聖なるイメージを視覚的に思い浮かべる念祷（oratio mentis）とは区別されている。しかしそれは観想念仏が主だった念仏がやがて口頭での称名念仏を指すようになった事例に類するため、筆者としては主の御名を短く称える射祷をあえて称名念祷と呼びたい。

　その際、神の御名は「イエス」、「キリスト」、「主」でもよいだろうし、井上のように「アッバ」でもよかろう。しかし、筆者としては「インマヌエル」（Ἐμμανουήλ）を選びたい。この語句はイエスの誕生を予告する天使によって告げられた呼称（「『見よ、おとめが身ごもって男の子を産む。その名はインマヌエルと呼ばれる。』この名は、『神は我々と共におられる』という意味である。」マタイ1:22〜23）である。まさに「インマヌエル」とは、受胎という「内住」から生じる名であり、「神は我々と共におられる」という句義により、「陰府への降下」を重ねることで、キリストと死者さらには内観瞑想的には生者も共にいる光景を描写できる。さらにそもそも「インマヌエル」が「集合名詞的に理解されて、おのおのの若い女が生む子らを意味する」言葉である点で、最愛の家族を象徴する母への普遍的思いが込められており、死別を究極とする離れた母への内観から始まる内観瞑想を継承す

るにあたって、ふさわしいともいえよう[26]。

　そこでは、まさにこの集合名詞性が本名の剥奪を連想させ、無名性を帰結する。しかし、それこそがいっそう重要である。省みれば、聖土曜日にまつわる否定性は人を、そして神をも世俗的・制度的な名前から自由にする。もはや陰府にいる死者は、いずれ受洗が期待される二流の「無名のキリスト者」(anonyme Christen)ではなく、有から解放された「無においてキリストと交わる者」であり、その発想はさらに万人を神と共に包摂する(27)。このような絶対無差別の事態を象徴するにあたって、「インマヌエル」よりふさわしいものはないように思われる。ここに至って「南無インマヌエル」の称名念祷が土曜日の霊性として開かれる。それは聖体拝領に基づく主日の霊性に先立ち、「陰府への降下」を契機にあらゆる人生を総括し、成就させる安息日の響きをもつものである。

おわりに

　週休2日制の定着による土曜日の休日化はキリスト教と無関係に行われた。しかしこの世俗の僥倖は、意外なことに、ながらく土曜日の安息と主日たる日曜日の栄光を混同してきた事態に終止符を打つかもしれない。また聖土曜日の否定性をいわば逆手にとるなかで、過剰に制度化された信仰形態に風穴を開けることもできる。さらにそこで新たに注目される土曜日の霊性を、内観瞑想や称名念祷につなげることで、ともすれば週日には信仰行為としてはなすべきこともなく、神そして愛した人々を忘れ、また主日にミサに参集するにしても、それが週日とは切り離され、形骸化してしまう危険(それはすでにいやというほど実現している)を免れる一途も提示される。

　月曜日、より正確には先の日曜日のミサ終了後からのち金曜日の日没までの労働や多様な受難をいったん土曜日が総括して引きうける。そのうえで、自由かつキリスト教の枠組みを超えて、厳しい現実の中にも交わりの喜びを穏やかに噛みしめ、祝い、そして癒しを成就する。そこでの癒しをさらに丸ごと、翌日の主日において神に奉献することで、主日の意義も引き立ち、救いが成就する。キリスト教的安息日としての土曜日は、かくも重要な日なのである。

　そして、おそらくこの土曜日の感性的な基調は、希望で絶望でもなく、むしろ両者のあわいに生じる「悲しみ」となろう。顧みて、悲しみが垣間見せる霊性的意義の覚醒が近年、密かな高まりと広がりを見せている。たとえば、愛する者との死別に深く根ざす内村鑑三の再臨運動や田邊元の「実存協同」、あるいは大乗仏教の「大悲」に関する鈴木大拙の思索などについて、倫理学者の竹内整一や文芸批評家の若松英輔らが頻繁に言及している。さらにはキリスト教ではすでに井上洋治が愛の根源語である「アガペー」(ἀγάπη)を「悲愛」と試訳し、またドミニコ会司祭の宮本久雄は存在に立脚する形而上学的神学を批判す

る脱在の視点から、宮澤賢治や石牟礼道子のアニミズム的霊性、あるいは韓国の文学者、李清俊の「恨」について深遠な考察を重ねている。かの遠藤周作においても、代表作『沈黙』などで同類の傾向が明瞭である。

　筆者としては、このような悲しみの線上で響鳴協和する信心業として、ことに称名念祷の試みをじっくりと醸成していきたいと念じている。

註
1)　一般信徒は典礼を執行するわけではないので、「教会暦」とも言われるが、カトリック信徒の生活は教会での典礼を柱に行われるため、伝統的に典礼暦という表現が定着してきた。カトリック神学界が総力を挙げて編纂した新カトリック大事典編纂委員会編『新カトリック大事典』（研究社、全4巻、1996年～2009年）でも「教会暦」という独立した項目はなく、「典礼暦」を参照するよう指定されている。
2)　ここではあくまでカトリック教会を念頭に置いているが、伝統的な諸教派は基本的にいずれも復活祭と降誕祭を二本の柱とする暦によって支えられているといってよい。
3)　実際には、枝の主日の日曜日から聖土曜日までの七日間に加えて、八日目の復活の主日までが一連のつながりをなす。つまり、日曜日は「七日のはじまりの日」であるとともに、「七日間の成就の日」ともされるのである。高橋保行『日曜日』、南窓社、1978年、20頁。
4)　典礼暦では古代ユダヤ人の時間規定に従い、日没を一日の始まりとする。このため、現代人の時間間隔とのズレが生じ、いくつかの重大な誤解を生むこととなった。たとえば復活祭のミサと言えば、最も荘厳な復活徹夜祭が通常思い浮かぶものだが、それは世俗の暦の上では「土曜日」の夜だが、典礼暦上ではその日没後から翌日、つまり「復活の主日」が始まっているため、復活徹夜祭はあくまで復活の主日の祝いであり、しばしば誤記されるような「聖土曜日」の典礼ではない。たしかに復活徹夜祭と聞いて通常想起するのは夜の祝いだが、復活の主日として基本的には日中のミサに連続して「日曜日」の霊性の根源となっている。ただし、ややこしいことに、歴史的には16世紀のトリエント公会議後に発行された『ローマ・ミサ典礼書』（1570年）では復活徹夜祭が聖土曜日の午前に行うものとされていた経緯（1955年の聖週間典礼改訂と第二ヴァティカン公会議の1970年に発行された典礼書で復活徹夜祭は本来あるべき「復活の主日」に復帰した）もあり、ともすれば土曜日と重複してしまう難点がいまだ残されている。
5)　カトリック中央協議会出版部編（日本カトリック典礼委員会監修）『教会暦と聖書朗読2016年度──主日C年・週日第2周年』、カトリック中央協議会、2015年、39頁。この日以外は、朗読される聖書やアレルヤ唱など、時期によって増減はあるものの、典礼執行に必要な情報が漏れなく記載されている。
6)　久松英二「陰府への降下──その歴史と意義」、『南山神学・別冊』第4号、1985年、83・86頁。
7)　久松「陰府への降下」、115頁。
8)　久松「陰府への降下」、154～156・159頁。
9)　現代資本主義社会の経済的抑圧および貧困に対抗すべく、2011年9月から数か月間、ニューヨークで若者たちがデモ活動を行ったが、その運動は「ウォールストリートを占拠せよ」（Occupy Wall Street）と称された。そこでのスローガンが「我々は99％である」（We are the 99%）。若者が直面するこの経済的苦境は、経済のグローバル化のなか、現代日本でも共通すると筆者は考える。さらに近年では金融資本による搾取がさらに進み、現代フランス思想研究者である廣瀬純によれば、その「99％」のなかに「資本によって、搾取し続けるために生かしておくべき『労働者』として扱われている者たちと、現状においてすでに、死ぬまで収奪し尽くすべき『奴隷』として扱われている者たちとのあいだに分割線を導入する」ほどまでに事態は深刻化している。この点

にも筆者は基本的に同意している。まさに奴隷にも休息を保証する聖書の記述は貴重である。廣瀬純・小泉義之「アンダークラスの視座から撃て（後編）」、『ピープルズニュース（人民新聞オンライン）』、http://www.jimmin.com/htmldoc/157101.htm、accessed: 2016/06/11.

10）日曜日を安息日化して、礼拝参加や原則的作法に依拠した食事などを除き、行動を慎む教派やグループは存在し、その具体的な姿は実話に基づいた映画『炎のランナー』（ヒュー・ハドソン監督、イギリス、1981 年公開）に見て取れる。しかし、こうした過剰に禁欲的でピューリタン的な行動原理はプロテスタントのなかでも主流とは言えず、さらにカトリック信徒においては総じて日曜日は復活の栄光に乗じて祝宴を張る日として、娯楽含みで捉えられていたといえる。実際、日曜日には聖堂前の広場に市が立ち、遍歴芸人による聖書の物語にかこつけた大衆劇や大道芸が演じられ、ミサ終了後には酒場が賑わった。

11）モルトマン博士招聘委員会編『人類に希望はあるか――21 世紀沖縄への提言』、新教出版社、2005 年、19 〜 21 頁。

12）ユルゲン・モルトマン『創造における神――生態論的創造論』、新教出版社、1991 年、4・404 〜 405 頁。

13）モルトマン『創造における神』、414 頁。

14）モルトマン博士招聘委員会編『人類に希望はあるか』、41 頁。

15）モルトマン博士招聘委員会編『人類に希望はあるか』、42 〜 45 頁。この際、死者たる人間の救済における意志のはたらきを、あえて神の自己無化への逆対応として強調するならば、東方教会で総じて支持されている神人協力説（synergismus）を受容する余地が生じてこよう。

16）池田勇諦『法事をつとめる』、真宗大谷派宗務所出版部（東本願寺出版部）、29 〜 32・40 頁。

17）宮城顗『後生の一大事』、法蔵館、2004 年、28・43 頁。

18）吉本の内観道場は内観寺という真宗木辺派に所属する寺院の顔も持つ。なお、木辺派がいわゆる秘事法門と特に関係しているわけではない。

19）藤原直達『ナムの道もアーメンの道も――ある隠修士との対話』、心のいほり・内観瞑想センター、2005 年、161 〜 162 頁。なお、ケノーシスとはキリストが自身の特権を謙虚の極みにおいて中断し、罪人である人間と同じ地平に立つことを指す。

20）内観者パウロについては、藤原直達『東西のはざまで』、カトリック内観研究所、1998 年、103 〜 105 頁。

21）藤原『東西のはざまで』、77 頁。

22）毎週実践するのは無理でも、せめてたとえば復活祭の前後に 1 回から数回程度実践する程度ならば、現実味が出てこよう。また、筆者は 2008 年 8 月に藤原のもとで内観瞑想を実体験したが、その際、司祭や修道者への召命を感じている者は、これまでの人生を振り返り、けじめをつけ、召命を確認するためにも、一度は内観瞑想を体験したほうがよいだろうと感じた。なお、藤原の内観瞑想と主に精神分析の領域で考察されてきた「喪の作業」（Trauerarbeit）との共通性を探る視点から考察した拙稿として、以下を参照されたい。「内観と悲哀――現代日本のカトリック霊性から」、髙田信良編『宗教における死生観と超越』、方丈堂出版、2013 年、128 〜 145 頁。また、ケアとの関係から内観瞑想を探求した拙稿として、「生者と死者の交わり――現代日本のカトリック霊性」、西平直編『ケアと人間――心理・教育・宗教』、ミネルヴァ書房、2013 年、257 〜 276 頁。

23）このような意味で念仏三昧に徹した一群の人物像を描写するために、妙好人の存在があらためて考察の対象になるだろう。著名な過去の妙好人のみならず、市井の一般人のあいだにも妙好人と称すべき篤信の門徒がいまでも存在することが、現在の事例から読み取れる。たとえば以下の文献において言及された髙田やよのケース。釈徹宗『死では終わらない物語について書こうと思う』、文藝春秋、2015 年、187 〜 189 頁。

24）井上の祈りについては、井上洋治『遺稿集「南無アッバ」の祈り』（井上洋治著作選集 5）、日本キリスト教団出版局、2015 年、に集大成されおり、巻末の山根道公による解説も示唆深い。「南

無アッバ」の従来知られていなかった先駆者としてイエズス会司祭のペトロ・ネメシェギの存在が指摘されている。筆者としてさらに付加すれば、三好迪に「神にアバと呼ぶイエスス」という論考（シンポジウムでの発題）がある（南山宗教文化研究所編『宗教体験と言葉——仏教とキリスト教との対話』、紀伊国屋書店、1978 年、96 〜 117 頁）。なお、生者と死者との交わりという視点からの拙稿「『南無アッバ』の祈り——老いに寄り添う求道性」、『人間学紀要』第 46 号、2017 年、も参照願いたい。

25）東方教会ではさらに独自の発展を見せ、修道精神が世俗でも生かされるなかで、「イエスのみ名の祈り」が広く普及した。この祈りと念仏との共通性を探った文献として、坂東性純『み名を称える——キリスト教と仏教の称名』、ノンブル社、1988 年、がある。

26）新カトリック大事典編纂委員会編『新カトリック大事典・Ⅰ』、研究社、1996 年、「インマヌエル」項目。

27）非信者をいずれキリスト教の真理に目覚める見込み上の信者、具体的にはいずれ摂理によって洗礼に至る未信者として「好意的に」解釈したのは、20 世紀を代表するカトリック神学者であったカール・ラーナーであった。それに対して、よりリベラルな思想をもつハンス・キュングらはラーナーの態度は傲慢な包摂主義だと批判した。また、筆者はこの万人包摂性をしてただちに万人救済説の肯定とはしないが、世の完成時つまり終末におけるその可能性は否定できず、また少なくとも「陰府への降下」において予型的に顕現している可能性は否定できず、それを前駆的にであれ祝うべきだと考えている。

こころ豊かな地域支援活動
―愛媛の実践を中心に―

地域包括ケアのあり方とその方向性
―コミュニティと自然とのつながりを求めて―

下田　正

　本稿では地域包括ケアの方向性を最終的に「コミュニティや自然の次元とのつながりの回復」に求め次のような考察を行っている。先ずは、人間や人間社会にとってのケアやケア関係について原理的な考察を行った上で（第Ⅰ章）、国レベルでの健康問題の構造的な転換に伴い近年の「地域包括ケアシステム」へと生成発展してきた過程を明らかにし（第Ⅱ章）、そうした制度的な変化を今度は「地域包括ケア」という実践レベルの変化として捉え直し今後の地域包括ケアのあり方を論じている（第Ⅲ章）。そして、最後に、本稿の主題である「コミュニティと自然とのつながり」の回復を目指す地域包括ケアのあるべき姿を、つながりのあるコミュニティづくりという地域創生の視点も含んだあるべき姿を、愛媛県内の事業者レベルでの優れた実践を紹介することでまとめとしている。

はじめに　―俳人正岡子規のケアを巡って―

　『俳人・正岡子規には律という三つ違いの妹がいた。肺結核から脊椎カリエスを発症し、寝たきりになった子規を、母・八重とともに看たのがこの律だった。20代後半から30代前半の7年弱を、彼女は兄の介護に捧げたのだ。部屋を清潔に保ち、食事を支度し、兄の包帯を取り替え、排泄の世話をする―これが律の日々である。カリエスの悪化で子規の背中と腰には穴があき、そこがただれて膿が溜まった。当然、包帯の取り換えも細心の注意を要する』[1]

　俳句及び短歌の革新者と知られる正岡子規は23歳の時結核により喀血。明治29年子規（29歳）は脊椎カリエスのため歩行が困難となり手術を受けるが好転せず、病状が悪化した明治32年には寝返りも困難になった。子規が亡くなる1年前の明治34年以降は仰向けの臥床生活を強いられたという。こうした闘病生活の中で、子規は「歌よみに与ふる書」（明治31年）、子規庵での歌会や文章会の開催、「墨汁一滴」（明治34年）や「病牀六尺」（明治35年）などの随筆の執筆といった文学活動、そして果物や草花や玩具の水彩画の製作等にも取り組んだ。病苦に煩悶し号泣しながら「もし死ぬことが出来ればそれは何よりも望むところである。しかし死ぬことも出来ねば殺してくれるものもない。…（略）…誰かこの苦を助けてくれるものはあるまいか、誰かこの苦を助けてくれるもの

はあるまいか」（正岡 1902、『子規全集』11 巻 p .283）といった状況に見舞われながらの取り組みであった。こうした状況での子規の精力的な文学活動は、本人の創作意欲、強靭な生命力、柔軟な精神力は勿論であるが、冒頭紹介した妹律や母親八重の世話や看病と言った献身的なケアを抜きにして語ることはできない。

　闘病中の子規やその諸活動を支えたのは家族だけではなかった。妹律と共に高浜虚子らによる口述筆記、随筆を連載した新聞社の子規の健康への気遣い、漱石らの友人や高浜虚子、河東碧悟桐、伊藤左千夫、長塚節らの多数の門人たちによる度々の見舞いや書簡のやりとり、句会や歌会や文章会などを通した交流もあった。門人たちが輪番で看護（介抱）につくこともあった。つまり、子規は家族以外の友人や門人たちの言わば「コミュニティ（共同体）」によっても広い意味でのケアを受けていた。律も心強かったに違いない。「墨汁一滴」には、金魚鉢の金魚、鳥籠の小鳥、天井からぶら下がった張り子の亀、お多福や恵比寿や福助などを題材とした句や文章もあり、そうした室内の小物でさえも病床の子規にとっては慰めであった。

　更に注目されるのは、病床生活が日常的になった明治 29 年以降になると子規庵の庭園の草花の種類が急に増え、明治 32 年の 12 月上旬には高浜虚子の配慮で病室の障子はガラス障子に換えられ、臥した状態でも陽光を感じつつ庭園の草花を見ることができるようになったことである。こうした病床環境の工夫といった周囲の人の気配りは、俳人子規の文学活動の題材の提供といった意味もあろうが、幼い頃から庭園と植物への思いが強かった子規にとっては、「庭園の植物は雑草雑木四時芳芬を吐いて不幸なる貧児を憂鬱より救わんとす」（正岡 1898、『子規全集』12 巻 p .257）であり、人間子規にとっての庭園や草花はむしろ「自然」（動植物やそれを取り巻く自然環境）とのつながりや一体感がもたらす癒しであり救いであったに違いない。彼にとって「花は我が世界にして草花は我が命なり」（正岡 1898、『子規全集』12 巻 p .258）だったからである。

　愛媛松山が生んだ俳人正岡子規のケアの事例を巡って、本人の生きる力や妹律など家族の世話や看病による「個人・家族」とのつながりによるケアの次元、友人や門人たちの関心、配慮、気遣い、気配り、世話、看病といった「コミュニティ」とのつながりによるケアの次元、そうした人間の営みを根底から支え、時に慰め癒してもくれた「自然」とのつながりによるケアの次元という、人間社会の重層的な構造からケアを捉えたわけであるが、こうした捉え方から現代におけるケアを特徴づけるならばそれは次のように言える。戦後の経済発展や産業構造の変化に伴って、かつて子規の妹や母親が担ったような家族による世話や看病は外部化され徐々に職業としてのケア（専門職によるケア）に取って代わられ、子規の友人や門人たちとの関わりがもたらしたような相互扶助的なコミュニティ（共同体）によるケアと、子規が愛した草花との関わりがもたらしたような身近な自然によるケアは徐々に衰退してきたということである。そういう文脈から考えると、これからの地域包括

ケアにおいては、広井（2008、p.10）が指摘するように、『コミュニティや自然の次元との「つながり」を喪失しがちな現代人にとって、そうした次元を回復することが本来の意味の心身の充足につながるのであり、ケアとはそうした回復の試み』といった認識が必要であり、原理的にはそして最終的にはそうした方向性をもったケアを目指すことが求められるのではないか。

　したがって、本稿では、地域包括ケア²⁾の方向性を、最終的には「コミュニティや自然の次元とのつながりの回復」に求めつつ、以下次のような考察を行っている。第Ⅰ章ではそもそも論としてケアの字義や人間や人間社会にとってのケアの意味とケア関係の様式について考察する。そうした原理的な考察を踏まえ、第Ⅱ章では国レベルでの健康問題の構造的な転換つまり健康転換に伴ったここ数十年のケアシステムの変化を辿り、近年の多様なケアを含む地域包括ケアシステム（の構築）へと生成発展してきた経緯を明らかにする。第Ⅲ章では、前章で明らかにした地域包括ケアシステム（の構築）へという制度的な変化を、今度は地域包括ケアという実践レベルの変化として捉え直し、そうしたケア（支援）実践を理論的に支える「生活モデル」に基づく今後の地域包括ケアのあり方を論じる。最後の第Ⅳ章では、前章で論じた地域包括ケアのあり方を踏まえ、最終的には『コミュニティと自然とのつながり』といった方向性をもった地域包括ケアのあるべき姿を、そしてまたつながりのあるコミュニティづくりという地域創生の視点も含むあるべき姿を、愛媛県内の事業者レベルでの優れた実践を紹介することで本稿のまとめとしたい。

Ⅰ．人間にとってのケア（care）

1）ケアという言葉

　ケアという言葉は私たちの暮らしの中で広く使われ今や日本語化している。例えば、ナーシングケア、集中ケア、ターミナルケア、緩和ケア、コミュニティケア、ケアマネジメント、チャイルドケア、心理的ケア、セルフケア、ボディケア、スキンケアなど幅広い分野で使われている。英和辞典（研究社　新英和大辞典　第4版　1960）によると「ケア」は次のような意味をもつ。

　　名詞：①気がかり・心配（concern、anxiety）・苦労（worry）　②心配事・苦労の種　③注意・用心（heed、caution）・骨折り（pains）　④とくに力を入れる事柄（task）；関心・配慮　⑤世話・監督・保護（charge、protection）　⑥悲しみ（grief）。動詞：①気にかかる（have or feel care）・気をもむ・心配する　②[否定文・疑問文に用いて]気にする・関心をもつ（feel regard）・かまう・とんちゃくする（be concerned）　③[infinitive を伴って]…したがる・欲する。

その他の英和辞典においてもほぼ同様の意味が記載されているのを見ると、国語辞典での「ケア」の意味、例えば三省堂国語辞典第6版（2008）での意味「名詞;①[医]看護、介護　②手入れ、手当、管理」などよりも、もっと多義的であり深みのある意味内容を含んでいる。
　そもそも『ケアの語源とされるラテン語の「cura」は、「憂い・心配・気がかりなこと」といった否定的なニュアンスをもった言葉であった』（広井 2013、p .2）。また、史的言語学や統語論の視点から、『ケアはゲルマン系の語であり語源的には「心配・悲しみ・叫ぶ」という意味であった』（江藤 2006、p .2）という指摘もある。いずれにせよケアはもともとそうした人間の「気がかりや心配（concern、anxiety）、悲しみ（grief）や憂い」、それらと表裏一体とも言える「注意（heed、caution）、関心、配慮、気遣い、気配り」、更にはそれらの具体的な表れとしての一般的な「世話や保護」を意味する言葉であるが、日本ではそれらを「看護・介護」といった形で専門的、職業的な意味合いで限定した使い方をする場合も少なくない。そういう意味で、本稿におけるケアのあり方や方向性の検討においては、ケアの具体的な表れとしての特定の分野の特定の専門職等が担っているような狭い意味でのケアに止まらず、ケアという言葉が有する人間存在の本質とも言えるような「心配や悲しみ」、あるいは「他者などへの関心、配慮、気遣い、気配り」、更にはごく一般的な「世話や保護」と言った意味なども含むケアも重視している。丁度、本稿の「はじめに」で紹介した、正岡子規の友人や門人たちのちょっとした関心や気遣いや手助けといった社会的つながりによるケア、広くは子規が愛した草花に象徴される自然とのつながりさえもケアとして重視している。

2）人間にとってのケア

　字義とは別にケアとは人間にとっての、あるいは人間社会においてのケアとは如何なる意味をもつものであろうか。近年では様々な学問分野の研究者などによって幅広い角度からの考察がなされているが、紙幅もあることからここでは次の2点に絞って考察を進める。

ⅰ）人間にとってのケア（相互信頼と成長及び自己実現）
　広井（2013、p.15）は人間にとってのケアについて次のように述べる。『人間という「生き物」は、他者との「ケア」の関係（ケアすること/ケアされること）を通じてこそ存在できるものであり、また、自己自身の成り立ちにおいて、他者とのケアを通じた関わりが不可欠の意味をもつということである。これは言い換えれば、人間は「ケアへの欲求（他者をケアすることへの欲求/自分がケアされることへの欲求）」を本質的なものとしてもつということにもつながる』

言うまでもなく私たちは他者との関わりの中で他者から自分が「ケアされること」で生まれ育った。哲学者の鷲田（2015、p.201）も「ひとは生まれ落ちたらすぐに他者への全面的な依存関係に入る。あやされ、声をかけられ、からだをまさぐられ、乳首をふくまされ、股ぐらを拭われ、髪を洗われといった、まさに存在のケアをされるという経験、それを幼いときにとにかく満ち足れるまで味わっておくことが、人間の成長にとって決定的な意味をもっていることは、だれもがからだで憶えている、こういう経験がじゅうぶんにあれば、ひとの人生はそうかんたんに揺らぐものではない」と述べる。こうした「ケアされること」への欲求は、出産直後の子ども時代だけでなく、人間にとってそのケアの形は異なるにしても生涯にわたって継続する基本的な欲求であると思われる。実際のところ、人生上の様々な困難に遭遇する時にはとくに、他者などからの気遣いや思いやり等のケアによって、私たちは絶えず支えられ勇気づけられていることを実感しているところでもある。[3]

　と同時に、私たちは「ケアされること」だけでなく、他者との関わりの中で他者を「ケアすること」にも深く関わっている。先の育児の例でいうと、いたいけな赤ちゃんをみるとあやしたくなり、声をかけたりしたくなる。喜んでくれたりすると、ますますケアしたくなったりする。苦しんでいる人をみると無関心ではいられなくなり、何かできることはないだろうかと思ったりもする。つまり、他者などへの関心や気遣いといった「ケアすること」を通じて時には自分の生きる意味や価値や存在意義など実感することも少なくない。こうした「ケアすること」について、先ほどの広井（2010、p.16~p.17）はこうも述べる。「ケアという行為を通じて、ケアを行っている人自身が、むしろ力を与えられたり、ある充足感や統合感を得る」、『人間は、それがどのような形をとるかはさまざまであるにしても、いわば本来的に「ケアしたい欲求」とでもいうものをもっているように思われる』。だからこそ、人間に「ケアしたい欲求」があればこそ一歩間違えるとそれが独善的なものになってしまうことだってあり得るのである。

　以上述べてきたことはケア研究の先駆的哲学者メイアロフ（2015）の以下のようなケアの概念とも重なる。「一人の人格をケアするとは、最も深い意味で、その人が成長すること、自己実現することをたすけること」（p.13）であり、同時にそれはケアする人とケアされる人との「相互信頼を深め、共に成長発展をとげる関係」（p.14、p.185）のプロセスでもある。また、ケアする人にとっては、「相手をケアすることにおいて、その成長に対して援助することにおいて、私は自己を実現する結果になる」（p.69）のである。

　こう考えてくると人間にとってのケアとは、人間同士の相互信頼や成長及び自己実現にとって不可欠なものであり、それは人間の本質と言うべきものではないだろうか。

ⅱ) 人間社会におけるケア（二者関係と三者関係）
　人間におけるケア関係は、言うまでもなく原型としての母子関係のような二者関係が基

本と考えられるが、そこに原型としての父子関係が加わることによって三者もしくは三者以上のケア関係も見出しうる。広井（2013、p.17 〜 p.18）の言を借りれば、それは次のような意味においてである。『サルからヒトへの進化の過程で、父親が子育てに関わることによって「家族」（三者関係以上の関係）という"社会的"単位が成立したこと』や『人間という生き物は「重層社会」をつくることにある』とした生態学者河合雅雄の議論を踏まえ、人間の社会は『最初から個体ないし個人が「社会（集団全体）」に結び付くのではなく、その間に中間的な集団をもつ。したがって、個体の側から見れば、それはその中間的な集団「内部」の関係と、「外部」の社会との関係という、2つの異なる関係性をもつ（関係の二重性）。前者（＝内部関係）の原型が＜母親＞との関係であり、後者（＝外部関係）、言い換えれば個体を"外"の社会に「つなぐ」存在の原型が＜父親＞である』。

　以上のような認識に立てば、人間や人間社会におけるケア関係は、基本的には母子関係を一つの原型とする「内部関係」（例えば家族関係）として捉えられるものの、その限りにおいては哺乳類一般にも言えることであるが、人間としての個人はその「内部関係」の中だけで生きているわけではなく、それらを束ねるもっと上位の重層的な「集団や社会」との関わりの中でも生きている。とすれば、個人が例えば家族の、学校や職場の、地域の、更には「全体社会」の一員として生きていくためには、そうした外部にある集団や社会に「つなぐ」といった形の父子関係を原型とするような「外部関係」は極めて重要な意味をもつことになる。つまり、人間や人間社会におけるケア関係は「ケアの与え手と受け手」といった「1対1」の二者関係を基本（閉じたケア）にしながらも、それを外部の三者以上の関係へと、言い換えれば多様で豊かな関係網（開かれたケア）へと「つなぎ拡げていくこと」も「ケアの一様態」として重視されなければならないということである。このことは、逆に、外部関係が途絶え社会的に孤立した家族内での二者関係による閉じたケアを想像すると自ずとその重要性は浮かび上がってくる。例えば、家庭内介護に時として見られる「老々介護」「介護疲れ」、「虐待」、「心中」「孤独死」などは閉じたケアの限界とも言えるものであり、こうしたことは介護施設などでもそれが閉鎖的なものであればその例外ではない。したがって、人間や人間社会におけるケアは二者関係において完結するものではなく、それ自体が「地域に開かれたケア」あるいは「地域の多様なつながりの中でのケア」も内包する概念と言えるのではないだろうか。

Ⅱ．健康転換とケアシステムの変化

　前章ではケアの字義や人間や人間社会にとってのケアやそのケア関係についての原理的な考察を行ったが、本章では、疾病構造の変化を中心にした健康転換[4]という概念的枠組みを通して現実の社会の中でケアがどのような制度的な仕組みとして生成発展したのかにつ

いて言及する。

1）第1相（感染症）から第2相（慢性疾患）におけるケアシステム

　健康転換という変化の相（時期の区分）については諸説あるが、ここでは広井（2010、p.208～p.211）が示す「第1相（感染症）⇒第2相（慢性疾患）⇒第3相（老人退行性疾患＆精神疾患）」の3段階の大枠にそって考察する。

　かつて日本における主な死因は肺や消化器の感染症で、例えば昭和10年代から戦前にかけては肺結核が猛威をふるい死因の1位を占めていた。しかし、とくに戦後の急速な復興に伴う都市（生活）環境の改善や抗生物質の発見など医療や公衆衛生施策の進展により感染症は次第に減少していく。こうした戦前から戦後にかけた「結核などの感染症が主たる疾患として位置付けられる時期（健康転換第1相）」が、次第に「脳血管障害や悪性腫瘍などの非感染性の慢性疾患が主たる疾患として位置付けられる時期（健康転換第2相）」へと移行するのであるが、その時期とは一体いつ頃のことを指すのであろうか。

　例えば、広井（2010、p.34～p.35）は、「健康転換第1相の感染症」から「健康転換第2相の慢性疾患」への転換期について次のように述べている。『死因の一位が結核から脳血管疾患に代わった1951（昭和26）年、ないし死因のベスト・スリーとして現在に続く「がん、心臓病、脳卒中」の三者が出そろう1960年前後（ただし当時は「脳卒中、がん、心臓病の順」）の時期』である。つまり、社会経済的には戦後の経済復興や経済成長期の1950年代から1960年代にかけた時期である。

　この期の保健医療システムは、従来とは異なり、医療技術の発展はもとより昭和30年代（1955年～1964年）中頃からの国民皆保険の達成や医療施設や機器の急速な整備、昭和40年代（1965年～1974年）の高度成長期の医療保険の給付率の引き上げや70歳以上の老人医療費の無料化など、病院を中心とする医療ケアシステムが大きな進化を遂げた時期である。とくに国民皆保険制度の導入は、この期の主たる疾患が慢性的経過をたどること（慢性疾患）、40歳代から60歳代の壮年期に罹患率が高まること（成人病）、感染症時代とは異なり病原菌や都市環境というより個人の生活に関連していること（環境より個人）等から、将来の疾病リスクに備えるため各個人が一定期間保険料を負担するという仕組みは極めて合理的なシステムであった。しかもこの期は戦後の経済復興や経済成長に伴う国民所得の上昇期にあったことから国民による保険料負担も総じて期待できる状況下でもあった。

2）第2相（慢性疾患）から第3相（老人退行性疾患＆精神疾患）におけるケアシステム

　やがて、高度成長の時代も終わりを告げ、1970年代前半から1990年頃までの安定成長期に入ると歳入が伸び悩み財政も悪化するようになる。また、そうした状況の中で、わ

が国では高齢化（1970年7.1%→1980年9.1%→1989年14%。1970年頃からの50歳以上人口の50%超え）が急速に進み、医療ニーズの増加や老人医療の無料化等によって老人医療費の増大も目立ってきた。「病院のサロン化」、「はしご受診」、「老人の長期入院」といった現象もみられるようになった。

　そのため、昭和50年代（1975年〜1984年）には、国は老人医療の負担のあり方を見直し治療だけでなく予防・機能訓練を含む総合的な保健医療サービスを提供するため1982（昭和57）年に老人保健法を制定した。その結果、各医療保険制度間の公平な負担、老人医療費の一定額の自己負担、老人の心身の特性に見合った診療報酬、壮年期からの疾病予防や健康づくりなど総合的な老人保健医療政策が進められることになった。更に、1986（昭和61）年の老人保健法改正では、ケア重視の観点から治療よりもむしろ看護・介護、リハビリテーションを中心とした「医療的ケアと生活サービス」を提供する要介護老人対象の老人保健施設が創設され、1991（平成3）年には在宅療養を支える老人訪問看護制度も設けられた。また、1990年代末には、慢性疾患をそれまでの「加齢」に着目した「成人病」という捉え方から、その人の「生活習慣」に着目した「生活習慣病」といった捉え方に視点が移され、「成人病」時代の「早期発見・早期治療の二次予防中心の対策」と共に、「生活習慣の見直しや支援的な生活環境づくりによる一次予防中心の対策」へという生活の場を視野に入れた対応策が講じられるようになった。

　他方、バブル経済崩壊後の1990年前後（「失われた10年」とも呼ばれる経済低迷期）になると、それまでの「老人医療」の枠組みだけでは捉えきれなかった長期的なケアを要する「老人介護」（当時でいう寝たきり老人や痴呆性の老人など）に関わる福祉サービス、とりわけ在宅サービスの整備も行われるようになる。国は1989（平成元）年に「高齢者保健福祉推進十か年戦略（ゴールドプラン）」を、1994（平成6）年には「新・高齢者保健福祉推進十か年戦略（新ゴールドプラン）」を策定し、保健福祉サービスの基盤を整備したあと、2000（平成12）年に介護保険法を制定した。その後、2005（平成17）年の介護保険法改正では、新予防給付や介護予防事業の創設と地域密着型サービスや地域包括支援センターの創設、2011（平成23）年改正では、地域包括ケアを前面に押し出すため「地域包括ケア」に係る理念規定（介護保険法第5条第3項）の創設を行ってきたのである。

　以上、日本経済が高度成長から安定成長期や経済低迷期に入り、人口構造の面では高齢化社会から高齢社会へと移行する時期において、予防・リハビリも含む総合的な保健医療サービスの提供を目指す「老人保健法（1982年）」の制定、在宅サービスを中心とする介護を軸にした保健福祉サービスの整備を目指す「ゴールドプラン（1989年）」や「新ゴールドプラン（1994年）」の策定、そして介護保険法（2000年）の制定やその後の「地域包括ケアシステム」の構築に向けた介護保険法の改正等が行われてきたのである。つまり、人口の急速な高齢化を背景にした保健や福祉（介護）を含む新しいケア政策の歩みは、健

康転換第 2 相における慢性疾患に対する病院（医療）での「疾病の治療・延命」を中心とする狭い意味での医療的なケアに止まらない形の多様で幅広いケアシステムへ、制度としては「地域包括ケアシステム（の構築）」へと生成発展してきたと言える。そうした変化は、当然のことながら、人口の高齢化に伴う疾病構造の変化に対応するためのものであった。つまり、この期においては、従来の「壮年期」に多く見られる通常の高血圧や糖尿病などの慢性疾患への対応と共に、次第に認知症、うつ、廃用症候群（生活不活発病）などの多くの病因が複雑に影響を与える老年症候群、「老年期」にみられる慢性疾患の複数罹患など、不可逆的な老化が深く関与する「老人退行性疾患」への対応が求められてきたからである。このことから、少なくとも保健医療福祉関連の政策や制度の動向を俯瞰する限りでは、予防的サービスに関わる「老人保健法」が制定された1980年前後、ないしは介護等サービスに関わる「ゴールドプラン」が策定された1989年前後あたりが「健康転換第 2 相の慢性疾患」から「健康転換第 3 相の老人退行性疾患」への転換期と言えるのではないか。

　「老人退行性疾患」に対応する高齢者対象のケアシステムと共に、近年ではとくにうつ等の若年層も含む「精神疾患」等に関するケアシステムも大きな課題となっている。例えば、1996（平成 8）年や1999（平成 11）年頃の精神疾患の患者数（傷病別の医療機関にかかっている患者数の年次推移）は入院・外来を含め200万人余りであったが2008（平成 20）年にもなると323万人にも達し傷病別患者数第 2 位の糖尿病患者237万人を大きく上回る現状があるからである。[5]また、うつ等の健康問題が原因・動機の約半数を占める自殺は、1998（平成 10）年に 3 万人を超えそれ以降年間自殺者数 3 万人前後の高い水準で推移している状況もある。いずれにしても、長引く不況の中で、若年層などの現役世代も含め躁うつ病を含む気分障害やストレス関連障害が増加すると共に高齢化に伴い認知症も増加している。このため、厚生労働省は、2012（平成 24）年、それまでの 4 大疾患「がん、脳卒中、急性心筋梗塞、糖尿病」に「精神疾患」を加えて 5 大疾患とし、医療計画に盛り込むべき重要な疾病として2013（平成 25）年度から重点的な対策を講じている。

　こうした精神疾患やそれに関連する事態に対しても、高齢者ケアがそうであるように、今では医療や保健だけではなく、福祉をはじめ教育、雇用、年金といった生活全般にわたる幅広い総合的な支援（ケア）の動向が見られる。戦後の精神障害者関連法としては、保健医療施策としての「精神衛生法」（1950年）や「精神保健法」（1987年）などがあるが、とくに重視されるのは1993（平成 5）年の「障害者基本法」の制定である。この基本法の制定によって、精神障害者は保健医療施策の対象というだけでなく福祉施策の対象としても位置付けられ、1995（平成 7）年制定の「精神保健福祉法」（精神保健法改正）によって精神障害者の社会復帰等のためのあるいは地域での生活支援のための福祉施策の充実が図られてきている。近年の精神保健福祉法の改正や障害者福祉関連法の動きをみても、基

本的には2006（平成16）年の厚生労働省精神保健福祉対策本部による「保健医療福祉の改革ビジョン」が示す「入院医療中心から地域生活中心に」という方向での総合的な地域生活支援（ケア）システムの構築に向けた動向を見ることができるのである。

以上本章で述べてきたことをまとめると表Ⅱ—1の通りである。

健康転換	第1相　感染症　⇒	第2相　慢性疾患　⇒	第3相　老人退行性疾患＆精神疾患
疾病の構造	結核など病原体（細菌、ウイルスなど）が人体に入ることによる感染症が主たる疾患の段階	脳血管障害、悪性腫瘍、心疾患、糖尿病など慢性的経過をたどる非感染性の疾患が主たる段階。40歳前後からの疾患として成人病（のちに生活習慣病）という行政用語が用いられた。	認知症、うつ、廃用症候群などの老年症候群や複数の慢性疾患（生活習慣病）の罹患など、不可逆的な老化が深く関与する「老人退行性疾患」やうつ等の若年層も含む「精神疾患」が主たる段階
対応システム	・保健所の整備、予防接種や抗生物質などの開発投与、生活環境の衛生水準の向上等の公衆衛生施策 ・開業医中心の対応	・医療技術の発展や医療施設の整備と一定期間をかけて病気に備えるという医療保険制度（被雇用者→農業・自営業者への拡大）の整備による対応 ・企業や家族を単位とする社会保障による対応 ・高度な医療を一定期間提供し治療する病院中心の対応	・医療と共に保健の充実や福祉（介護）制度の整備と保健、医療、福祉などの連携協働による対応（包括的ケア）へ ・個人を単位とする社会保障による対応へ ・「医療→福祉、施設→在宅（地域）」という「生活の場（地域）」中心の対応（地域ケア）へ

表Ⅱ—1　健康転換（Health Transition）と社会的対応
—疾病構造の変化とヘルスケアシステムの進化—

（注）
①広井良典著「コミュニティを問いなおす」ちくま書房、2010、p.211及び広井良典著「ケア学」医学書院、2010、p.37より引用参考。
②日本国際保健医療学会編「国際保健医療学第3版」杏林書院,2013,p.43より引用参考。

Ⅲ．生活モデルによる地域包括ケアのあり方

1）「医療モデル」から「生活モデル」へ

前章で述べたように、現代を健康転換の概念的枠組みからみると、現代は「老人退行性疾患」と「精神疾患」等が主たる疾患の時期として捉えることができ、こうした健康上の課題に対応にする制度的対応として保健医療福祉を中心とする幅広い多様なケアシステムのあり方が重視されるようになってきている。例えば、高齢者ケア分野では「地域包括ケア」、障害者福祉分野では「総合的な支援」あるいは「地域生活支援」と呼ばれるケアシステムの構築に向けた一連の動きである。それらが共通して目指すものは、「包括性」もしくは「総合性」（心身の状態や生活状態を踏まえた多様な生活ニーズに即して保健・医療・福祉など多様なケアを計画的、継続的、一元的に提供するシステム）と「地域性」（可能な限り住み慣れた家庭や地域で多様なケアを提供するシステム）であるが、そういった制

度としてのケアシステムの変化は、同時に実践レベルのケア（支援）を理論的に支える実践モデルの変化のプロセスでもある。とくに健康転換の第２相「慢性疾患」から第３相「老人退行性疾患＆精神疾患」への移行に伴うケアシステムの変化は、実践レベルでは「医療モデル」から「生活モデル」への変化でもあった。

　実践モデルの変化に関して広井（2010、p.35～p.36）は次のように述べる。『通常の慢性疾患（糖尿病、心臓疾患、がんなど）と老人退行性疾患との間には、感染症と慢性疾患の違いと同じくらい大きな違いが存在するという理解であり、したがって、高齢者のケアについては、従来の「疾病の治療、延命」といった医療のあり方や医学のパラダイムでは対応できない「新しい質」の問題が含まれている、という認識である』

『老人の場合、身体の生理的機能は、生物本来のメカニズムとして「不可逆的に」低下していく要素をもっており、したがって若い人（ないし通常の慢性疾患）に想定されるのと同じような「治療」は困難な面が強く、やみくもにすべてを「治療」というかたちで対応しようとすることは、かえってその「生活の質（QOL）」を低めることになる場合がある。つまり、「医療モデル」に対する「生活モデル」、あるいは「疾病」ではなく「障害」ととらえたうえで、残された機能を積極的に生かしながら生活全体の質を高めていく、というより幅広いケアの姿が求められるのである。また、この健康転換第三相はそのまま高齢者「介護」問題とつながることになる。そして、ここでは「医療」と「福祉」が限りなく連続化し、不可分のものになっていくのである』

　また、こうした「医療モデル」から「医療」と「福祉」が限りなく連続した「生活モデル」へのシフトという考え方は、とくに「高齢者ケア」を念頭に語られることも少なくないが、先の広井の記述の一部『「疾病」ではなく「障害」ととらえたうえで、残された機能を積極的に生かしながら生活全体の質を高めていく』[6]という意味では、当然のことながら「精神障害分野」を含む「福祉分野に共通する援助実践（ソーシャルワーク実践）の理論モデル」としても既に受け入れられ広く浸透しているところでもあった。したがって、この健康転換第３相のもう１つの健康課題「精神疾患」（精神障害者）等に対応する地域生活支援（ケア）においても「生活モデル」の考えが基調となっていることは言うまでもない。

表Ⅲ－１　医療モデルと生活モデル

	医療モデル	生活モデル
目的	健康（WHOの定義：肉体的、精神的、社会的に良好な状態）	生活の質（QOL）の向上（自他の資源を活用し自らが自己実現に向けて積極的に生きる状態）
目標	主に疾病の治療及び救命	主に対処能力（生活機能力）の発達支援
焦点	治療（生命レベルの生活機能に焦点） 主に心身機能の回復・維持・向上を目指す治療	支援（個人及び社会レベルの生活機能に焦点） 主に日常的・社会的生活場面での活動や参加機能の維持・回復・向上

場所	病院・施設中心	家庭など（在宅・居宅）＝地域生活の場中心
システム	医師中心の医療従事者によるメディカルケアシステム	保健・医療・福祉・介護等多職種や地域（住民）などの連携協働によるマルチパーソンケアシステム
対象理解	医学モデル（患者） （病因－病理－発現）	障害モデル（生活者） （ＩＣＩＤＨ：国際障害分類） （ＩＣＦ：国際生活機能分類）
方法	生物・医学（bio-medical）モデルに立脚した要素還元的アプローチ	生物・心理・社会（bio-psycho-social）モデルに立脚し人と環境との関係を重視した全体的、包括的アプローチ
適用	主に急性期 （短期間・ＣＵＲＥ期）	主に急性期外 （長期間・ＣＡＲＥ期）

(出典)
①広井良典著「ケア学」医学書院、2010、p.37、
②安藤繁著「生活モデル」（多職種協働ケアで必要とされる共通言語の基礎知識）
www.jmedi.co.jp/contents/kyouyougo/104/74.html　2015年8月31日閲覧
③カレル・ジャーメイン他著小島蓉子編訳「エコロジカルソーシャルワーク」学苑社、1992、p.235
上記文献を引用参考に作成

　さて、「生活モデル」において対象をとくに「障害」として理解するとは一体どういうことを意味するのであろうか。表Ⅲ―1「医学モデルと生活モデル」に示すように「障害」の代表的な理解の仕方として「国際障害分類（ICIDH）」（WHO、1980）によるものと改訂版「国際生活機能分類（ICF）」（WHO、2001）によるものがあることからこの2つの理解の仕方について触れておきたい。

　まず、「国際障害分類」による「障害」理解は、図Ⅲ―1「国際障害分類（ICIDH）の障害構造モデル」に示されているように、疾患等（例：脳卒中）によって生じた「機能・形態障害（例：手足のまひ・下肢の喪失）」は、「能力障害（例：歩行や作業が困難）」や「社会的不利（例：職を失う）」を伴うという考え方であるが、そこで重要なことは、「障害」を3つのレベルに分けて捉えていることである。こうした捉え方によって、例えば、「機能・形態障害」があれば補装具の開発や装着などによって「能力障害」を補う、「能力障害」があれば職場環境の工夫・改善や生活保障などによって「社会的不利」を減じる、といった社会的な対応をとることができ、そのことによって本人の「生活における支障」の軽減や解決を図り生活の質を高めることが可能になる、との見方を促したということであろう。それまでの「障害」理解は主として個人の心身上の問題として医学の範疇で捉えられていたが、この分類の登場によって、多くの人がその障害に伴う生活のしづらさは広く社会環境との関連でも考えるべきといった認識がもたれるようになったということである。こうして、先の広井氏のいう『「障害」と捉えたうえで、残された機能を積極的に生かしながら生活全体の質を高めていく』という形での、生活環境や社会環境などの改善を含むより積極的なケアの道が徐々に開かれていくことになったのである。

図Ⅲ－1　国際障害分類（ICIDH）の障害構造モデル（1980）

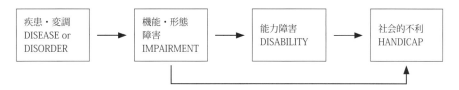

（出典）
上田敏　「国際障害分類初版（ICIDH）から国際生活機能分類（ICF）へ」（図1　ICIDH：国際障害分類（1980）の障害構造モデル）『月刊「ノーマライゼーション　障害者の福祉」2002年6月号（第22巻　通巻251号）』日本障害者リハビリテーション協会より引用改変。
www.dinf.ne.jp/doc/japanese/prdl/jsrd/norma/n251/n251_01-01.html　2015年9月5日閲覧

図Ⅲ－2　国際生活機能分類（ICF）の生活機能モデル（2001）

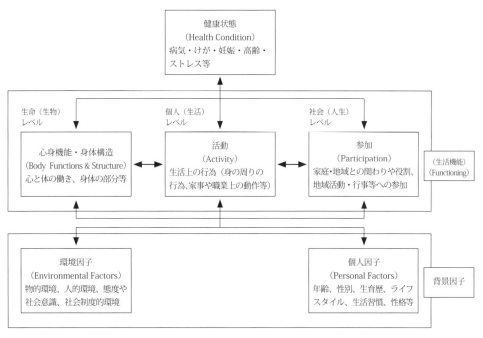

（出典）
大川弥生　「生活不活発病（廃用症候群）－ICF（国際生活機能分類）の「生活機能モデル」で理解する」（図1　生活機能モデル　ICF、2001）『月刊「ノーマライゼーション　障害者の福祉」2009年8月号（第29巻　通巻337号）』　日本障害者リハビリテーション協会より引用改変。
www.dinf.ne.jp/doc/japanese/prdl/jsrd/norma/n337/n337002.html　2017年9月5日閲覧

　その後、「国際障害分類」は、「疾病の結果（帰結）からの分類」、「マイナス面中心の障害理解」、「障害における環境的要因の不十分さ」などの指摘を受けて「健康を構成する要素からの分類」「マイナス面もプラス面を含む中立的な障害理解」「障害における環境的要因の重視」といった観点から、「国際障害分類」の改訂版として、新しく図Ⅲ－2「国際生活機能分類」が登場することになる。

「国際生活機能分類」は、障害の有無に関わらず全ての人の「健康状況や健康関連状況を記述するための概念的枠組み」を提示し、その大きな枠組みから「障害」を捉えている。そこで重視されているのが、「障害」というより「人間が生きること」の全体を意味する「生活機能」という概念である。「生活機能」は心や体の働きや身体の部分を意味する「心身機能・身体構造」、食事や排泄や家事等の身の周り生活行為や職場での作業動作等の個人的生活行為を意味する「活動」、家庭や地域での役割遂行や交流等の社会的生活行為を意味する「参加」、の3つのレベルに分類される（「活動」と「参加」の区別は困難なことも多い）。

　先の「国際障害分類」の「機能・形態障害」、「能力障害」、「社会的不利」といったマイナス面は、「国際生活機能分類」では「障害（Disability）」として「機能障害（構造障害を含む）」、「活動制限」、「参加制約」と再定義され、それらは「生活機能」の部分的側面として理解される。また、これらの「生活機能」や「障害」（生活機能の否定的側面）の3つのレベルはそれぞれ独自な性質（相対的独自性）を有すると共に、相互に影響を与えあう性質（相互依存性）も有すると考えられている。図に示す双方向の矢印はその相互関係を表す。

　更に、「生活機能（障害も含む）」は、その人の「健康状態」やその人の人生と生活に関する背景全体を意味する「背景因子（個人因子と環境因子）」とのダイナミックな相互関係、それら複数の要素が絡む複雑な複合的関係によって、その人の生活機能の水準や程度が決まると考えられている。具体的には、病気、怪我などの「健康状態」、「背景因子」のうちの年齢、性別、職業、生活習慣、性格などの「個人因子」、物的環境、人的環境、社会的態度、社会制度的環境の「環境因子」が複雑に絡んでその人の「生活機能」に影響を及ぼすと考えられている。とくに「環境因子」への着目は「国際生活機能分類」の一つの特徴とされる。

　こうして、人間の「生活機能」の概念を中心に、「障害」も含む健康に関する多様な要素間の複合的な相互関係の全体像を描いた新分類の登場によって、それまでの主に疾患などに起因するとの「障害」理解に立った「医学モデル」の考えも、主に社会によってつくられるとする「障害」理解に立った「社会モデル」の考えも含む、言わばそれらの統合とも言える「生活モデル」が広く受け入れられるようになったと考えられる。

2）生活機能に焦点を当てた地域包括ケア

　「生活モデル」に基づいて今後の地域包括ケア（障害者分野の地域生活支援・総合的支援も含む）のあり方についても述べておきたい。

　今後の地域包括ケアのあり方については、先ず地域を基盤に人間の生命（生物）、個人（生活）、社会（人生）の3つのレベルでの全人的なケアを目指すことである。一人ひとりの人権が尊重され、家庭や地域等の生活の場で、個々の心身の状態に応じて、その持てる力を最大限発揮し、自己実現を果たすことができるようなケアである。ちなみに、「家庭や地域等の生活の場」というのは、形式的、物理的な意味あいというより、基本的には「そ

の場にいることで安心感や安堵感をえることができ落ち着くことができる感覚をもちえる生活の場」という意味で使っている。

　全人的なケアを実現するためには、個々人の「生活機能」の全体やそれを構成する個々の機能（心身機能・身体構造、活動、参加）の維持、回復、向上に焦点をあてた包括的なケアを実践することが求められる。とりわけ、これからは、「心身機能・身体構造」は勿論のこと、今までは十分とは言えなかった、個々の「活動」や「参加」の機能にも目を向け、個人が更衣、飲食、排泄、入浴などのセルフケア、掃除や料理などの家事や買い物や仕事上の行為、地域における町内会や文化やスポーツや伝統行事といったコミュニティライフへの関与や参加等において、それらが何らかの形で可能な限り実現できるような支援を行うことである。こうした「活動」や「参加」を支援する取り組みが、他の生活機能である「心身機能」にも肯定的な影響を及ぼし個人の生活の質を高めることになるからである。次の事例は本人の「活動」と「参加」の機能に焦点をあてたケアの一例である。

　『夫の死後、外出をせず「閉じこもり」がちとなった一人暮らしのＡさん。軽度認知症で要介護状態であることが確認されホームヘルパーさんが訪問することになった。一人では炊事が難しく近くの家族が買い置きしたものを食べていたが食欲もなくなり栄養状態もよくなかった。ヘルパーさんは本人から食べたいものを聞き出し、それを買ってきてつくってみるも、改善はみられなかった。そこで、ヘルパーさんはＡさんを車に乗せて一緒に買い物に連れ出すことにした。店頭に並んでいるものをみて本人が食べたいものを選んでもらうようにすると以前より食べられるようになった。それ以上に影響があったのは、いつものお店で昔からの友人に出会ったことであった。このことがきっかけとなり、顔なじみの人たちがＡさん宅を時折訪ねてきてくれて世間話をする機会にも恵まれるようになった。春には花見にも誘ってくれることもあった。Ａさんは食欲も回復し、見違えるほどの笑顔を取り戻した』（近藤　2009、p.25〜p.26）

　また、そうしたケアにあっては、「機能障害（構造障害も含む）」、「活動制限」、「参加制約」といったマイナス面に目を奪われるだけでなく、その限りではそれを補うケアに終始するのであるが、これからは本人の思いや願いに耳を傾けそれを受け止め、個々の機能についての「能力（できること・潜在的可能性）」や「実行状況（していること）」といったプラス面（ストレングス）にも着目し、それを起点にそれを更に強化発展させていくようなエンパワーメントアプローチが重視される。それは本人の自尊心や自己効力感を高め本人が積極的に生きようとする意欲や力（本人の主体性）を育むケアでもある。

　以上のように本人の多様な生活機能を強化するケアや多様な生活ニーズに応えるケアにあっては、家族や友人や知人や隣人をはじめ、地域の医師、看護師、理学療法士などの医療系専門職、ホームヘルパー、介護福祉士、社会福祉士などの福祉系専門職、住宅改修や福祉用具に関わる専門職や事業者、社協や民生委員などの地域の福祉関係者の関与や連携

協働が必要である。が、地域包括ケアは地域の保健医療福祉などの関係者によるケアに止まるものではない。とくにこれからは、地域の異業種を含む様々な人々や団体や事業者（ボランティア、ＮＰＯ、自治会、商店、コンビニ、郵便局、銀行など）の理解や協力など多様なつながりによるケア（「コミュニティよるケア（care in community）」）も重要である。

現代におけるケアにおいてはそれが高齢者介護、障害者支援、乳幼児の育児であれ、その多くが基本的には二者関係（ケアする人とケアされる人の関係）による「閉じたケア」あるいは「孤立したケア」になりがちである。そこで、こうしたケアに関わる専門職や関係者においては、そうしたケアの限界を認識すると共に、それを補ったり、側面的に支えたり、互いに見守り合い助け合ったりといった、より豊かなケアへと発展させるために、地域のあらゆる住民や団体や組織や機関が何らかの形でケアに関わるようなつながりのあるコミュニティづくり（「コミュニティをつくるケア（care for community）」）に取り組むことも重視されねばならない。

ところで、今まで述べてきた地域包括ケアのように、複数の人がケアに関与するマルチパーソンケアシステムでの各種の専門職間の連携協働のあり方について、広井（2010、p.53〜p.54）は次のように述べている。筆者なりに要約した形で紹介する。

「これからのケアにあっては、狭い分野や特定のモデル（医療、看護、福祉、心理など）に閉じこもるのではなく、全体的なケアの見取り図を視野に入れつつ、様々な他領域の知見や考えを広く積極的に取り込み、必要に応じて調整をおこなっていくことが大切である。それは対象とする人間自体が様々なニーズをもつ存在であり、ひとつの全体だからである」。また、『ケアの分野では各職種間において業務の重なりあいが生じるが、むしろ細かな線引きにこだわりケアの「すき間」を生じさせることの方が問題である。各職種間の縦割り性を排し積極的に越境することでケアの豊かさを実現することが求められる。各職種のアイデンティティは各々が依って立つ独自性（看護であれば看護モデル、福祉であれば生活モデルというように）によって確認すべきことであり、個々の専門職といった「ケアの与え手側」の論理で、他の職種の存在理由や重要性を認めない、「ケアの受け手側」の思いや論理を軽視する、自分の職種だけでケアの受け手を独占する、といったことによって確認されるものではない。ケアにおける他の職種の存在理由や論理、ケアを受ける側の思いや論理の重要性を認識しあいながら、互いに敬意を払うことが重要である』

3）生活機能に影響を及ぼす諸因子に介入するケア

前節では、人間の生命、個人、社会の３つのレベルでの全人的なケアを目指して、個々人の生活機能（心身機能・身体構造、活動、参加）の維持、回復、向上に焦点をあて、地域の保健医療福祉の専門職などの連携協働やその他の幅広いつながりを通じて、包括的なケアを実践することが求められることを指摘したが、ここでは、「健康状態」、「個人因子」、

「環境因子」への介入の必要性に関しても触れておきたい。それらの因子がその人の生活機能の水準や程度に強い影響を及ぼすと考えられるからである。

　従来から病気、怪我、ストレスなどの「健康状態」が生活機能に影響することは広く知られていたが、その人の年齢や性別、生育歴や生活習慣、学歴や職業、行動様式や性格、困難な事態への対処方法などの「個人因子」も、そしてまた、その人を取り巻く、住宅、生活環境、交通環境などの人工的な物的環境、川や海、山や空、土や水や太陽、動植物などの自然環境、人間関係などの人的環境、健康や病気や障害などへの人々の意識や態度、経済や労働や住宅や社会保障などの多様な社会的サービス・制度・政策を含む多くの「環境因子」も、その人の生活機能に影響を及ぼすことが諸科学によって次第に明らかなっている。

　国際生活分類でいう「健康状態」、「個人因子」、「環境因子」に関連して、近藤（2005、p.73〜p.77）は社会疫学の立場から次のような考察を行っている。それは、『学歴・職業階層・就業状況・所得といった「社会経済状態」が、物質的環境（住環境や自然環境）、健康行動や生活習慣、利用できる医療や社会サービス、人間関係や社会環境、心理的ストレスといった「介在する因子」を通して、健康・疾患・死亡といった「健康状態」に至る過程』を明らかにするものであるが、その内容の概要を筆者なりにまとめると次の通りである。

　「社会経済的状態において低い階層ほど、住環境や労働環境などが狭く、日当たりや風通しも悪く、騒音や排気ガスにさらされ、寒暖差も大きい。低所得や低学歴や低い職業階層ほど、運動不足、カロリーの取り過ぎによる肥満、喫煙などの生活習慣がみられる。医療費の自己負担額の引き上げがあると、低所得者ほど受診抑制がみられる、健康教室や検診や保健医療サービスの利用にも階層差がみられる。とくに、人間関係が及ぼす健康への影響は大きく、低い社会経済状態にある人の人間関係は貧しくなる傾向があり、社会的に孤立しがちで社会的サポートの受領や提供も少なく、離婚や再婚も多く独居の男性も多い。更に、そうした状態にある人は失業の危機にさらされたり経済的に追い詰められたりするため、慢性的な心理的・精神的ストレスが高まり、うつなどの精神障害などが多くなるばかりか、死亡率も含む身体的な健康にも影響を及ぼす」といった内容である。主として「国際生活分類」でいう「環境因子」がもたらす「健康状態」への（悪）影響を指摘されているわけであるが、このことは当然のことながらそれらは個々の生活機能にも（悪）影響をもたらすことは言うまでもない。つまり、生活機能には、住宅などの人工的環境や自然といった物的環境、人間関係などの人的環境、経済や労働や社会保障などのサービス・制度・政策的環境などが、そしてまた、それに深く関連する生活習慣や困難な事態やストレスへの対処の方法といった「個人因子」の影響がみられるということである。

　こうした社会疫学的な知見などを踏まえると、これからの地域包括ケアにあっては、その社会経済的格差（近藤がいう「健康格差社会」）の問題を含め、「国際生活機能分類」の「環境因子」や「個人因子」などに関して誰がどういうレベルでどのような介入をすべきかに

ついて検討することも大きな課題である。健康や生活機能に影響を与える多様な社会的なサービス・制度・政策のあり方は勿論のこと、とりわけ自然環境も含む物的な住宅や労働等の生活環境及び都市環境の整備や改善に向けた介入、人的環境にあっては地域の人と人とのつながりの形成といった面での介入、更にはストレスへの緩和、対処能力の向上、認知行動の変容、生活習慣の形成といった面での個人への心理・教育・社会的な介入などは、予防といった観点からも重視されなければならない課題である。端的に言えば今後の地域包括ケアを考えた時にはとくに「予防・環境モデル」「心理・教育モデル」とも言うべきケアの必要性がより一層認識され更に強化されねばならないと考えている。ちなみに、広井（2010、p. 210）は「ケアのモデル」の全体的な見取り図として、基本的な「医学モデル」と「生活モデル」に加えて、個人の心理・社会的な側面に着目しメンタル面をより重視する「心理モデル」と、個人を取り巻く環境に目を向け生活習慣や生活環境の改善や適応支援を重視する「予防／環境モデル」を加えて4つのモデルを提示している。

IV. 地域包括ケアの方向性―愛媛におけるケア実践に学ぶ―

　「はじめに」において、正岡子規のケアを巡って、ケアを子規の妹や母などの「個人・家族」によるケアの次元、友人や門人たちの「コミュニティ」によるケアの次元、子規が愛した草花などの「自然」によるケアの次元という3つの次元で捉えた上で、現代に生きる人間にとっての地域包括ケアの方向性を現代において喪失しつつある「コミュニティ」や「自然」の次元との「つながり」の回復に求めた。勿論、ここで言う「つながり」の回復の形は、かつてのムラ社会にみられた過剰な気遣いや同調を基調とする「閉じたつながり」ではなく、むしろ個人が主体的に他者に気を配り共生（ともいき）することを基調とする「開かれたつながり」によるケアである。家族や専門職による「ケアする人―ケアされる人」という「1対1」の関係によるケアを超えて「コミュニティや自然に開かれたケア」へと向かうケアの方向である。

　さて、そうした考えに至ったのは次のような認識によるものである。近代日本の富国強兵や戦後の経済成長による市場経済の「拡大・成長」の過程で、私たち個人が「家族」や「コミュニティ」といった共同体から次第に離陸すると共にその共同体の基盤として存在する「自然」からも離陸してきた。このことによって、私たちは「物質的な豊かさ」を享受することができるようになったが、他方では農村などで相互に助け合ってきた「コミュニティ」からも、そしてまた（とくに日本人にとって）山や川や海などと共生（ともいき）してきた「自然」からも遊離しはじめ、今や私たちは寄る辺ない存在として孤立度を高めてきているのではないか。多くの現代人はただそこにいるだけで安心感や安堵感を得るような「心の故郷」とでも言うべき居場所（コミュニティとその基盤としての自然）を喪失しつつあるのでは

ないか、今こそ人間がコミュニティや自然との豊かなつながりを実感することができる地域を構想すべきではないか、こうした地域を構想することが競争の激しいグローバル化の中でローカルが担うべき役割ではないか、といった時代認識によるものである。

図Ⅳ－1『「つなぐ」こととしてのケア』

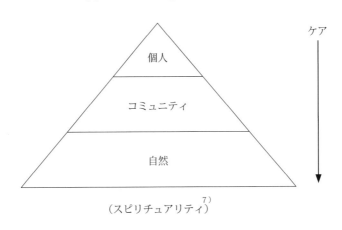

（出典）広井良典著「持続可能な福祉社会」ちくま書房、2007、p.235

広井（2010、p.32）は次のように言う。「人間はもともと自然と一体のものだったのだし、個人は共同体（コミュニティ）とともにあったのである。だから、人間は、共同体（コミュニティ）との、あるいは自然とのいわば「通路」ないし「つながり」をもちたいという根源的な欲求をもっている。それをつなぐ役割をするのが「ケア」ということではなかろうか。あるいはそうした「（他者との、自然との）つながり」ということ自体が、「ケア」なのではないだろうか」

そこで、本稿では「地域包括ケアの方向性」を原理的には「コミュニティと自然とのつながりの回復」に求め、そのあるべき姿を愛媛県内の事業者レベルでのそれぞれの地域に根差した個性のある優れたケアに学びたいと思うのである。なお、紹介した内容は主に各事業所からの提供資料や聞き取り調査などによるものである。

1）託老所「あんき」の取り組み
（コミュニティによるケアからコミュニティをつくるケアへ）

南は重信川、西は瀬戸内海に面する松山市の西南端に垣生（はぶ）地区がある。人口11675人、高齢化率約20.3%（平成25年4月住民基本台帳）の地区である。この地区には県道伊予松山港線を挟んで東側には余戸地区に繋がる田畑の多い東垣生と西側には伊予灘に面した西垣生がある。とくに西垣生には昭和40年代の高度成長期に帝人愛媛工場や機械関連の企業などの進出や大規模な木材工業団地の造成が相次ぎ垣生地区全体の人口

増や急速な宅地化が進み、新旧住民が混在する地域になっている。

　託老所「あんき」通所介護事業所（認知症対応型通所介護）は、かつては今出港を中心に漁業も盛んな町でもあった西垣生に立地する。地域内の道幅は狭く多くの民家が密集しており住民間のつながりや一体感の強い町である。また、路地の至るところには今出三十三観音が祀られており観音信仰による住民間のつながりもあった。その地に、中矢暁美氏（以下中矢さん）が「障害になっても痴ほうになっても、住み慣れた家で暮らしたい」というお年寄りとその家族のために開設した宅老所（託老所）[8]がそのはじまりである。当初は木造の大きな古民家を改修し利用していたが、老朽化が進んだことから2008（平成20）年には同じ町内の現在地に新築移転している。今では認知症対応型通所介護をはじめ、訪問介護、小規模多機能型居宅介護、その近くでは認知症対応型共同生活介護など、高齢者が中重度になっても住み慣れた自宅や地域から切り離されることなく暮らしていけるようにするための文字通り地域に根差した介護事業に取り組んでいる。

　介護保険制度施行前、1997（平成9）年、中矢さんによって開設された託老所「あんき」では次のようなケアが行われていた。

　『「あんき」には2人の高齢者が通っていた。病院を転々としたあと通われるようになった重度の痴ほう症（認知症）の73歳のMさんとパーキンソン病で身体を動かすことがやっとの64歳のIさんである。中矢さんは料理上手なMさんには「Mさん、悪いけどパパッとニンジン千切りにしてや」といって一緒に台所に立ち食事をつくる。家族の迎えが気になるMさんは「もう迎えが来るんじゃないですか？」と何度も問い続ける。「1時には来るって連絡があったよ」、「ああ、1時半頃よ」、「え〜っと、1時45分ごろじゃわい」と中矢さんは何十回も答え続ける。Mさんの家族からは本人に上手に接することができないことや家では時に物を投げ「死んでやる」といって暴れることの相談を受ける。家族の悩みや苦しみに耳を傾け家族と一緒になって考える。

　他方、寝てばっかりのIさんには「せっかく起きたんじゃけん、ちょっと屈伸してみよや」と声をかける。日頃から薬を飲み過ぎるIさん。ある日睡眠薬の飲み過ぎで朦朧としたIさんを娘さんが泣きながら連れてくる。本人は「もう、死んでもかまんのよ」と中矢さんに言う。「そら、死ねたらええわい。でも、そんな簡単には死ねんのよ。自分が苦しいだけじゃけん、薬飲み過ぎるのはやめようや、なあ」と応じる。Iさんはこっくりと頷く。』[9]

　こうした少人数による本人や家族に寄り添う個別的なケアは20年ほど経た今でも中矢さんはじめ介護職員によって続けられている。しかしそうしたケアだけが「あんき」のケアではない。当時もそして今でも本人や介護者を支える近所の人や親せきの人やボランティアの人たちが「あんき」を訪ねて来る。「いいサワラが獲れたから、ばあちゃんに食べさせてあげて」「つくしとってきたわ。卵とじにでもして」「庭の草が伸びたから、抜いといたわ」と近所の人たちが顔をだす。知り合いの人が「顔見にきたよ」とやってきて世

間話をして帰る。人だけではない。ある時は鳩が建物の一角に巣をつくる、初秋にはトンボが部屋中を飛び回ることもある。それらの一つひとつがケアを豊かにする。また、「あんき」では外に出掛けることも多く、毎日のように近所に買い物や散歩に行く、四季折々にはボランティア等の協力もえながらお花見・貝拾い・栗拾い・ミカン狩りにも行く。こうした近隣住民との普段着のつながりや身近な自然とのつながりによる日常的な暮らしの中でのケアが行われる。かつての村落にみられた情緒的な一体感に基づく相互扶助的なケア、村人たちが心待ちにしていた四季折々の行事などの楽しみ（ケア）を思い起こさせる。2008年新築の現家屋をみても、木造平屋建ての日本家屋、和風のしつらえによる居心地のいい室内、必要に応じ柔軟に対応できる田の字型の広い続き間、居室から眺めることができる樹木や草花や庭石のある広い庭、地域に開かれた開放的なエントランス等、多くの高齢者にとっては遠い記憶に埋もれた故郷のイメージが甦る。そういう意味では、託老所「あんき」のケアは、かつての村落あるいは集落にみられた地縁血縁などの「同質性」を前提とした住民間の相互扶助を原型とするコミュニティによるケア（care in community）であるように思われる。

　託老所「あんき」はコミュニティによるケア（care in community）を起点にコミュニティをつくるケア（care for community）にも取り組んでいる。「住み慣れた地域での暮らし」をとの「あんき」の想いに共感した人たちのボランティアグループ「縁側プロジェクト」との協働による取り組みがそれである。2003（平成15）年に結成されたこのグループは、託老所「あんき」と共に子どもと高齢者の交流による地域の歴史や文化の学習会、団塊世代対象のセミナーの開催、地域に伝わる今出33霊場の調査発掘などの学習活動を通じた地域づくりに取り組んできたが、とくに注目されるのは2005（平成17）実施のコミュニティレストラン実験事業を契機とする「食」を通じた「地域とのつながり」を再生する実践的な地域づくりである。「縁側プロジェクト」と託老所「あんき」はその事業をきっかけに、「あんき」の利用者をはじめ、近隣の子どもやお年寄り、町内会の方々たちを「あんき」に招き、ボランティアが作った料理を楽しみながら交流する「心のテーブル」活動、地域の一人暮らしの高齢女性を招いての夕食会「夜のテーブル」活動を不定期に年数回程度で約5年間実施してきている。そうした地道な「縁」を広げる活動を経て2011（平成23）年には月2回の定期開催の地域食堂「おばさん料理・おいでんか」をオープンした。[10] 隣近所の高齢女性のほか、それまで付き合いもなかった大きな2つの団地（昭和40年代に造成された団地）の高齢女性などにも声をかけたことから、今では月に2回、30人から40人の人が「あんき」に500円を片手に集まってくる。参加者の中には市内の就労支援施設に通う若い男性も通っている。約2時間程度の定期的な昼食会を通じた交流によって、地元と団地の住民、同じ団地の住民間には新たなつながりが徐々につくられ新しい支え合いの輪が広がろうとしている。

託老所「あんき」は少人数による本人や家族に寄り添う個別的なケアを「通い」（通所介護）からスタートさせたが、一人ひとりに合わせたきめの細かいケアを行うために、訪問による生活支援も、一時的な泊りや住まいの提供も、お年寄りだけではなく障害者のケア等にも取り組んできた。それは住み慣れた地域での暮らしから切り離されることなく、本人や家族のニーズや状況の変化に合わせて、多様なケアを柔軟にそして一体的に提供しようとする、あくまでも利用者の立場に立った人間中心のケアを実現するためのものであった。愛媛県初の託老所「あんき」でのこうした取り組みは、1980年代半ばから全国各地で草の根的に始まった小さな宅老所での取り組みと共に、「小規模多機能型ケア」をはじめとする、「地域密着型サービス」、「ユニットケア」、「逆デイサービス」更には「地域共生ケア」といった新しいケアを生み出してきている。

　ぜい弱な財政基盤に立ちながら地域にこだわり地域に根差した小規模な介護事業に取り組んできた託老所「あんき」。ここでのケアは何よりも「人間にとってのケアとはどうあるべきか」といった最も基本的な問いに真摯に向き合う中で切り開いてきた実践である。それだけにそのケアから学ぶことの意義は大きい。

2）梅本の里・小梅の取り組み
　　　（コミュニティによるケアとコミュニティをつくるケアの統合）

　松山市の東部、平野部とその北側にある中山間地からなる人口17480人、高齢化率26.1%（平成25年4月住民基本台帳）の小野地区がある。当地はもともと地域住民のつながりの強い土地柄として知られ、今でも多様な地域行事などを通じ住民間の交流が盛んに行われている。2011（平成23）年その地に定員45名の広域型のデイサービスセンター梅本の里・小梅（以下、小梅）が開設された。

　小梅の母体である社会福祉法人松山紅梅会は、以前から当地で特養、グループホーム、ケアハウスなどを経営してきたがいずれも地区中心部からかなり離れた場所に設置されてきた。しかし、小梅は郊外電車の駅から徒歩5分、地区の中心にある商店街の一角に新しい福祉の拠点として開設され、同時に既存の居宅介護支援事業所や訪問介護事業所もそこに移設された。こうした動き一つをとっても施設をベースとするケアからコミュニティ（地域）をベースとするケアへと移行しようとする動向を見ることができる。その背景には当法人の設立メンバーに地元の福祉関係者が多く含まれその人たちからの要望があったことや、何よりもそれを踏まえた現経営陣の福祉事業へのビジョナリーな経営姿勢があったように思われる。

　小梅のケアでは高齢者（利用者）の主体的な活動の支援と高齢者間（利用者間）の相互作用の促進の支援を重視している。介護職員が定めたスケジュールに則り高齢者が受動的な生活をするのではなく、基本的には、個々の高齢者の興味や関心、心身の機能や体調に

応じて、更衣・飲食・排せつ・入浴等のセルフケアの他、健康管理、リハビリや散歩、水やり（園芸）や料理の手伝い、編み物・カラオケ・書道・パソコン等の趣味活動などの多彩な活動を支援する。と同時に、そうした個々の活動支援においては高齢者間の相互作用の促進を念頭に利用者同士の支え合いや関係づくりも支援している。

　高齢者の多様な活動支援と高齢者間の相互作用の促進のための環境上の配慮や工夫も見られる。至る所に配置された座る場所、多様な活動や行事に柔軟に対応できる仕切り、料理・飲食を共にできるオープンキッチン、中庭からの日差しを受けるデイルーム、子どもと触れ合うプレイルームや保育室、一般浴とリフト浴や２つのひのきの個浴、２階には和室のカラオケルームや季節の行事に使用するテラスなどである。また、施設内で通用する通貨「うーめ」を介在させることで、利用者の活動意欲の向上、利用者間の相互作用（つながり）の促進も図っている。何らかの活動をすることで「うーめ」を増すことができ、それが増えるとそれを使って今までやってみたかったことなどを実現することができる、といった仕組みである。その他にも利用者が自然と触れ合えるような機会も設けている。

　小梅では子どもと日常的な交流がみられる。ここには定員10名の事業所内託児所梅本の里・小梅があり当法人の介護職員などの子どもたちが通っている。そのため、高齢者はプレイルームや中庭などで子どもたちと日常的に触れ合うことができ、誕生会や食事会では子どもたちと一緒になって楽しいひと時を過ごす。このことは、介護職員などの雇用環境としても望ましいものであるが、それ以上に子どもとの交流は小梅に通う高齢者にとってもそしてまた子どもにとっても意義深いことである。「ケアする―ケアされる」関係の中でこそ人々は「相互の信頼を深め共に成長発達を遂げることが出来る」からである。この託児所の子どもたちの中には就学後キッズスタッフとして小梅の行事などにボランティアとして参加する子どももいる。このほか、通学路に面する施設の玄関に入ったところには駄菓子屋も設けており、地域の子どもたちが放課後や土日にそこに立ち寄りそこで高齢者たちと接している。

　地域住民との交流も盛んに行われる。小梅から徒歩１分の地域の高齢者などが利用する「小野ふれあいサロン」行事への参加や定期的な交流、小学校やサロンや他の地域団体の協力で実施する「小梅うぐいす祭り」の開催、「平井商店街土曜夜市」への４週にわたる出店、花火で賑わう法人全体で行う「梅本の里夏祭り」への協力と出店、障害者や高齢者などの交流を目的とする「小野福祉の集い」への協力や参加、小野どろんこ大会やＯＮＯ総合型スポーツクラブ（バレーボール・卓球・軟式野球の各大会）への協力や参加などである。その他にも法人全体の人的・物的資源を活用した地域住民向けの介護技術の講習や小中学校における福祉教育への協力をはじめ、夜間や休日等には地域団体の会議などのための会議室や駐車場の開放など地域貢献活動も積極的に行っている。更に、こうした地区にある多様な地域団体や組織の代表者らが自主的に「小野地区交流会」を開催しており

その中で小野地区の未来像も語られる。小梅のスタッフは、そうした語らいの中で認知症サポーター養成講座の開催、学童保育の実施、コミュニティレストランの開業など、地域住民が安心して心豊かに共生（ともいき）するケアリングコミュニティづくりに向けたビジョンを描いている。

　介護職員との関係を基本に、地域の高齢者同士の関係、高齢者と地域の子どもたちとの関係、さらにはそれを取り巻く地域住民との関係が重層的に関与しあうという、地域における多様なつながりによるケアを目指す小梅の取り組みの中に、コミュニティによるケア（care in community）とコミュニティをつくるケア（care for community）の統合としての地域包括ケアの典型的な姿をみることができる。

3）あさひ苑の取り組み（コミュニティの基盤としての自然とのつながりによるケア）

　浅野（2008、p.123〜p.125）は「人には、人生の中で、急性的な治療（cure）が必要なときと、緩やかな療法（care）が必要な場面がある。人は、理由の明確でない不安や焦燥感にかられるときがある。あるいは、居たたまれない孤独に包まれるときがある」とし、そのような状況下における人々の「癒しの風景」に関して次のような調査結果を紹介している。「嫌なことがあったとき少しでも解消される（癒される）と思う空間があるか」「その空間はどのような要素で構成されているか」について問うた、20代から高齢者まで約850人対象の調査結果であるが、それによると約90％の人が「癒しの空間を想起できる」と回答し、その空間の構成要素の87％は、花・樹木・草・森・水・川・空・海などの自然環境の要素であり人や家庭や街ではなかった、ということである。とくに「山や緑などの風景」「木と緑のある風景」「庭や近くの公園の風景」などは癒しの風景として比較的多くの人によって想起されるものであった。また、この結果には年代による顕著な違いは見いだせなかったという。

　そうした「癒しの風景」の中に身を置くことができる老人ホームがある。2007（平成19）年、社会福祉法人愛心会が宇和島市三浦西に開設したあさひ苑である。定員50床全室個室のユニット型の特別養護老人ホームで、開設翌年には社団法人医療福祉協会の医療福祉建築賞及び社団法人ランドスケープコンサルタンツの最優秀賞を受賞している。「自然との融合」をテーマに設計されたこの老人ホームは次のような住環境づくりを通してコミュニティの基盤として存在する自然とのつながりによるケアを目指している。

　あさひ苑は地域の自然を取り込み地域に溶け込むような住環境づくりに取り組んでいる。三方山に囲まれ南の山側から北の海側に向けてなだらかに傾斜する敷地形状をそのまま活かす。建物もそうした地形や敷地形状に溶け込むように平屋建てにする。施設の外壁は当該地域の段畑をイメージした石積みと地域の土の色を模した塗装を施す。建物を取り巻く庭には近辺の山並みに生息する樹木、花木、草花などを植え近辺の雑木林的な風情も

醸し出す。設計者の茂木氏は開設当初次のような一文を残している。「あさひ苑は、まだ、未完成、風雨にさらされ、植物が生い茂り、建築が消えたとき、やっと完成するものと思っている」

こうした地域の自然に溶け込むような住環境づくりは、とくに地元の人にとっては幼い頃から慣れ親しんだ自然を感じる住環境づくりでもあった。海側から山側に伸びた中央通路を挟み左右両翼に階段状に配置されたユニットの周りは、先にも述べたように、馴染みの樹木や四季の草花などが植栽された庭となっている。短期入所分を含む 8 つのユニットは囲み型ではなく各居室が雁行させた片廊下で緩やかにつながりどの部屋からも癒しの庭を日常的に眺めることができる。約 11 畳の正方形の居室はベッドを回転することで外の景色や中庭を様々な角度から見ることも、掃き出し窓から直接庭に出て香りを嗅ぐこともできる。各ユニットの居室は海側の北面に配置し夏の強い日差しを避け海風を感じられるようにし、居室の片廊下は山側の南面に配置し冬には暖かい陽だまりにもなるようにしている。断熱効果を考え夏涼しく冬暖かくするための屋上緑化も行っている。勿論、老人ホームの住環境ということではクッション床材の使用、ユニット毎に玄関・エントランスホール・ラウンジ・談話コーナー・リフト内蔵の個浴等も設けている。

あさひ苑では、以上のような住環境づくりを通じて、植物などの自然との関わりやつながりによるケアを実践している。庭の樹木、果実、草花、小動物、天候、季節、それらの変化などを眺め、嗅ぎ、触れるといった「自然を感じる」ことによるケア、そこで感じた「自然を巡る会話」によるケアである。「1 月　梅の花　玄関入り口の紅白の梅の花が満開　寒い中の春の訪れを実感」「3 月　山桜満開　菜の花などが咲き誇る　暖かくなりお花見の話題がでる」「5 月　新緑の木々　毎年野ウサギの子供の姿　梅の実の収穫」……「10 月　庭一面に萩の花　萩の色についての話題が交わされる」「12 月　ツワブキの花が咲く　おいしいフキの話」などである。また、あさひ苑では、樹木や四季折々の草花などの種をまく、植える、水をやるといった「自然を育てる」ことや、庭の梅、柿、杏、ビワなどの果実を収穫し食べる、加工してジュース・ジャム・干し柿にしておやつにするといった「自然を食す」といったケアもみられる。加えて、クックチル真空調理システムを採用し、昔ながらの料理を地元の食材を使って利用者が食べやすい形で提供している。言わば地元の自然を「感じ・話し・育て・食べる」といったことの全てが、つまり「五感の刺激・人との交流・時間の変化・自然の循環」などの体験の全てが、あさひ苑における「自然とのつながり」によるケアの形である。

あさひ苑はリアス式海岸で知られる三浦半島の基底部三浦西地区にある。半島は山が多く平地が少ないため海岸線の道路に沿って数軒あるいは数十軒の民家が点在する地域である。こうした地勢的な特性や地域の人口流出や減少、高齢化の進展という人口構造上の地域特性を考えると、地域の多様な関係職種の連携や協働なり地域住民の多様なつながりに

よるケアと言っても一定の限界があるように思われる。他方、介護度の高い地元の高齢者が利用し終の住処（すみか）となることも多い特別養護老人ホームといった施設特性、自然と経済が一体化した半農半漁の長年の暮らしが育んだ文化的特性などを考慮すると、あさひ苑が地域の自然のケア力に着目し自然との関わりやつながりによる「自然に開かれたケア」を重視することの意味は大きい。しかも、こうした命ある植物を介在させるようなケア実践は、園芸療法なり環境療法（ミリューセラピー）等とも重なるものであり、現代のように人々が社会的に孤立し不安や孤独に陥りがちな時代にあっては高齢者に限らず多くの現代人にとっても重要な意味をもつように思われる。

おわりに―地域包括ケアに関わる専門職養成について―

　前章では「地域包括ケアの方向性」を「コミュニティと自然とのつながりの回復」に求め、最終的には人々がコミュニティや自然との豊かなつながりの中で暮らすことができるよう、「コミュニティによるケアとコミュニティをつくるケア」そして「自然とのつながりによるケア」に取り組んでいる事例を紹介した。こうした実践においてその担い手の中核として期待されるのが、保健、医療、福祉、介護等の各種の専門職であり彼らの連携協働である。ところが、実際の地域包括ケアの現場ではそうした連携協働が円滑に行われるとは限らず、時には各職種間での縄張り争いや主導権争い的な対立や葛藤が生じることさえある。そしてその要因の一つは縦割り的な専門職養成にあるのではないかと考えている。

　各専門職の養成課程は地域包括ケアを前提にして組み立てられているわけではない。医療分野での看護師、福祉分野での福祉士等、各分野の制度的枠組みの中で組み立てられた養成課程である。ところが、地域包括ケアは、多分野の多職種がクロスオーバーするケアであり、彼らが連携協働することによってはじめて成り立つ新しいケアの方法である。だとすれば、今後の地域包括ケアに関わる専門職の養成にあっては、ケアというものをひとつの視野の中で全体的に見わたすことができる言わばケアの全体的な探求としての「ケア学」[11]広井（2010、p.50）なるものを確立すると共に教育課程の中でそれを取り入れていくことが必要ではないだろうか。そうした研究や教育の中で、そもそもケアとは何かに始まって、各種の専門職による見方や対応の独自性や限界や相互依存性を、全体的なケアの見取り図の中での各専門職の独自性の位置づけや連携協働の方法などを見出していくことが必要ではないか。これからの地域包括ケアにおいては、基本的に利用者の視点にたって、その多様で複合的なニーズに即して、ケアの「全体的な見取り図」の中で、多職種が相互に他の職種の独自の視点やその存在の重要性を認めながら、地域住民と共に連携協働を図っていくことが強く求められているからである。

　聖カタリナ大学は、保健や医療関係で健康運動指導士や看護師（2017 年〜）、福祉や

介護関係で社会福祉士・精神保健福祉士・介護福祉士、心理関係では産業カウンセラー・認定心理士、短大部ではチャイルドケア関係として保育士・幼稚園教諭などを養成している。いずれも「人間同士の相互信頼や成長及び自己実現」にとって不可欠な「人間のケア」に直接関わる専門職の養成である。今後もこうした多様なケアの人材を養成することを通して彼らが地域で連携協働しながらケアリングコミュニティづくりに貢献することを願うものである。

注
1) 日本経済新聞（2015年2月7日）電子版による。
2) 地域包括ケアとは一般に「利用者の多様なニーズに応じて、地域にある住宅、保健、医療、介護、福祉などのサービス、見守り・買い物・ゴミ出し等の日常的な生活支援サービス、成年後見や日常生活自立支援等の権利擁護サービスなど、地域にある多様な諸サービス（広くは社会資源）を包括的に提供するケア」として捉えられている。そうしたケアにあっては、既存の制度化されたサービスや社会資源の活用のみならず、制度化されていないインフォーマルなサービスや新たに開発された資源の活用も必要とされる。また、利用者の心身の機能や生活機能や家庭生活の状況の変化に伴うニーズの変化に即応する「持続的なケア」、心身の機能や生活機能の低下を未然に防ぐ「予防的なケア」も含まれる。更に近年では、従来のケアの概念としてあった「1対1の介護」という意味合いを超えて、地域全体（広くは社会全体）で支えるケアという意味合いでの「ケアの空間化」を重視する動向も見られる。本稿の「コミュニティと自然とのつながり」を目指す地域包括ケアもそうした「ケアの空間化」の動向の一つとして考えている。
3) 　ケアとは「ケアを必要としている人に何かをしてあげること」だけではないのではないか。鷲田は、「何もしていないようなケア」も、時には迷惑をかけあうことでもケアになりうることも指摘する。『まず、聴くということ、待つということ、聴いたり待ったりするひとがいるということによって、もう消えてしまいたいという希いから解き放たれることがある』、『病室でカーテンを開け閉めすること、走りながら声をかけること、ときには職場での不満をぶつぶついうことであってもよい、どれほどわたしたちの心を落ち着かせるかを思い出したらいい』（鷲田清一「死なないでいる理由」角川文庫、2014. p. 131～132）
4) 健康転換とは、近年、公衆衛生や国際保健の分野で唱えられるようになった概念で、人口構造の転換を基にして、時代と共に人口・疾病構造の変化、保健医療制度の変化、社会経済構造の変化が相互に影響しあいながらある国の健康問題が段階的、構造的に転換することを示すシステム概念として考えられている。
5) 「医療計画（精神疾患）について」（厚生労働省）(http://www.mhlw.go.jp/seisakunitsuite/bunya/kenkou_iryou/iryou/iryou_keikaku/dl/shiryou_a-3.pd) 2015年8月18日閲覧）
6) 疾病的側面と障害的側面を同時に有する状態も少なくないことから医療と福祉による生活全体の質の向上が求められることは言うまでもない。
7) 図Ⅳ―1『「つなぐ」こととしてのケア』では、「自然」という次元の根底に「スピリチュアリティ」の次元を想定している。広井氏によると『日本の場合「八百万神」のように、自然の事物の中に、単なる物理的な存在を超えた何かを感じとり、そこに「神々」や「スピリチュアル」なものを見出してきた』ことを踏まえたものである。ただ、本稿では「スピリチュアリティ」に関わるケアについては紙幅の関係で言及していないが、ただ、1992年に発足し2012年に解散した「愛媛・仏教と医療を考える会」によって医療・福祉の場での仏教的癒し（スピリチュアルケア）の取り組みが行われてきており、その先駆的試みは今後のターミナルケアを考える上でも意義のある実践であったことを記しておきたい。その実践の概要は「藤原壽則・杉田暉道著「今なぜ仏教医学

か」思文閣、2004」に紹介されている。
8) 宅老所とは「一般に民家などを活用し、家庭的な雰囲気のなかで、一人ひとりの生活リズムに合わせた柔軟なケアを行っている小規模な事業所を指す。通いのみを提供しているところから、泊まりや自宅への支援、住まい、配食などの提供を行っているところもあり、サービス形態はさまざまだ。また利用者も、高齢者のみと限っているところがある一方で、障害者や子どもなど、支援の必要な人すべてを受け入れるところもある。介護保険法や自立支援法の指定事業所になっているところもあれば、利用者からの利用料だけで運営しているところ、あるいは両者を組み合わせて運営しているところもある」（宅老所・グループホーム全国ネットワークホームページより）。なお、「あんき」が「託老所」としているのはその家族が「その場に託したい」と思えるような場所にしたいとの思いによるものである。
9) 愛媛新聞『あんきにいく―小さな福祉の試み（松山）―』（1997年6月17日～21日連載記事）より。
10) 愛媛新聞『松山「おばさん料理」がつなぐ縁』（2015年3月30日～4月4日連載記事）に紹介されている。
11) 「ケア学」とはそれを提唱する広井によればおおむね次のような学問として描かれる（広井良典著「ケア学」医学書院 2010 p.45～p.47）。先ず、現在の学問体系は「専門分化」や「タテワリ性」が進みすぎ「ケア」の全体性が見えにくくなっている。ケアに関しても「医学」、「看護学」、「介護学」、「社会福祉学」、「心理学」、「教育学」、ターミナルケア等の場面で重要になる「哲学」や「宗教学」など、多様な学問分野からのアプローチがあり、それらの各学問分野ではその分野のみにしばられて物事が考えられるようになることから、人間のある部分だけが切り取られることになり、本来求められる全体としての人間の「ケア」の姿とは程遠いものとなる。その上、学問分野は研究機関としての「大学」などを中心とする「制度」と深く結びついていることから、より一層の固定化やタテワリ性が強められるようになる。

　そこで、従来の各学問分野や制度の「垣根」を超えた「ケアの全体像を探求する学問」としての「ケア学」が必要ではないかと考えられるのである。しかも、その「ケア学」における知識というのは、近年の科学論の分野で言われている知識の生産様式としての「モード論」の議論を踏まえると、従来の学問体系における個別の学問分野のコンテクストの中で生み出されるもの（マイケル・ギボンズのいう「モード1・サイエンス」）ではなく、そうした個別の分野を超えた（トランスディスプリナリーな）社会的・経済的コンテクストの中で生み出されるもの（マイケル・ギボンズのいう「モード2・サイエンス」）と考えられる。そこでは個別の学問分野を超えた問題解決の枠組みが用意され、独自の理論構造、研究方法、研究形式が構築される。そのため参加者の範囲も広く、多様な研究者をはじめ市民もそして産業界や政界などからも参加する必然性がある。

文献
はじめに
1) 正岡子規「病牀六尺」『子規全集第十一巻』講談社、1975.
2) 正岡子規「吾幼時の美観」『子規全集第十二巻』講談社、1975.
3) 同上
4) 広井良典編著『「環境と福祉」の統合』有斐閣、2008.

I 人間にとってのケア
5) 広井良典編著「ケアとは何だろうか」ミネルヴァ書房、2013.
6) 江藤裕之「通時的・統合論的視点から見たcareとcureの意味の相違」『長野県看護大学紀要9：1－8』、2007.
7) 前掲書「ケアとは何だろうか」ミネルヴァ書房、2013.

8) 鷲田清一著『「聴く」ことの力』ＣＣＣメディアハウス、2015.
9) 広井良典編著「ケア学」医学書院、2010.
10) ミルトン・メイアロフ/田村真・向野宜之訳「ケアの本質」ゆみる出版、2015.
11) 前掲書「ケアとは何だろうか」ミネルヴァ書房、2013.

Ⅱ健康転換とケアシステムの変化
12) 広井良典著「コミュニティを問いなおす」ちくま新書、2010.
13) 前掲書「ケア学」医学書院、2010.

Ⅲ生活モデルに基づく地域包括ケアのあり方
14) 前掲書「ケア学」医学書院、2010.
15) 近藤克則著「健康格差社会」医学書院、2009.
16) 前掲書「ケア学」医学書院、2010.
17) 前掲書「健康格差社会」医学書院、2009.
18) 広井良典著「コミュニティを問いなおす」ちくま新書、2010.

Ⅳ人間地域包括ケアの方向性
19) 前掲書「ケア学」医学書院、2010.
20) 浅野房世担当執筆「第6章　環境療法を超えて」広井良典編『「環境と福祉」の統合』所収、有斐閣、2008.

おわりに
21) 前掲書「ケア学」医学書院、2010.

バチカンと国際ボランティア50年の歩み

佐々木　裕子

　ミレニアム開発目標達成（MDGs）期限を経て出された新たな持続可能な開発目標（SDGs）の方針とバチカンから発信している社会教説の願いは同様の方向性を示している。その実践にあたっては青年海外協力隊の若者たちが50年継続してその一翼を担っている。愛媛から派遣されている協力隊経験者と本学の学生との出会いの中から学びを紹介し、継続的に人間の福祉を実現する新たな持続可能な開発の道をともに歩むことを自覚する。

はじめに

　史上最大の成功を収めた貧困対策運動のきっかけとなった「ミレニアム開発目標（MDGs）」は、2015年に達成期限を迎え、世界のリーダーは次へのステップとして「国連持続可能な開発サミット」で正式に新しいアジェンダを採択した。「持続可能な開発のための2030アジェンダ」で提示された持続可能な開発（SDGs）は、経済開発と人々のニーズを充足し、環境を守る成長とのバランスをとらなければならないことを認識するものであり、誰も置き去りにしない包摂的なものであると強調している。これは、MDGsの残された保健や教育などの課題や新たに顕在化した環境、格差拡大という課題に対応すべく、新たに17ゴール・169ターゲットからなる持続可能な開発目標である。世界は、人間の福祉を実現する新たな経路として、持続可能な開発の道を歩むことをさらに明らかにした。

　ここでは、この課題に取り組むために、独自の方法でその歩みを50年継続し、若者を現地へと派遣してきたJICAボランティア事業と日本から派遣されている多くの青年海外協力隊の方々の活躍を眺める。また「貧しい人々への優先的選択と貧しい人々への実践的連帯」を一貫して唱え続けているカトリック教会の教えと照らし合わせながら、志を同じくして愛媛から世界へと飛び立つ若者たちの活躍に注目してみたい。それは、聖カタリナ大学の保護者である聖女カタリナが今の時代に生きていたならば、きっと促したであろう連帯の精神に満ちた活動といえる。

Ⅰ．JICA ボランティア事業の 50 年の歩み

　今から 50 年前、青年海外協力隊は民間の青年団体が先導し、青年政治家がそれに呼応して、発足したというユニークな歴史を持っている。ともすると青年海外協力隊は政府開発援助（ODA）ではなく、日本の非政府組織（NGO）と錯覚されるのも、こうしたルーツによるものであろう。しかし、このモデルとなったのは、アメリカ合衆国連邦政府が運営するボランティア計画である平和部隊と言われている。ところが、日本の国際協力のスタートは、1954 年 10 月 6 日「コロンボ・プラン」に加盟した日をもって始まった。日本の青年を海外（アジア対象）に派遣する計画は、すでに 1957 年当時から構想され、「青年海外派遣計画」についての見解を表明していた。1964 年東京オリンピックが開催され、一種の外国ブームが起こっていた時代であった。

　独立行政法人国際協力機構（JICA）が実施する事業は、1965 年 4 月 20 日に局長と 6 人のスタッフで発足した。この事業は日本政府の ODA 予算により、開発途上国からのニーズに基づき、それに見合った技術・知識・経験を持ち、それを「開発途上国の人々のために生かしたい」と望む者を募集し、選考、訓練を経て派遣することである。その 3 つの目的は、①途上国の開発への貢献、②友好親善・相互理解の促進、③日本青年の国際的視野の涵養とボランティア経験の社会還元である。事業発足当初の「途上国のため世界のために自分の持てる力を注ぎたい」という姿勢は、発足から 50 年を迎えた今も脈々と受け継がれている。

　青年海外協力隊（JOCA：Japan Overseas Cooperation Volunteers）事業は、このように日本の政府事業として発足し、実施は当時の海外技術協力事業団に委託され、この中に日本青年海外協力隊事務局が設置されていく。その後、1974 年 8 月に日本政府が行う国際協力の実施機関として国際協力事業団（JICA:Japan International Cooperation Agency）、現在の国際協力機構が発足し、その重要な事業のひとつとして受け継がれ、名称も青年海外協力隊となり、今に至っている。

　JICA ボランティアには 20 ～ 39 歳までの青年海外協力隊、日系社会青年ボランティアと 40 ～ 69 歳までのシニア海外ボランティア、日系社会シニアボランティアの 4 種類がある。日本政府の ODA（政府開発援助）予算により、独立行政法人国際協力機構（JICA）が実施する事業であり、相手国政府からの要請に基づき派遣される。現地の人々と共に生活し、働き、彼らと同じ言葉で話し、相互理解を図りつつ、お互いの価値観、生活様式、文化を尊重し、直接触れ合い、交流をして行く。その中で、貧困、医療、教育問題など、その国が抱える問題に取り組み、経済や社会の発展に貢献することを目指している草の根レベルのボランティアである。現地での生活費や住居費、往復渡航費が支給されることや

派遣中（訓練中）は、国内積立金（本邦支出対応手当）が支給されるため、青年海外協力隊はボランティアではないという声もある。しかし、手段は収益を得るためのものではなく、自身の持つ体験や技術の提供であり、自発的な精神で行うボランティアである。さらにこれは、国際支援ではなく国際協力であり、協力隊員たちは各々の体験を日本にも還元することも目的としており、国益をも考えに入れた活動といえる。何より、隊員たちの苦労やその克服は並大抵の努力なしには2年間の任務は果たせるものではない。

　よりよい明日を世界の人々と共有するために、日本が持つ技術や経験を伝え、開発途上国の発展や復興へと寄与しているのである。さらにJICAボランティアが現地の人々を理解していくように、現地の方にもJICAボランティアを通して日本が理解されていくことになる。この草の根レベルの交流が開発途上国の地域と日本との間の友好親善と相互理解の深化にもつながっている。そこに携わる個人は、特有な体験を通して、広い世界観と問題意識、たくましい精神力、高度なコミュニケーション能力などを身につける。そして、海外から日本社会を見直すことによって日本の良さを再発見したり、問題を確認し、自分自身を成長させ、真の意味の国際人となって帰国する。その後、ボランティア体験での経験を生かし、日本の地域社会の様々な課題にも取り組んでいる。新しい価値観を身につけ、これまでとは違った目で社会を見つめ直し、日本社会の中で次へのステップが始まっていく。

　2015年、JICAボランティアは「世界に笑顔をひろげるシゴト」を歩み初めて半世紀を迎えた。青年海外協力隊員たちは、世界の諸問題に対応し、その経験をさらに日本各地で生かし、活躍を続けている。世界を元気にした人は、日本をも元気にできる人であり、その仕事は「世界も、自分も、変えるシゴト」といえる。

　これまで2016年10月31日現在で、日本政府は男性22,595名、女性19,499名、累計隊員数42,094名を88カ国に派遣している。地域別では、アフリカ28％、アジア29％、中南米26％、オセアニア9％、中東7％、ヨーロッパ1％という実績を持っている。[4]

Ⅱ．JICAボランティア体験の具体例

　青年協力隊員たちの活動を追ってみると、一様に自分の中に変化が起こり、現地に適応しつつ、人間としての交わりを深め、社会を変えて帰国してくる。しかし、それで終わりではない。彼らが地域社会をこんなに元気にさせる力は、どこからくるのであろうか。

　日本国の支援を受け、開発途上国での2年間は決して平坦な道のりではない。環境が整っているわけでもないし、予想すらできない問題が次々と目の前に現れる。日本の常識が通用しない中で、困難や逆境に立ち向かいながら、現地の人々とともに活動することで協調

性やコミュニケーション能力、語学力が向上していく。また、国際感覚や Plan（計画）、Do（実行）、Check（検証）、Action（改善）のスキルが磨かれ、現地の人々を巻き込みながら活動を進めていく。異文化の中で生活することにより、マネージメント力や交渉力、問題解決力を長期間、広い視野や精神力などを身につけていく。協力隊員たちはその活動を終えた後も、積極的にその経験を日本の社会に還元しており、企業の方をはじめ、多くの方面から高く評価されている。

隊員の具体的体験例と連携事例

体験①　セネガル

　２年間アフリカ・セネガルに助産婦として派遣されたＯ氏は、物資が不足し注射針すら換えることもままならない状況の中で、日本の恵まれた医療環境しか知らず、当初は罪悪感に苛まれたという。しかし、日本も30年前はそうだったと言われ、自分の価値観で見ていたことに気付かされる。アフリカの地で、自分の常識が常に正しいとは限らないことを学び、価値観が変わるほどの経験は、その後の人生も大きく変えることになる。彼女の世界中を巡った経験と助産婦の専門知識を活かし、助産院「いのち輝かせ屋」を開業したり、母子訪問指導事業をはじめ、地元の小学校や中学、高校で「いのちの授業」などの講演活動を行うなど活動範囲は広がっている。[5]

体験②　ブラジル

　日系社会青年ボランティアに参加した小学校教員であったＳ氏は、地球の反対側にあるブラジルに派遣され、日本語教師の仕事をスタートさせた。日系人社会なので、風景は違えど当たり前のように日本語が飛び交う。文化も食習慣も拍子抜けするほど日本そのものでありながら、その地が日本の反対側に存在する価値観の違いを否応なしに知ることになる。帰国後は、小学校教師として運命に導かれるように再びブラジルにルーツを持つ人々との深い関わりを持つことになる。外国人の方が多く住む地域で、外国人児童のための放課後学習支援教室を立ち上げ、地域と学校の連携に貢献している。[6]

体験③　インドネシア

　３年間インドネシアで食用作物の農業指導を行ったＴ氏は、前任者からの引き継ぎがうまくいかず、着任早々大失敗。また信用までも失う。インドネシアの通貨危機も見舞われ、２年続けて大損失を体験している。その後、従来の方式を見直し、自分たちの力で事業計画を推進してゆき、栽培自体は成功を収め始め、実りの喜びを分

かち合える体験に至る。一度帰国後、再びインドネシアの大学院に2年間留学している。その後、日本で農業に携わりながら、地元の農林高校とインドネシアの農業高校との交流事業を続け、現在はインドネシアからの農業研修生を受け入れる側に立っている。[7]

体験④　フィリピン

　大学在学中に、理数科教師としてフィリピンに派遣されたO氏は、島々を巡回しながら理数科教材の使い方の指導や教材を使った教育プログラム開発を行ってきた。島の人々は現金収入もなく、その日の食料を手に入れるといった、幸せそうな暮らしの文化に出会い、経済発展のレベルと人が幸せを感じる基準とは必ずしも比例しないことに気づく。日本では失われつつあるこの人と人との温かいつながりを、帰国後は、教育学部を卒業した後、「教育」というキーワードに「地域」「自然」「幸せ」を加え、地元の限界集落にNPO自然学校を設立し、活動している。高齢化率66％の地域に自然学校の若いIターンスタッフが生活するという地域活性化策をとり成功例として取り上げられている。[8]

体験⑤　ブータン

　南アジア・ブータンの内務文化省文化局歴史的建築物保存部で勤めたS氏は、伝統的な建築物の修復や保存をはじめ、当初の要請にない公共建築の設計、管理など建築士が圧倒的に不足するブータンで精力的な活動を行ってきた。国民総生産で示されるような物質的豊かさではなく、精神的な豊かさ（国民総幸福量）の増加を政策の中心としているブータンである。そして、建築物というハードの保存に関わる仕事の中で、ソフトに目を向けるようになり、精神的豊かさが息づく暮らしについて考え、街づくり、集落支援といった仕事に興味を持ち始める。帰国後は、新潟中越地震の地域復興センターで復興支援に携わりながら、その地域の文化・豊かさをどのように次の世代に仕えていけるかを日々考え、集落を回っている。[9]

連携事例①　サントリーホールディングス株式会社

　帰国後の青年海外協力隊経験者をグローバルな人材として活用し、新たなマーケットとして海外を目指す企業や団体も増えている。サントリーホールディングスでは、グローバルビジネススキルと専門性を持って、どんな国の人ともしっかりとコミュニケーションが取れ、異文化を受容しながら業務に遂行できる人材を育てるために、社員を青年海外協力隊に参加させている。現地でのトラブルが生じた場合、対処できるよう、JICAと連携し、人材育成プログラムを導入した。社員一名を青年海外協

力隊員としてベトナムに派遣し、現地企業を対象にした環境教育の啓発活動に携わっている[10]。

連携事例②　株式会社ローソン
　企業理念「私たちは"みんなと暮らすマチ"を幸せにします」を掲げ、顧客のことを思って行動を起こすことを原点としているローソンが、JICAに共鳴している。ボランティアとビジネスは違うが、相手のことを思いやり、相手が喜んでくれることをすることの原点は同じではないかという発想から協力隊経験者を採用している。目的意識が高く、コミュニケーション能力に優れている人材を期待し、協力隊で培った人間力を活かそうとしている。相手の目線に合わせて接する能力や打ち解けていく力、入り込む力などはビジネスでとても重要な能力であり、目指すところが非常に共通している[11]。

連携事例③　宮城県
　宮城県では協力隊への現職参加のモデルとなるよう「みやぎ国際協力隊プロジェクト」を展開している。農業分野で高い技術力や経験豊かな職員を有しているため、それを生かすべく「食糧増産」や「水の確保」を優先課題とするマラウイにおいて、農業灌漑分野での協力を行っている。職員を3期6年にわたって協力隊に参加させるものである。また、その後JICA「草の根技術協力事業」を活用し、マラウイからの研修員を受け入れている。協力隊で培った企画力や交渉力、フィールドでの経験力、粘り強さ、挫折に立ち向かっていく力など、今後の業務に生かそうとしている[12]。

Ⅲ．本学の取り組みと学生の学び

　2016年10月31日現在、四国四県から多くの青年海外協力隊の方々が世界各地に派遣された。愛媛県613人77カ国、香川県304人69カ国、徳島県264人61カ国、高知県232人66カ国[13]と圧倒的に愛媛発の青年海外協力隊の派遣が多い。なぜ愛媛発の協力隊が多いのか、その要因はまだ見出せていない。しかし、温和で穏やかな愛媛から海外に向けてあえて飛び出していく青年たちが多い。愛媛出身の隊員たちにインタビュー[14]をしてみると、返答は様々である。楽観的で明るい愛媛県人は「進取の気性に富んだ人が多い」、瀬戸内に面した愛媛からは、「海を超えることに抵抗が無い。どこへ行くにも海を越えて行くのに慣れている」と見ている。また、愛媛県人が保守的であると見ている隊員は、JICAボランティアが「政府機関であるという安心感と保障に信頼を置いている」のかもしれないという。どちらにしても、彼らは危険を顧みず、大きな挑戦を抱えて未知の世界へと入っていく。

また、2年間の任務を終えて戻ってきた隊員たちは、果たすべき任務は明確であったが、それぞれに違う思いを携えていたことがわかる。「自分がどれだけできるのか試してみたい」「自分自身を変えたい」「途上国に関心を持っている」「外から日本を眺め、もっと日本を知りたい」「社会に貢献したい」と様々である。このような隊員たちに続く者のために愛媛県は「協力隊を育てる会」が有効に機能しており、イベントや諸活動による成果が見られること、身近なところに協力隊員がいて影響力があること、他県に比べて愛媛県の隊員への支援は充実しているということがあげられる。業務を終えた隊員たちは、県内各地で報告会も催している。

1）愛媛発の青年海外協力隊

　本学においても2007年から青年海外協力隊OB・OGを招き、国際福祉の領域中で、国際協力の実際を体験談として聞く機会を設けている。この授業の中で毎年、愛媛県国際協力推進員を通して、帰国して間もない熱い地元出身の協力隊員たちは学生たちに毎回新たな刺激を与えてくれる。本学に迎えた1、2年目の隊員の派遣先はチリ（看護）、3年目はベリーズ（体育）、第4年目はニジェール（青少年活動）、第5年目はドミニカ共和国（観光業）、第6年目はモルディブ（看護）、第7年目はケニア（エイズ対策）、第8年目はエジプト（陶磁器）、第9年目はホンジュラス（小学校教諭）、第10年目にあたる2016年はモンゴル（バスケ）という派遣国と職種であった。また、特別企画としてボランティアウィーク中の講演会において、そして食料問題を考えるサークル主催の研修会において青年海外協力隊OBは出前講義に応じてくれた。学生との年齢も近い隊員たちの話は、体験によるものであることから自ずと引き込まれていく。世界の貧困問題、目標達成のためにはとてつもなく大きな壁が依然として立ちはだかっているが、協力隊員たちの交わり、関わりの力が現地で少しずつ変化をもたらしていることが理解できる。

2）学生の学びの中から

学生①（2007）
　人を支援するとき、支援者がまず心身共に健康でなくてはならず、特に海外協力の場合、現地の人々と同じ生活をして行くので、随分と自分に打ち勝つ必要がある。彼らとの人格的な交わり、また真剣に関わりを深めた分だけ、彼らの心に、そして支援者の心にも平和や喜び、感謝や一致の気持ちが育まれていく。

学生②（2008）
　貧困のために生活範囲が狭められたり、人間としての豊かさや文化を享受するこ

とができなくなることを感じた。しかし、心の貧困が一番寂しいということがとても印象に残った。

学生③（2009）
　貧困のスパイラルについて改めて考えた。人間にとってまず十分な栄養のある食事をとって、健康な体であることが第一であるが、それが成り立たない国が世界には山ほどある。もし自分の国がそのような国で、栄養失調で死ぬことになる運命など正直想像がつかない。一部の先進国だけがよい思いをし、ほどんどの国は貧困に苦しんでいる。そんな世界の情勢が安定するはずがない。今さらだが、先進国の者として地球全体の幸福という視点に気付かされた。

学生④（2009）
　知らない国で、知らない人々の中で、その国の人々のためになされる活動が"すごい"と思った。医療設備や理解が十分に整っていないが、その中で工夫しながらより良いものにしていこうとする姿は尊敬に値する。地域の人たちとの交流をこつこつと続けていく、それは大変なことだが、素晴らしいと思った。

学生⑤（2009）
　自分たちの知らない世界の人々の中で活躍される協力隊の方は、魅力的で活き活きしている。勇気のいることだ。海外は日本よりもさらに深刻な問題があり、今自分がこんなに小さなことで悩んでいるのが馬鹿らしくなるくらいだった。自分にできることは小さなことだが、あたりまえの日々の生活の中で実践していきたい。

学生⑥（2011）
　ドミニカ共和国という国は子どものような感性をもった国だと感じた。自分が考え、感じたことを率直に表現することができ、他者の前で計算した行動をしない子どものような純粋な国だと思った。しかし純粋な子どもが立派な大人になるために適切な教育が必要であるように、ドミニカ共和国にも教育の必要が急務だと考える。

学生⑦（2011）
　私たちが何気なく捨てた食べ物や使っているお金、一つ一つの行為が誰かを死に至らせるようなこともあるのだと知った。「自分だけよければよい」という考え方を捨てて、私も自分から小さなことでも実践していきたい。

学生⑧（2014）
　　協力隊に興味があるが、海外にはまだ怖さがある。エジプトのイメージは治安が悪いというものであった。しかしＫさんの体験やお話、写真などを見せていただき、イメージががらりと変わった。助け合いの国であるというのは全くイメージと異なっており驚きである。地下鉄での視覚障害の方の話は、日本よりコミュニケーション能力が高い。

　学生たちの学びから、新しい世界との出会いのチャンスとなっていることがわかる。自分と違う価値観や生活様式、文化などにまだ出会っていない若者たちにとって、他者の体験を通して追体験の機会となっている。卒業後、すぐに青年海外協力隊員として出かける者は少ない。しかし、そのような協力隊員は実際にはいる。本学に招いた3年目のベリーズと10年目のモンゴルに派遣された隊員は、大学卒業後すぐに体育分野で活躍してきた。本学の学生たちも日本社会で貢献しながら、持てる技術と知識と興味関心をさらに深め、愛媛発の途上国へ世界舞台で貢献していける人材が出てくることを期待している。

3）ボランティアと幸福感

　本学のボランティアセンター（略ボラセン）においても、外部から多くのボランティア依頼に応え、学生たちは自主的に助けを必要としている人々のもとへと出かける。国際ボランティアまではなかなか対応できないが、愛媛県内福祉施設や地域、イベントなど多くのボランティア依頼に応えている。本学は、元々福祉系大学であり、創立以来、多くの福祉系サークルがあったが、それぞれの福祉系サークルに対する外部からのボランティア依頼が多く、サークル単位では重複したり対応できなかったりすることが増えた。そこで、福祉系サークルを連絡調整するために、学生ボランティアセンターが1998年に誕生した。しかし、学生だけではできることに限界があり、学生たちをバックアップするために、1999年に大学全体の組織として大学ボランティアセンター「カタリナ・ボランティアセンター」が創設された。現在、学生ボランティアセンターが18年間、大学ボランティアセンターが17年間の歩みを続けている。

　かつてに比べ、ボランティアへの参加度が減少しており、2015年度は121件の依頼に対し、参加は50件に留まった。それでも述べ391名がボランティアへと出かけた。
　2015年度の特徴としては、年度当初よりボランティアウィークへの企画、準備に力を入れ、「CHANGE-地域とともに地域のために-」をテーマとして積極的に地域へと出て行った。そして学生たちは、このテーマを今年1年間のボラセンテーマとし、年度末までこの意識を持ち続けることができた。学生たちの思いの中には、自分たちの日々の大学生活、ボランティア活動や地元北条地域との関わりにおいて、何か「CHANGE」して行きたいと

いう強い思いが湧いてきたのであろう。本学が位置するこの地元北条の「宝さがし」から準備が始まった。そして、北条地域で活躍されている元気な方々のところへ出かけ、ウィーク一般公開には大学に来ていただくことにした。今までの企画にプラスして地元の方々による講演会や出店を実施した。その交わりは、地域の秋のイベントや祭りへとつながっている。

　また昨年度、松山市社会福祉協議会（社協）と災害ボランティア協定を結んだことにより、具体的な方向性が見えてくるようにと、社協スタッフと毎月ミーティングを行い情報共有を大事にし、災害ボランティア組織作りも模索している。さらに、昨年は突然、他大学から研修旅行として本学のボラセンと交流したいとの依頼が舞い込み、「CHANGE」の大きな契機ともなった。9月に本学で交流し、3月には本学から美作大学へ逆研修という今までにない体験もすることができた。その中での重要な学びは、ボランティアにしても、地域との関わりにしても、キーワードは「継続」すること。多くの人々とつながった喜びと共に、責任と重みを今、学生たちは味わっている。次の学年へとつなげながら、「CHANGE」から「つながり」へとテーマを新たにし、2016年度が始まった。

　ボランティアに関わる学生たちを見ていると、そこには自発性はもちろん、無償性、連帯性そして継続性を身をもって学んでいる。そこにある種の達成感と幸福感を味わっている。幸福を感じる指標として、JICAボランティアの青年たちにも共通することであるが、「つながる」「感謝」「学ぶ」「与える」「運動（体を使う）」をあげることができる。ここには、「今を生きる」「人は生かされて生きる」「人はつながる」という命の三原理が含まれている。ボランティア活動を通して、人間が生きる根源的な原理を再確認することができる。

　青年海外協力隊員たちは、派遣先がどんなに不都合、不便、不足であっても、生きていること、生かされていることを実感し、幸福の形は様々であり、決して物質的な豊かさが幸福をもたらすとも限らないことを体験している。幸福とは、まさに学生たちが体験している人とつながること、感謝すること、感謝されること、与えること、与えられること、他者から学ぶこと、汗をかいて体を使い、誰かの幸せのために貢献できることなのであるといえる。

IV．第2バチカン公会議から50年

　JICA50年の歩みと共に、カトリック教会も第2バチカン公会議後50年を貧しい者のための教会を目指して歩んできた。第2バチカン公会議は教皇ヨハネ23世によって1962年に開かれ、教皇パウロ6世によって1965年に閉じられてから50年、カトリック教会は大きな変化と共に開かれた教会として刷新された。第2バチカン公会議は、過去2000年に及ぶ教会の歴史を総括すると同時に、新しい時代に対応すべき教会の使命を

考察した。

1）「現代世界憲章」（1965）

　第2バチカン公会議が公布した16の公文書のうち「現代世界の中の教会に関する司牧憲章」（略して「現代世界憲章」）は、全人類に語りかけた異例の文書である。教会は当初より全人類に派遣されている。しかし、カトリック教会を代表する公会議教父たちが、公式に世界に語りかけたのは史上初めてのことであった。「今はためらわずに、教会の子らとキリストの名を呼ぶ全ての人たちばかりでなく、人類全体に話しかけて、現代世界における教会の現存と活動とについて教会自らがどのように考えているかを、説明したいと望む」[15]と同じ人間性を共有するものとして語りかけている。憲章冒頭のことばはそれをよく表している。「現代人の喜びと希望、悲しみと苦しみ、とりわけ、貧しい人々とすべて苦しんでいる人々のものは、キリストの弟子たちの喜びと希望、悲しみと苦しみでもある。真に人間的な事がらで、キリストの弟子たちの心の中に反響を呼び起さないようなものは一つもない。それは、彼らの共同体が人間によって構成されているからである。」[16]ここでいう「真に人間的な事がら」とは一人ひとりの人間の日々の生活の中で生起する出来事よりも、すべての人間に共通の根源的な人生苦を意味する。

　憲章第1部2章においては、さらに人間共同体について強調しており、それは公会議の意図とも記されている。そこには、現代世界の様相の主要なものの一つとして、「人々の相互関係の多様化があげられ、現代技術の進歩はその発達に大いに寄与している。しかし、人間同士の兄弟的話し合いは、このような技術的進歩の段階においてではなく、もっと深い人格的交わりの段階において完成されるものであり、人間の精神的尊厳を十分に相互に尊敬することが要求される」[17]とある。青年海外協力隊の方々の働きと、関わりはまさしく現地の人々の中に入り込み、人格的交わりにより、また派遣国の文化、生活様式、価値観を尊敬し、それぞれの課題を成し遂げることができるよい模範といえる。他者への尊敬、ありのままを受容すること、相互理解のなせる技であろう。

　日本から出かけ、派遣国で過ごす2年間、協力隊員たちは誰も知らない新たな世界で、自分たちが一つの家族を構成していることを自覚し、相互に兄弟の精神をもって接することを実践しているといえる。

2）「ポプロールム・プログレシオ」（1967）

　公会議直後、教皇パウロ6世による回勅「ポプロールム・プログレシオ」（諸民族の進歩推進）は、ラテン語の「プログレシオ」（発展）よりさらに広い意味で進歩発展について語った。人間の人格が完全に発展向上すること、人間の最終目的についても語っているが、緊急の政治的テーマとして、経済的発展の立ち遅れた諸国と、その国の利益を図る開発援助

を助長していくことを独特な形で説明している。それは、教皇パウロ6世自身の開発途上国への旅による司牧的体験の実りであり、「現代世界憲章」の冒頭「現代人の喜びと希望、悲しみと苦しみ」へのある種の回答を与えているといえる。

　JICAが取り組んでいる青年海外協力隊によるボランティアは、まさに教会が発信している経済的発展の立ち遅れた諸国の発展のために、自らが現地の人々に関心を示し、対話を通して自発的に連帯を実践している活動である。国際協力の精神には、厳格な市場中心の思考様式を超えたところにある連帯、正義、そして普遍的な愛に通じる義務の認識が必要である。

　教皇パウロ6世が繰返し主張していることは、「人類は連帯の精神に基づいて、その進歩のために人類共通の未来を共に建設し始めなければならない」[18]ということである。そのためには一定の法則に従わなければならないし、組織も作らなければならない。その上に責任を果たす義務もあれば、誠実に努力することも必要となる。とりわけその責任が、先進国、恵まれた諸国に負わされているということを、教皇は指摘しているのである。

　協力隊員たちは、責任を果たす義務感や正義感に駆られ、自分の持てる知識と技術を携えて途上国へ飛び込もうと気負っているつもりは全くない。信仰ゆえに愛の実践に励もうと努力しているつもりもない。ただ、ごく自然に、単純に人間として本来あるべき姿へと改善されていくプロセスを通して、現地の人々の意識が向上していくことを喜び、その地に住む人々とそれを共有し、そこに幸せを感じている。

　現代社会において、秩序と平和が薄れ、より複雑で、より相互依存の傾向にある新しい国際関係の中で、未来を構築していくための要求に応じることは困難を伴う[19]ことではある。しかし、彼らは、教皇が主張している「進歩のために人類共通の未来を共に建設」していることに一翼を担っているといえる。

3）「真の開発とは」（1987）

　教皇ヨハネ・パウロ2世は、回勅「ポプロールム・プログレシオ」発布20周年を記念して、回勅「真の開発とは」を発表した。ここでは、現代の人間社会が直面している厳しい状況から脱出するために、人間の倫理的な責任に訴えると同時に、人間同士の連帯の精神を強めるようにと呼びかけている。

　教皇は、「それぞれの社会における連帯の行動は、その社会の構成メンバー一人ひとりが互いに人格ある人間と認め合ったときに、有効となり、その威力を発揮する」と言いきっている。「大きな影響力を持っている人々は、弱い立場にある人々のために自らの責任を自覚し、受ける側もひたすら受け身の態度に終始するのではなく、またいたずらに社会組織、社会機構を破壊する行動に走るのではなく、自らの正当な権利の獲得を主張する一方で、すべての人々の善のために自らが成し得ることを遂行していく」[20]よう戒る。続けて、

国際関係の場でも、「相互依存の関係は、創造のための財貨は本来的にすべての人々のものであるという大原則の上に立って、連帯の形に変革されなければならない」[21]という。持てる者が持てない者のものを奪ってはいないかという発想である。これは、学生⑦の学びに通じる。

　また、この回勅の印象的なことばに、「構造的な罪」[22]がある。これは、「普遍的な共通善の推進の前に立ちはだかるマイナスの要素の集積が、人々の心や各種制度の内部に、克服の困難な障害を生み出していること」[23]である。この構造的罪は個人の罪に根ざすものであり、共通善の認識を妨げる構造を導入し、整備し、その除去を困難にさせる人々の具体的な行為と連結する[24]。それは、全面的な開発、発展を手にしたいと望む人々の「もっと人間的な生活」の行く手を遮る多くの障害を何とか取り除きたいという願望を阻む。単に経済的な開発だけでは、人間が自由になるのは不可能である。「めざす目的、優先順位を設定するにあたって、人間、社会の文化的側面、超越的側面、宗教的側面の存在とその重要性に背を向けた開発・発展は、真の解放とも無縁なものとならざるをえない。」[25] 教皇は、真の解放を遮っている構造的罪を克服し、「開発と解放のプロセスは、連帯の実践によって、すなわち隣人に対する、とくに最も貧しい人びとに対する愛と奉仕の行動によって、具体的な形を整えることになる」[26]のだと結ぶ。

　青年海外協力隊員たちの体験は、日々の生活の枠、また自分自身からも解放され、最も貧しい人々との生活の中で自らが福音化されて行くという体験ともいえるだろう。学生①の学びに通じると考える。

4）「福音の喜び」（2013）

　カトリック教会は2013年に、史上初の中南米（アルゼンチン）出身の教皇を選んだ。この教皇は「貧しい人々への近さという福音的精神、素朴な人々との一体感、そして教会刷新への献身を想起させる」[27]「フランシスコ」という名前をとり、教皇就任の際にその質素、謙虚さ、豊富な司牧経験と霊的深さを目に見える形で示された。「神とその子イエスの心に従い、貧しい教会、貧しい人々のための教会を作りあげるために協力する」[28]こと、そして「貧しい人々による貧しい人々のための教会を目指す」と宣言し、それ以降、一貫して彼らとの連帯を示している。使徒的勧告「福音の喜び」の中でも、社会においてほとんど見捨てられている人々の全人的発展への気掛かりを表している。そのための決断、計画、しくみ、作業の必要があり、経済成長による公平な成長を前提としつつも、それ以上の何かを求めている[29]。

　第4章Ⅱ「貧しい人々の社会的包摂（ソーシャル・インクルージョン）」において、福音そのものであるイエスと貧しい人々とを重ね合わせ、最も弱い人々を思い起こしている。新たなかたちで現れている貧困と弱さに密に接するために、そこにおられる苦しむイエスに気づくよう私たちを招いてい

る。すなわち、「家のない人、依存症の人、難民、先住民族、孤独のうちに見捨てられてしまう高齢者などのことです。移住者の問題が、わたしに特別な課題を突きつけています。国境を持たない教会、すべての者の母である教会の司牧者であるからです。ですからわたしは、寛大に門戸を開くよう各国にお願いします。それは、その他のアイデンティティの崩壊を恐れることなしに、新たな文化的総合を創造できうるものです。非難されるべき不信を乗り越え、違いを受け入れ、それを新たなる発展の要因としている都市とは、何と美しいものでしょうか」[30]と、彼らとの連携は私たち自身をも豊かにすることを確信し呼びかけている。

「成功」と「自立」のモデルにおいては、「取り残された人、弱い人、生活手段をほぼ絶たれている人への出資は理にかなわないこととされている」[31]。しかし、教皇が望む世界はそのような世界とは相反する。無関心のグローバルを発展させてはならない。誰をも疎外されることのない世界を築こうとしているのは、冒頭に述べた「国連持続可能な開発サミット」においても同様である。ここで採択された新しいアジェンダ「持続可能な開発のための2030アジェンダ」で提示された持続可能な開発が目指すものと一致している。ポスト2015年開発アジェンダの主要課題の中には、地域格差、国内格差の拡大に目を向け、誰一人取り残さない人間の安全保障の理念に立脚すべき包摂性が重視されている。この人間の福祉を実現する新たな経路として、持続可能な開発の道はソーシャル・インクルージョンの理念を抜きには実現できない。

5)「ラウダート・シ」（ともに暮らす家を大切に．2016）

MDGsゴール7の環境持続可能な確保、そしてSDGsゴール6、7、13、14、15[32]という「持続可能な開発のための2030アジェンダ」には5つのゴールを要して、地球規模の環境悪化への取り組みを詳細に示した。教皇フランシスコは、このSDGsと同様の危機感を抱きつつ、一つの回勅を2015年5月24日聖霊降臨の祭日に公布した。人類の取り組みを環境危機と社会危機という個別の二つの危機にではなく、むしろ、社会的でも環境的でもある一つの複雑な危機に直面しているこのときにあたって、教皇が送った社会教説は環境に関するものであった。「ともに暮らす家を大切に」という「皆がともに暮らす家を保護するという切迫した課題」「人類家族全体を一つにし、持続可能で全人的発達の追求」[33]について環境の問題が社会の、それゆえ人間の問題でもあると痛感し、人類に呼びかけたのである。同時に、人類がまだ、皆がともに暮らす家を建設するために一緒に働く能力を持っていると確信しつつ、この家を守るために奮闘している無数の人々、科学者、神学者、市民グループへ感謝と励ましと称賛を送っている。

悪化している人間環境と自然環境は、地球上のもっとも弱い人々に影響していることを忘却してはならない。「あらゆる環境破壊によるもっとも重大な影響は貧困に苦しむ人々

が被ることを、日常生活と科学研究の双方が示している。[34]」たとえば、「漁業資源の枯渇は、代替資源をもたない小規模漁業協同体に著しい不利益を与えます。水質汚染は、ボルト詰めの飲料水を買えない貧しい人々にとくに影響を及ぼします。そして、海面上昇は、移住する場所のない沿岸地域の貧しい住民に影響を及ぼします。現今の不均衡の悪影響はまた、多くの貧しい人々の早逝にも、資源不足が火種となった紛争にも、そして国際的な行動計画の中で十分に取り上げられていない他の諸問題にも見られます。[35]」と具体的な貧困に喘ぐ人々、排除された人々の苦しみを自覚し、貧しい人々の社会的包摂を訴えようとしている。

　世界が直面する課題の重要性、規模の大きさ、緊急性を認識する助けとなるようにと、いくつかの提案を試みた。①倫理的・霊的道筋の具体的基盤を築く、②環境への積極的取り組みに一層の一貫性を与えるいくつかの原理を、ユダヤ・キリスト教の伝統から導き出し考察する、③現況をとことん探り、その症状ばかりでなく根深い原因をも考察する、④エコロジーを多様な側面から提案する、⑤こうした考察に照らされて、個人としてのわたしたち一人ひとりを巻き込み、また交際的な政策にも影響を及ぼす、⑥対話と行動に向けた、より幅広い提案をする、⑦動機づけや教育過程なしに変革は不可能であるとの確信に基づき、人間的発展のために刺激となる指針を、キリスト教の霊的体験の宝庫から提示している。[36]

　人類の方向転換の指針と行動の概要、エコロジカルな教育とエコロジカルな霊性を含めた「環境」回勅と称するにふさわしい「社会」回勅を善意あるすべての人に向けて発布した。最後に、長い考察のあと、二つの祈り、一つは全能の創造主である神を信じるすべての人と共に捧げる祈り、もう一つは、イエスの福音が示す、被造界についての責任を引き受けることができるようにと願う、キリスト者の祈りを提案している。

まとめ

　バチカンは、これらの課題に対してJICAのように若者を募集し、養成し、現地へと派遣することはしない。しかし世界の福音化のために、若者一人ひとりの心に語りかけている。若い力に何ができるのか、何を優先し、どう実行に移すべきであるのかを語る。

　国連の1985年国際青年年の制定にあたり、教皇ヨハネ・パウロ2世が全世界の青年たちにメッセージを発表し、その翌年から「世界青年の日」（ワールド・ユース・デー）を定め2、3年に一度大勢の若者たちが集うようになった。2016年はポーランドのクラクフに集った。「いつくしみの特別聖年」[37]を過ごしたこの年のワールド・ユース・デーは世界規模で行われる真の「若者の聖年」となった。教皇フランシスコは、他者に向かって自分の時間、ことば、そして聞く力を差し出すこと、他者のために場を設け、隣人に共感し、ともに苦しみ、喜ぶようになるようその秘訣を繰り返す。2014年のメッセージでは、幸

せ（真福）に生きるための3つのポイントについて語る。それは、JICAの青年海外協力隊の若者たちが既に実践していることでもある。1つ目は、物事との関係において自由であること、2つ目は、貧しい人たちへの関わり方においての回心が必要であること、3つ目は、与える相手から教えられるものがあるというという3つである。³⁸⁾

隣人に対する愛の実践をモットーとする本学もこれを建学の精神とし、世界の平和と人類共通善を促進する人間の教育に邁進している。キリスト教的な世界観と教育理念のもと、他者との誠実な交わりを通して人間として自立し完成されていくよう努める。今後も、青年海外協力隊の地道で寛大な活動を続ける若者たちとの連携により、本学の学生たちも世界に目を向け、自分とは違う文化、価値観、生活習慣の中で生きる人々を身近に感じつつ、彼らへの関心を示して行けるよう促していきたい。

MDGsにおいて、もちろんポストMDGs（SDGs）においても、持続可能な開発のためにその課題を果たす主体は、貧富を問わず各国政府、国際機関、市民社会組織、民間団体、民間企業、学界、民間市民ひいては世界の全市民であることを示している。つまり私たちがその課題を果たす主体であることを忘れてはならない。経済的、社会的、文化的権利など、これらすべての権利を確保するために、何百万人もの人々を巻き込んだ国レベル、地域レベル、国際レベルの協議とその実践が必要なのである。発展は念願だけでなく権利でもあり、すべての権利には義務が含まれている。そのため、開発の困難は断固たる決意を持って克服されなければならない。人間の福祉を実現する新たな持続可能な開発への道をともに歩む自覚を新たにしたい。

注
1) 1961年にケネディ大統領により設立され、アメリカ市民を平和部隊（Peace Corps）として派遣している。活動目的は、①技術的支援の提供、②外国の人々がアメリカ文化を理解する手助け、③アメリカ人が外国の文化を理解する手助けである。
2) コロンボ・プランとは、1950年に提唱された、アジアや太平洋地域の国々の経済や社会の発展を支援する協力機構のことで、第二次世界大戦後最も早く組織された開発途上国のための国際機関。日本も正式に加盟国の一員として、1955年から研修員の受け入れや専門家の派遣といった技術協力を開始した。1987年に外務省と国際協力事業団は、「コロンボ・プラン」に加盟した10月6日を「国際協力の日」と制定し、毎年「グローバル・フェスタ」など国際協力に関係するさまざまなイベントが行われている。
3) 新樹会（青年運動の指導組織）の前身。1946年に働く引き揚げ学生たちのグループ「学生互助会」誕生。1948年に「学生互助会」を発展解消し、「健青クラブ」設立。1949年「日本健青会」結成。健全な青年の集まりというもの。
4) 「ボランティア事業関連報告書・レポート」、青年海外協力隊派遣実績 2016年10月31日現在．
5) 「日本も元気にする青年協力隊」，P.4-5 参照（大阪），独立行政法人国際協力機構（JICA），青年海外協力隊事務局．
6) 同上，P6-7 参照（愛知）．
7) 同上，P8-9 参照（福井）．

8) 同上，P10-11 参照（三重）.
9) 同上，P17 参照（新潟）
10)『グローバル戦略に活かす』，P8 参照，独立行政法人国際協力機構（JICA），青年海外協力隊事務局
11) 同上，P10 参照.
12) 同上，P11 参照.
13) JICA ボランティア事業実績 / 派遣実績，http//www.jica.go.jp/voluntieew/outline/publication
14) 2015.7 月 -2016 年 1 月 国際協力機構四国，国際協力推進員（愛媛県担当）に依頼し実施.
15) 第 2 バチカン公会議公文書全集『現代世界憲章』，南山大学監修，中央出版社，1986，P.327.
16) 同上，P.327.
17) 同上，P.342.
18) 教皇パウロ 6 世，上智大学神学部訳，回勅『ポプロールム・プログレシオ，中央出版社，1967，No44.
19) 教皇庁正義と平和評議会，『教会の社会教説綱要』，カトリック中央協議），2009，P448.
20) 教皇ヨハネ・パウロ 2 世，山田経三訳，回勅『真の開発とは』，カトリック中央協議会，1988，No39.
21) 同上，回勅『真の開発とは』，No39.
22) 同上，No36.
23) 同上，No36.
24) 教皇ヨハネ・パウロ 2 世，カトリック中央協議会出版部訳，使徒的勧告『和解とゆるし』，(カトリック中央協議会）1984，No16 参照.
25) 前掲，回勅『真の開発とは』，No.46.
26) 同上，No46.
27) 山田経三，上智経済論集，第 59 巻第 1・2 号，P43，アドルフォ・ニコラス総長の全イエズス会員宛の手紙より，econ-web.cc.sophia.ac.jp/research/journal/data/59-10.pdf
28) 同上，P43.
29) 教皇フランシスコ,日本カトリック新福音化委員会訳・監修,使徒的勧告「福音の喜び」,(カトリック央協議会），2014，No204.
30) 同上 No210.
31) 同上 No209.
32) www.unic.or.jp/activities/economic_social.../2030agenda/2030 アジェンダ・国連広報センター参照　ゴール 6：持続可能な水源と水に確保、ゴール 7：手頃で、信頼ができ、持続可能で、近代的なエネルギーへのアクセス、ゴール 13：気候変動お呼びその影響と闘うための緊急の行動、ゴール 14：海洋、海兵及び海洋資源の保存及び持続的な活用、ゴール 15：陸圏生態系の保護、森林の管理、砂漠への対処、土壌浸食の防止及び転換、生物多様性の損失の防止
33) 教皇フランシスコ，「ラウダート・シ」，瀬本正之　吉川まみ訳，No13.，カトリック中央協議会，2016.
34) ボリビア司教会議、ボリビアにおける環境と人間の発展に関する司教書簡「宇宙、生命のための神のたまもの」17、2012
35) 前掲，『ラウダート・シ』No48.
36) 同上，No15 参照.
37) 教皇フランシスコは、2015 年 12 月 8 日無原罪の聖母の大祝日に、バチカンの聖ペトロ大聖堂の「聖年の扉」を開けることで始まり、翌 2016 年 11 月 20 日王であるキリストの大祝日に終了する。
38) 第 29 回世界青年の日，2014 年教皇フランシスコのメッセージ

高齢者の生活と支援
―地域における連携、協働のあり方を中心に―

恒吉　和徳

　愛媛県は全国でも高齢化が先行している地域である。したがって高齢者が安心、安全に暮らすための環境整備は喫緊の課題であるといえる。本稿では高齢社会における課題のなかから、特に高齢化の地域間格差問題、孤立化問題、介護問題とそれを支えるべく人材確保問題や認知症問題について全国的な傾向と愛媛県の現状とを比較する中から、今後取り組むべき課題を指摘し、その解決に向けての必要な取り組みについて考察を行った。愛媛県に特化した課題というものは見当たらないが、今後は、地域住民を主体とした支え合いの環境づくりが重要であるとの認識から、住民の意識改革に向けた取り組み、地域ニーズや社会資源の把握と分析、新たな社会資源の創出のためのプロセスづくりが必要であることを指摘した。また高齢者自身の地域とのつながりづくりと合わせて、地域資源間のつながりが重要であるとの考えを述べた。

はじめに

　高齢者一人ひとりが安心して暮らせる環境を作るうえで、高齢者の生活支援ニーズを的確に把握することと、そのニーズ充足のための支援体制を構築することが必要となる。愛媛県においては人口減少に伴い高齢化の進行が全国平均より先行している状況にある。高齢社会の問題は高齢者当事者のみではなく、全ての年代の生活に様々な影響をもたらすことを社会全体が認識し、社会連帯で対応していくことが望まれる。本稿では高齢社会におけるいくつかの課題を指摘したうえで、高齢者が安心、安全に暮らせる環境づくりのためにどのような支援が求められるかを考察するものである。なお紙幅の関係上本稿では特に高齢者の介護、見守りに焦点をあてることとする。

Ⅰ．高齢社会の現状と課題

1）高齢化の進行と地域間格差問題

　我が国は平均寿命の伸長と少子化の影響から急速に高齢化が進行している。2016（平成28）年9月15日時点では日本の65歳以上人口は前年より73万人増の3,461万人

となり、総人口比は27.3%と過去最高となっている[1]。65歳以上人口については第二次ベビーブーム世代が老年人口に入った後の2042(平成54)年に3,878万人でピークを迎え、総人口比は2060(平成72)年に39.9%、すなわち2.5人に一人が老年人口となると推計されている[2]。

一方、愛媛県の状況を見てみると、県内の総人口は減少傾向にあるなか、2016(平成28)年4月1日現在の65歳以上の高齢者は42万8,008人(前年比8,454人増)で過去最多となり、総人口比も0.81ポイント上昇し、過去最高の30.35%となった[3]。なお、2040(平成52)年には県内の65歳以上人口は約41万6,000人、総人口比は38.7%となり、市町別では松山市、新居浜市、西条市、伊予市、四国中央市、東温市、松前町を除く13市町は40%超、特に久万高原町(56.7%)を含む5町が50%超となることが予測されている[4]。

我が国の高齢化についてはピーク時の高さや進行の速さに加え、向都離村減少等の影響を受け地域間における大きな格差が生じてきていることが特徴としてあげられる。総務省によると都道府県別高齢化率が高い秋田県(32.6%)、高知県(32.2%)、島根県(31.8%)に対して高齢化率が低い沖縄県(19.0%)、東京都(22.5%)、愛知県・神奈川県(23.2%)とでは約1.6倍の差が生じている[5]。さらに総務省統計局「2010(平成22)年国勢調査人口等基本集計結果」の市町村別高齢化率をみると、高齢化率が最も高い群馬県南牧村(57.2%)と最も低い東京都小笠原村(9.2%)では約6倍の差が生じていることがわかる。愛媛県内における地域間格差については20市町の中で高齢化率が最も高いのは久万高原町の45.54%で、上島町、伊方町、松野町、鬼北町も40%を超えており、高齢化率が最も低い松山市は約25%と県内においても約1.8倍の差が生じている[6]。

このような高齢化率の地域間格差は地方分権化による市町村を中心とした福祉政策の展開においてはナショナルミニマムの保障、福祉サービスの受給権保障の視点から重要な課題である。各市町村においては地域の実情に応じた高齢者対策を講じることが求められるが、財源確保策、担い手の確保、地域における支援体制づくりなど、高齢者の生活を見守り、支えていくうえで必要となる地域資源の確保、開発においてかなり困難な状況にあり、国が推進する地域包括ケアに関してもその実現に向けては相当に厳しい課題に直面してい

表1 要支援・要介護認定者数(四国4県) (単位:千人)

	要支援1	要支援2	要介護1	要介護2	要介護3	要介護4	要介護5	合計
愛媛県	14.9	12.3	18.0	14.0	11.1	11.0	10.6	92.0
高知県	6.3	5.5	9.9	7.4	6.0	6.3	6.2	47.6
香川県	6.6	9.2	12.0	10.8	7.7	6.6	5.6	58.6
徳島県	6.4	8.0	8.2	8.9	6.7	6.2	5.0	49.5

出典:厚生労働省 介護給付費等実態調査月報(平成27年12月審査分)より抜粋

るといえる。

　このような状況において今後必要な取り組みとしては、まずはIターン、Uターンといった若い世代の呼び込みを推進し、人口の若返りを図る取り組みであろう。愛媛県では移住支援ポータルサイト「e移住ネット」を開設し、県内の住居・就労・生活関連情報をはじめ、既移住者の体験談やQ＆Aなど、移住や中長期滞在などに関する各種情報を提供しており、移住者確保の実績も出ている。成功事例をもとに各地域の特徴を積極的にＰＲし呼び込みを行うことが必要である。また愛媛県内の各市町においては「こども医療費助成制度」などを設けており、人口減少が著しい地域ほど手厚い助成を行っている傾向が見られる。このような子育て支援制度に関する地域の社会資源についても積極的にＰＲすることも移住促進には必要であると考える。

　一方、暮らしやすい環境条件の要素にもあげられる専門性を必要とする具体的な福祉資源については、民間が参入しない地域にこそ、行政や社会福祉法人が介入すべきである。特に社会福祉法人に関しては社会福祉法改正に伴い、改めて積極的な地域貢献が期待されている。総合相談窓口の設置や、子どもから障害、高齢者を含めた包括的な地域の拠点を設けるなど、安心、安全な暮らしに必要な環境整備を行うことは社会保障の視点からも重要なことであると思われる。

2）高齢者の介護問題

　後期高齢者人口の増加に伴い、老後生活における介護問題は益々深刻化し、もはや国全体における重要課題の一つとなっている。全国の要介護（要支援）認定者数は2015（平成27）年12月時点では約632万人となっており前年同月と比べると約16万7千人増加している。[7] 愛媛県内における介護度ごとの認定者数は表1の通りであるが、前年同月から合計で約1,800人増加しており、軽度の要介護者（要支援1〜要介護1）が全体の約50％を占めている。また、65歳以上の高齢者に占める要介護（支援）認定を受けた人の割合（要介護認定率）は都道府県別で最大1.6倍の差が生じており、愛媛県は北海道と並んで7番目に高い19.0％であったことが厚生労働省の調査で分かっている。[8] このように要介護（支援）認定者の増加に伴い介護（予防）サービス受給者も増加している。2014（平成26）年5月審査分から2015（平成27）年4月審査分における介護予防サービス及び介護サービスの年間累計受給者数（全国）をみると59,685.5千人（前年比222,500人増）となっており、そのうち介護予防サービス受給者数は13,267.3千人、介護サービス受給者数は46,447.9千人となっている。これに伴い介護給付費も増大しており2014年度分の介護給付費全体額は約9兆3,038億円にも上っている。また、2015（平成27）年4月審査分における受給者1人当たり費用額を都道府県別にみると、介護予防サービスは福井県が44.0千円と最も高く、次いで沖縄県が43.9千円、鳥取県が43.8千

円となっている。介護サービスでは、沖縄県が212.4千円と最も高く、次いで石川県が205.4千円、鳥取県が204.9千円となっている。なお愛媛県は介護予防サービスが40.3千円、介護サービスが196.0千円となっており介護予防サービスは全国平均を下回っているものの、介護サービスについては全国平均を上回っている。[9]

このように要介護（支援）認定者数の増加に伴う介護給付費等の増大は介護保険の財源問題の深刻化を招き、利用者負担増に加えサービスの給付水準の引き下げも危惧され、このままでは制度の維持可能性が懸念される。まずは介護問題を社会全体の問題として国民が認識し、早期からの介護予防に積極的に取り組むことが必要であると同時に、要支援から要介護2レベルの高齢者を対象とした重度化防止のための支援の充実が求められる。

介護予防への取り組みに関しては、今回の改正介護保険法に基づく地域支援事業がどの程度推進できるかが重要なカギである。すでに愛媛県内においても高齢者サロン事業は活発に行われているが、さらに元気高齢者を対象に、生活支援の担い手としての社会参加を促進するための、地域住民が主体となって様々な活動の場づくり、居場所づくりを展開することが求められている。なお介護予防についてはその意義について住民の理解を促さなければ実際の活動や行動につながらない。医学、保健学、健康学、福祉学など様々な領域から介護予防の必要性を住民にわかりやすく説明する機会を設けるとともに、共同による実践研究等を行いその結果を広く周知するなど、産・官・学連携、大学間連携による取り組みも必要であろう。

3）高齢者の孤立問題

高齢者が安心した老後生活を送るうえで基礎集団である家族の役割は重要である。我が国の平均世帯人員を見てみると1953（昭和28）年の5人から1992（平成4）年には3人を切り、2014（平成26）年では2.49人となっている。この現象は少子化だけの影響だけではなく単独者世帯が増加していることも一因となっている。特に65歳以上の高齢

表2 愛媛県における地域密着型サービスの種類別年間供給量

	単位	24年度			25年度		
		計画	実績	計画比	計画	実績	計画比
① 定期巡回・随時対応型訪問介護看護	人	902	44	4.9%	1,824	256	14.0%
② 夜間対応型訪問介護	人	674	395	58.6%	677	483	71.3%
③ 認知症対応型通所介護	回	95,320	91,617	96.1%	101,083	92,987	92.0%
④ 小規模多機能型居宅介護	人	14,614	15,276	104.5%	16,800	18,055	107.5%
⑤ 認知症対応型共同生活介護	人	52,962	51,676	97.6%	55,894	52,677	94.2%
⑥ 地域密着型特定施設入居者生活介護	人	0	0	-	0	0	-
⑦ 地域密着型介護老人福祉施設入所者生活介護	人	7,104	7,011	98.7%	10,236	7,515	73.4%
⑧ 複合型サービス	人	564	158	28.0%	1,008	264	26.2%

出典：愛媛県高齢者保健福祉計画介護保険事業支援計画　平成27年度～平成29年度　第2章　高齢者を取り巻く現状より抜粋

者のいる世帯に限ってみると夫婦のみの世帯が30.7％、単独世帯が25.3％と高齢者のみで構成されている世帯が半数にまで増加してきている。[10]愛媛県内の1人暮らしの高齢者は2015年4月1日現在5万2,450人で、高齢者に占める割合は前年比0.33ポイント減少し12.50％となっている。[11]高齢者の独り暮らしの増加は介護問題のみならず、孤独死、災害時避難、高齢者をターゲットとした犯罪など、その多様化が懸念される。特に孤独死については2010年1月にNHKで放送された「無縁社会〜"無縁死"3万2千人の衝撃」をきっかけに社会問題として注視されるようになった。年間の孤独死の統計については正確なものが見当たらないが、ニッセイ基礎研究所の「65歳以上の死者100人のうち8.36人が死後2日以上、5.69人が死後4日以上、3.90人が死後8日以上経過して発見されるという実態がある。その確率を元に全国の推計を行うと、全国において年間1万5,603人（男性1万622人、女性4,981人）の高齢者が死後4日以上を経て発見される状態で亡くなっていることになる」との発表がある。[12]また愛媛県内の特殊詐欺は2015（平成27）年の認知件数が125件で被害額も5億3013万円と年々増加傾向にある。[13]

孤立のタイプには「家族からの孤立」「地域からの孤立」「制度からの孤立」があると考える。これらすべての孤立に該当する高齢者ほど孤独死や特殊詐欺被害の可能性が高まることが予想される。家族や地域とのつながりが希薄な高齢単身・夫婦のみ世帯が社会から孤立することを防ぐため、地域コミュニティを形成し、地域における見守りや日常生活支援等を通じ、何らかのつながりを作り、安心、安全な生活環境を整備していくための取り組みが必要である。まずは顔見知りの関係づくりから始めることが必要であろう。

Ⅱ．介護サービスの基盤整備と人材確保

1）介護サービスの基盤整備

高齢者が身近な生活圏域で介護（予防）サービスを受けながら自立した生活が送れるように基盤整備を行うことは高齢者支援において重要な取り組みである。特に介護保険制度は保険給付について被保険者の選択に基づくこと、可能な限り居宅での生活を送れるよう配慮することを原則としていることから、サービスの一定量の確保、特に居宅生活保障につながる内容のサービスの充実が求められる。サービスの基盤整備においては介護保険事業計画、介護保険事業支援計画の策定を通じて計画的な整備を行うことが求められているが、愛媛県第6期介護保険事業支援計画（2015（平成27）年度〜2017（平成29）年度）のサービス供給量の実績を見てみると、サービスによっては計画を大きく下回っているものや、また地域間格差が散見される。特に地域密着型サービスは、介護を必要とする高齢者等が、可能な限り住み慣れた地域で生活を継続できるように身近な市町で提供されるサービスであり、今後地域包括ケアを推進していくうえでは必要なサービスであるとこ

ろ、表2のように第5期から新たに開始された定期巡回・随時対応型訪問介護看護や複合型サービスの実績値が計画を大きく下回っている。

　介護サービスの基盤整備に関する責任の所在については法的に明確化したものは見当たらず、介護保険法でも計画策定は義務付けされてはいるが計画の実施義務を導き出すことは困難である。しかし介護保険法においては「国は、介護保険事業の運営が健全かつ円滑に行われるよう保健医療サービス及び福祉サービスを提供する体制の確保に関する施策その他の必要な各般の措置を講じなければならない」（同法第5条1項）とし、都道府県に対しても「都道府県は、介護保険事業の運営が健全かつ円滑に行われるように、必要な助言及び適切な援助をしなければならない」（同法第5条2項）と明記されている。具体的にどのような措置を講ずるかについては省令、施行規則にも明記されていないが、介護保険法の目的にある「介護を必要とするものが尊厳を保持し、能力に応じ自立した生活を送ることができるよう」に各般の措置を行うことが求められていることや、社会福祉法第6条（福祉サービスの提供体制の確保等に関する国及び地方公共団体の責務）の規定、老人福祉法第4条（老人福祉増進の責務）等とも合わせ、国、地方公共団体における介護サービス基盤整備の法的な実施責任を導き出すことの解釈は可能であるとも考える。したがって、特に需給バランスが取れていない地域に関しては行政が積極的に介入する、あるいは官民連携による新たな社会資源を開発するなどの取り組みが求められよう。

　一方、介護サービスの基盤整備については量の確保と合わせてサービスの質保証も重要である。介護保険制度創設時においては競争原理が働くことでサービスの質の向上が期待できるとの見解が見られたが、先述のようにサービスの需要に対して供給が十分に追いついていない状況では競争原理による質の向上は期待できにくい。またサービスの量が不足していることにより高齢者や家族にとってサービス選択権が十分に行使できない状況においては提供されるサービスの一定の質が担保させることが安心、安全な生活保障につながる。介護サービスは専門性を伴うサービスであるにもかかわらず、サービス利用者には判断能力が不十分な者も多く、サービスの適正について評価できにくい面がある。したがってサービス事業者自らが提供するサービスの内容、質について常にチェックを行い、改善や更なる充実に向けた方法を検討し、計画に基づいた取り組みを行っていくことが求められる。また自己点検・評価とあわせて外部の専門家による客観的な評価も必要となる。外部評価は、第三者による評価の結果と、自己評価の結果を対比し考察した上で総括的な評価を行い、これによって、サービスの質の評価の客観性を高め、サービスの質の改善を図ることを目的としている。したがって、サービス提供者においては、自らが提供するサービスの質の向上に向けた取り組みの一つの手段として外部評価を積極的に活用することが望まれる。なお、外部評価の受診に消極的な理由には受審に向けた資料作成の煩雑さ、受審料負担などが考えられる。前者に関しては評価を受ける側の負担を考慮した項目の検討、

審査料に関しては東京都が実施しているような費用の一部を補助するなどといった検討も必要であると考える。また、外部評価は事業所のランク付けを目的としたものではないが、外部評価を受審し事業所の質向上に積極的に取り組もうとする姿勢を評価し、受審した事業所にはロゴの使用を認めるなどといった取り組みを行うことが外部評価受審のインセンティブにつながるのでないかと考える。

　なお、サービスの質保証に関して、社会福祉法第78条第1項で、「社会福祉事業者に対して自ら提供する福祉サービスの質の評価を行うこと等によりサービス受給者の立場に立って良質かつ適切なサービスを提供する努力義務」を、また第2項では国に対して「サービス事業者が行うサービスの質向上のための措置を援助するために、サービスの質の公正かつ適切な評価の実施に資するための措置を講ずる努力義務」が明記されている。またこれを受けて「福祉サービス第三者評価事業に関する指針」では、社会福祉事業の経営者が福祉サービス第三者評価を受けることは、社会福祉事業の経営者が行う福祉サービスの質の向上のための措置の一環であるとしている。事業者においては、自らが行うサービスが本当に利用者にとって適切なものであるかどうかを謙虚に見つめ直す姿勢が必要とされる。加えて、近時においては、高齢者福祉や障害者福祉分野においてサービス事業所、施設と地域との連携が推進されているが、連携を図るうえで、自分達が提供しているサービスについて、どのような内容が不十分なのか、サービスをどのように発展、充実させていきたいかを明らかにし、そのうえで事業所以外の地域資源とどのように結び付けていくかを検討する必要がある。したがって地域との連携を図る前提には、まずは自らが提供するサービスを分析する取り組みが必要となる。

　第三者評価事業は、事業者が運営における問題点を把握し、サービスの質の向上を図るための取り組みを支援するために行われるものであることから、福祉サービスを提供する事業者が評価事業に積極的に向き合うことが、利用者のサービス受給権を保障することにつながるものと考える。

2）介護人材の確保・養成
i 介護従事者確保の状況

　要介護者の増加、介護離職防止といった背景から介護職員の確保が望まれる一方で、介護職員の確保は困難な状況にある。介護職員数は、2000（平成12）年度の制度創設以降、13年間で116万人増加（約3倍増）しているものの2025（平成37）年に向けた介護人材にかかる需給推計では37.7万人の不足が予想されている。愛媛県においても同様で表3の通り、2025（平成37）年には県内で約3,600人の介護職員が不足することが予測されている。[14] 国は介護職員の離職防止策として介護職員処遇改善を図ったり、介護福祉士を目指す学生に対して介護福祉士等修学資金貸付制度を設けるなど、介護人材確保のた

めの取り組みを行っているが目覚ましい効果にはつながっていない。愛媛県においては学生確保困難を理由とした介護福祉士養成校の募集停止が続いている。また、愛媛県の介護職員の年間離職率は、全国平均16.6％に対して本県が14.7％と若干下回っているものの、採用率は、全国平均21.7％に対して本県が19.0％にとどまっており、増加率は全国平均を下回っている。[15)] 今後さらに増加が予想される要介護高齢者への支援において、介護職員の離職防止、新規養成は喫緊の課題であると言えよう。

表3　愛媛県の2025年に向けた介護人材にかかる需給推計（確定値）

2013年度の介護職員数	26,095人	
2017年度　需要見込み	31,499人	
供給見込み	29,628人	充足率　94.1%
2025年度　需要見込み	35,808人	
供給見込み	32,170人	充足率　89.8%

出典：厚生労働省「2025年に向けた介護人材にかかる受給推定（確定値）について」平成27年6月　より抜粋

ii　介護従事者の確保、養成のありかたについて

　介護従事者確保の課題については、量並びに質の確保の両面において検討すべきである。それは一定の専門的サービス提供能力が担保されることが介護従事者の専門性が社会に認知され、待遇改善へつながることが期待できるからである。今後高齢者の生活支援においては専門職による支援と専門職以外のNPOや地域住民による支援を棲み分けしていく方向にあるとはいえ、専門性を有した介護従事者の安定的な確保は必要であると考える。

　福祉・介護ニーズに的確に対応できる人材を安定的に確保していくことに関しては、社会福祉法第89条第1項の規定に基づき、「社会福祉事業に従事する者の確保及び国民の社会福祉に関する活動への参加の促進を図るための措置に関する基本的な指針（以下「基本指針」という）」が定められている（平成19年厚生労働省告示第289号）。この基本指針では「社会福祉事業従事者の就業の動向」、「人材確保の基本的考え方」、「人材確保の方策」、「経営者、関係団体等並びに国及び地方公共団体の役割と国民の役割」の4つの柱が示されている。特に「人材確保の基本的考え方」では、①就職期の若年層から魅力ある仕事として評価・選択されるようにし、さらには従事者の定着の促進を図るための「労働環境の整備の推進」を図ること、②国民が、福祉・介護サービスの仕事が今後の少子高齢社会を支える働きがいのある仕事であること等について理解し、福祉・介護サービス分野への国民の積極的な参入・参画が促進されるための「福祉・介護サービスの周知・理解」を図ること、等の考え方を示したうえで、人材確保のために「人材確保の方策」として①労働環境の整備の促進等、②キャリアアップのしくみの構築、③福祉・介護サービスの周知・理解、④潜在的有資格者等の参入の促進等、⑤多様な人材の参入・参画の促進、の5

項目に総力を挙げて取り組むことが重要であるとしている。基本指針は法律に基づいた厚生労働大臣告示であり、あくまで一つの方向性を示すもので、直ちに現実的な施策を表すものではない。しかし、基本指針の実施状況の評価・検証の中に「定期的にその実施状況を評価・検証し、必要に応じこの指針の見直しを行いつつ、人材確保対策を着実に推進するものとする」とあり、方向性を実現するために計画的に施策を講じていく必要があるといえる。

　特に③の福祉・介護サービスの周知・理解は重要である。基本指針でも「教育機関等が生徒等に対して…福祉・介護サービスの意義や重要性についての理解と体験ができるよう、働きかけを行うこと」を経営者、関係団体等、国、地方公共団体に求めている。愛媛県における介護人材確保策については、介護従事者の確保・定着へ向けた総合的な取組みを実施するため、関係団体（経営者団体、福祉人材センター、介護労働安定センター、職能団体、養成機関団体、その他の教育機関）、労働関係機関、市町、県などで構成される協議会を設置し、連携・協働の推進を図るとしている[16]。また介護の日のイベント等を通して中学生、高校生、保護者に対して介護の魅力発見につながるような企画が行われている。特に若者に対して仕事の魅力を発信し、選ばれる業界に転換していくためには専門機関、団体と教育委員会との連携が重要である。本学が2015（平成27）年度の入学者を対象に行ったアンケートでは「進路を決めるとき、次の人への相談は参考にしましたか」という質問に対して「とても参考にした」の多さの順では「父母又は保護者」が61.7％と最も高く、次いで「高校のクラス担任」が52.3％、「高校の進路指導の先生」が23.5％であった[17]。

　進路選択に関して、高校の教員や生徒を対象とした説明の機会は設けられているものの、保護者を対象とした説明の機会は十分とは言えない。行政と教育機関が連携し、分野に限定せず様々な専門領域について理解を深める機会を設けるなど企画立案が必要である。また生徒の理解、体験を促すためには進路指導に影響を及ぼす教員の影響は大きく、教員自身が福祉の領域、特に福祉専門職の魅力、必要性を正しく理解し、的確に学生に伝えていくことが求められる。したがって教員を対象とした福祉教育の積極的導入を図ったうえで教員を介した生徒対象の福祉教育を充実させていく計画的な取り組みが必要である。そのような意味でも福祉専門職を養成している学校、職能団体、サービス提供事業所、県、市町村の連携体制を構築することが今後益々重要になってくるのではないだろうか。

Ⅲ．認知症高齢者の支援

　高齢化の進行に伴い、認知症高齢者の数も年々増加しており、高齢者の介護問題の中でも認知症高齢者への対応は深刻化している。表4の通り、愛媛県内の認知症高齢者は2014（平成26）年では50,470人で県内65歳以上の12.3％を占めている。将来推計で

は 2025（平成 37）年には 64,800 人まで増加することが予想されており[18]、徘徊問題や虐待問題など認知症高齢者に対する見守りへの対応が急務となっている。特に認知症高齢者の行方不明（徘徊）問題が増えてきており、警察庁の統計によると全国の警察に 2014（平成 26）年中に届け出のあった認知症の行方不明は 10,783 人（前年比 461 人増）で、このうち 168 人の所在が分からなかった。2014（平成 26）年以前も含めて全体の 97.2％ は 1 週間以内に所在が確認されているが、確認まで 2 年を過ぎたケースも 73 件あった。愛媛県でも 2014（平成 26）年の行方不明届け出は 174 件と報告されている[19]。

表4　65 歳以上の認知症高齢者数の将来推計（愛媛県）

平成 26 年	平成 27 年	平成 32 年	平成 37 年
50,470	52,600	61,200	64,800
12.3％	12.4％	13.9％	14.7％

出典：愛媛県高齢者保健福祉計画介護保険事業支援計画　平成 27 年度～平成 29 年度　第 3 章　政策目標と施策の目指す方向より抜粋

認知症高齢者の行方不明については早期発見・保護のための体制づくりが必要である。愛媛県内でも各市町単位で認知症高齢者 SOS ネットワークを構築し、模擬訓練も行うなど組織的に早期発見できる体制ができつつあり、小地域単位においても住民を主体とした認知症徘徊訓練等を行うなどの取り組みも見られる。また愛媛県では「オレンジネットワークガイドライン～高齢者の見守り、行方不明者の捜索等に関するガイドライン～」を作成し、行方不明の予防や、早期発見の取り組みを進めている。高齢者の介護については介護保険法にも明記されているように今後も居宅を中心とした方向で施策が展開されるだろうが、介護サービス基盤が脆弱な状況においては今後も家族に対するある程度の負担が求められるであろうことは想像に難くない。日本の福祉の歴史においてはそもそも家族による支え合いは含み資産であり、家族の力に依存してきたところもある。しかし家族形態の変化やライフスタイルの変化、社会経済の変動に伴い家族機能が弱体化してきた今日において家族による支援はかなり難しい状況にあるといえる。特に認知症高齢者の支援は身体的にも精神的にも相当の負担が考えられ、家族による介護、見守り支援には一定の限界が生じることも理解しておくことが必要である。認知症高齢者の家族による見守り、介護の責任等については近時ではＪＲの列車事故の判例が話題となり、認知症高齢者の家族介護の在り方について社会的関心が高まっている。ここでも認知症高齢者の列車事故の事例をもとに、家族における認知症高齢者の監督義務、責任の限界とそれを補うべく地域における支援のあり方について触れておくこととする。

認知症の男性が徘徊中に列車にはねられて死亡した事故をめぐって、JR東海が遺族に損害賠償を求めた訴訟で、最高裁は 2016（平成 28）年 3 月 1 日、家族に賠償責任はないとする判決を言い渡した[20]。判決の中で認知症の人を介護する家族の監督責任について、

「家族だからと言って監督義務があるわけではなく、介護の実態などを総合的に考慮し、監督が困難かどうかで賠償責任の有無を判断すべきだ」との初判断を示した。本判決の結論自体に対しては十分に首肯することができるが、ＪＲ側の事故発生の防止対策にも一定の限界があり、一方で家族による見守りにも限界があることを考えると、今後認知症高齢者の増加に伴い、徘徊や行方不明問題に対してどう向き合うのか、家族、地域社会が担うべき役割は何か、など検討すべき課題は残されている。特に家族に関しては予見可能性の限界、個人の尊厳の尊重と安全確保、結果回避可能性の限界（監督義務者の見守りの限界、居住空間整備の限界）といった点において監督責任をどう判断するかは個別具体的に判断することが求められる。したがって家族による介護、見守りには一定の限界があること、認知症高齢者の問題は普遍的であることを社会全体が認識し、地域における互助、共助による見守り支援の体制を作ことが喫緊の課題であろう。特に認知症高齢者の支援については①認知症高齢者を抱える家族への支援、②小地域、広域における早期発見システムの構築、③地域における「知る」「支える」「見つける」をキーワードに資源を把握、発掘、活用、開発することが必要である。特に支援の基盤には「知る」ことが重要であり、地域の構成メンバーを対象に認知症サポーター養成等を通じた認知症理解のための取り組みを推進していくことが重要である。認知症サポーター養成については認知症対策として厚生労働省が2005（平成17）年度から始めた取り組みであり、これまでも全国各地で積極的に講習会が開催され、2015（平成27）年末でサポーターとメイト数を合わせた数は約671万人、愛媛県においては97,178人となっている。また、愛媛県内を市町別に見てみると最も多いのが松山市の21,875人で最も少ないのが伊方町の382人である。またこれらの人数が全人口に占める割合を見てみると、全国の5.231％に対して愛媛県は6.813％で全国平均を上回っている。しかし愛媛県内を市町別に見ると地域間格差が見られる。割合が最も高いのは久万高原町の22.357％で住民の約5人に1人の割合となっており、一方最も低いのが松前町の2.918％、次いで大洲市の3.489％であり、数的に最も多かった松山市も4.210％と低位である。また認知症サポーターを性別で見ると全体の約6割を女性が占めているため、今後男性サポータ養成の推進も必要である。さらに年齢別に見た場合60歳以上が全体の約45％を占めており、親が高齢期にある40〜50代が25％とやや低い印象を受ける。地域単位、学校、職場等において現役世代を対象に認知症に対する関心、知識を高めるために今後継続してサポータ養成講座を推進していくことが必要であると思われる。[21]

その他、認知症高齢者を介護する家族への支援も必要である。全国的に広がりを見せている認知症カフェの開設や男性介護者の集いの開催、地域のボランティアを活用して介護者の休息を促す取り組みなど、地域全体で認知症高齢者を見守り、支援していく環境、体制作りが必要である。

Ⅳ. 地域住民を主体とした支援体制づくり

1）地域力への期待

　生活困窮者自立支援法の施行（2015（平成 27）年 4 月）、子ども子育て関連 3 法の本格施行（2015（平成 27）年 4 月）、介護保険法改正（2015（平成 27）年 4 月）、障害者差別解消法の施行（2016（平成 28）年 4 月）など、近時に相次いで福祉関係立法が施行、改正されている。これらの法制度の内容に共通して見られるのは地域の福祉力への期待が大きいということである。特に介護保険法改正における「新しい総合事業」では生活援助など、専門職でなくても提供可能な支援を専門職以外（地域住民、NPO、ボランティアなど）で対応し、既存の専門職はより高い技術を必要とする支援に振り向ける、つまり既存の人材の高度化という考え方をとっている。ニーズの複雑・多様化に伴い、それに対応するために人材を確保することは重要課題であるが、新規の人材確保が困難な状況の下では、機能分化、役割移行を通して高齢者の生活を支える基盤を強化していくという考え方も必要であろう。

　また、今回の介護保険法改正における介護予防の考え方については、介護予防のプログラムの実施を推進するというよりも、高齢者にいかにして地域の中で活動性の高い普通の生活を送ってもらえるかというところに着眼しており、高齢者自身の様々な活動の継続が結果的に介護予防につながるという視点に立っている。したがって「新しい総合事業」のポイントは、専門職以外の人的資源の確保と、地域における活動の場の確保、ということになろう。そのようなことから、高齢者の自立した生活を支えていくうえでは、住民をはじめとした地域の構成メンバーが主体となって地域課題に向き合い、協議の場を重ね、プログラム作り、支援体制づくりを行っていくという地域の自治力を高めていくための計画に基づいた取り組みが必要であると考える。

2）地域住民の意識改革

　地域の力を高めていくためには地域住民が自らが住まう地域に関心を持ち、地域課題を自分自身の生活に置き換え、当事者意識と危機意識を高め、今自分にできること、すべきことは何かを考え、自発的に地域活動に参加していく姿勢が築かれることが必要であり、それが将来的には地域の自治力の高まりにもつながるものと考える。そのためにはまずは地域住民同士のつながりと地域への関心を高めることを目的とした「場」づくりが必要である。

　松山市が地域福祉計画策定の際に実施した市民アンケート 22）では、全体の 74.5％が地域への愛着を持っている一方、地域行事への参加は全体の 31％という結果であった。

また、民生・児童委員アンケートでは住民が安心して暮らせるまちづくりのためには「地域住民とのコミュニケーション」「あいさつや近所づきあい」が必要であるという回答が多く見られた。住民同士のつながりのきっかけは人が集まるところに参加することであり、そこで地域の様々な情報を得ることも可能となる。やはり地域住民をつなぐきっかけは一緒に何かをする（体験する）という共同の場、出会いの場、気軽に参加できる集まりの場を設けることが必要である。

　松山市北条地区社会福祉協議会では、誰もが気軽に立ち寄り、楽しくくつろいだり、悩みを相談したりできる場として、またお遍路さんの通り道であることから、心温まるお遍路さんへのお接待の場として空き店舗を利用して、ふれあい・いきいきサロンと一体となった地域拠点を設けている[23]。そのような場への参加を通じて仲間ができ、住民同士のつながりができてくる。人のつながりを通して地域の様々な情報を共有することで地域課題を普遍的なものとしてとらえ、当事者意識を持つことにつながるのではなかろうか。そのような基盤ができたうえで、若年層から高齢者層まで含めた、あるいは職場も含めた「学びの場（福祉教育の機会）」を設けるなどして、さらに地域への関心力を高めていくような取り組みが必要であろう。

3）社会資源の開発

　今後複雑多様化する高齢者問題に対して地域力による支援を強めていくためには先述のように地域住民の地域への関心を高めつつ、地域課題の解決に向けた社会資源の発掘、開発が必要となる。ここでは社会資源を「地域が抱える課題の解決、軽減に活用される（できる）人、物、金、情報、施策など」と定義しておく。今後複雑多様化する地域課題に対応していくためには社会資源の蓄積が必要となるが、既存の社会資源での対応が困難な場合には社会資源を発掘、あるいは新たに開発していく取り組みが求められる。

　社会資源を開発するためには、まずは地域ニーズを把握、分析することが前提となる。行政資料の活用、アンケートの実施、ヒアリング、個別訪問、住民座談会等、多様な方法でニーズ把握を行い、把握できたニーズについてはその共通性や即応性、将来性などの視点で分析を行うことが重要である。そしてそれらニーズに対して既存の社会資源がどの程度機能しているのか、新たにどのような社会資源が必要であるかなどについて住民を主体とした分析、協議、検討を行う「場」が必要である。介護保険法上ではそのような機能が期待されているのが「地域ケア会議」である。地域ケア会議は高齢者個人に対する支援の充実と、それを支える社会基盤の整備とを同時に進めていく、地域包括ケアシステムの実現に向けた手法である。この会議は①個別課題の解決、②ネットワーク構築、③地域課題の発見、④地域づくり・資源開発、⑤政策形成、といった機能を持つが、特に③④の機能については行政職員や専門職のみでは限界があり、地域を構成する多様な関係者を含めた

広域的な会議を定期的に行い、地域づくりにつなげていくことを視野に入れる必要がある。

　また現在ある社会資源の把握、分析に加え、重層的な支援、支援の効率化を目的にとした社会資源間の連携の可能性を検討することも重要である。特に2016（平成28）年3月に社会福祉法の改正が行われ、社会福祉事業及び公益事業を行うに当たって、無料又は低額な料金で福祉サービスを提供することを社会福祉法人の責務とする旨が規定された。したがって社会福祉法人が持つ設備、空間、専門性と地域住民やボランティア団体、ふれあいサロン等が連携を図ることで支援の効率化を図ることが可能となり、また新たな取り組みが生まれることも期待できる。まさに地域が連携して工夫し合うことで高齢者の安心、安全な暮らしが可能となり、地域包括ケアの実現の可能性が見えてくるのではないだろうか。

おわりに

　本稿では高齢者の生活課題に対する地域を主体とした支援のあり方について実態を踏まえながら検討を行った。日本はすでに高齢化の急激な上り坂を登り始めている。超高齢社会の中で高齢者が安心して老後生活を送るためには国を中心とした法整備、制度設計は必要不可欠である。しかし、これまで述べてきたように地域が抱える実情は異なっており、高齢化のレベルも、生活環境も、支援体制もそれぞれである。地域を構成する住民が主体となってそれぞれの地域ごとに現状を把握し、高齢者の生活をどのように見守り、支えていくかについて真剣に向き合うことが必要な時期に来ているのではなかろうか。特に愛媛県は高齢化が先行しており、介護をはじめ長期化する老後生活における様々な課題解決に向けて積極的に取り組んでいかなければならない。しかし一方ではまだ地域のつながりがしっかりと維持できている地域も多く存在している。また民生児童委員や地区社会福祉協議会やまちづくり協議会など積極的に地域のために貢献している個人や団体も多く存在している。今後はこれら地域資源間の横のつながりを充実させることであらたな地域資源の創出や、効率的な地域支援が展開できる可能性がある。そこに行政や研究者が積極的に介入し三位一体となって地域づくりに取り組むことで、高齢者にとって安心、安全な暮らしの保障につながるものと考える。

注
1) 統計トピックス No.97　統計からみた我が国の高齢者（65歳以上）－「敬老の日」にちなんで－　2016年9月18日　総務省統計局
2) 日本の将来推計人口（2012年1月推計）《報告書》2012年3月30日公表　国立社会保障・人口問題研究所

3) 高齢者人口等統計表（2016年度）愛媛県長寿介護課
4) 報告書『日本の地域別将来推計人口－平成22(2010)～52(2040)年－(平成25年3月推計)』人口問題研究資料第330号
5) 「人口推計」（2014（平成26）年）総務省
6) 上記注3)
7) 介護給付費等実態調査月報（平成27年12月審査分）厚生労働省　2016年2月23日
　　http://www.mhlw.go.jp/toukei/saikin/hw/kaigo/kyufu/2015/12.html
8) 「介護費の地域差分析について」厚生労働省老健局　平成28年3月
9) 平成26年度　介護給付費実態調査の概況（平成26年5月審査分～平成27年4月審査分）厚生労働省
10) 平成26年　国民生活基礎調査　厚生労働省 http://www.mhlw.go.jp/toukei/saikin/hw/k-tyosa/k-tyosa14/
11) 高齢者人口等統計表（平成27年度）愛媛県長寿介護課　https://www.pref.ehime.jp/h20400/koureisyajinkou.html
12)「セルフ・ネグレクトと孤立死に関する実態調査と地域支援のあり方に関する調査研究報告書」平成22年度老人保健健康増進等事業）ニッセイ基礎研究所　平成23年3月
13) 愛媛県警ホームページ　https://www.police.pref.ehime.jp/
14)「2025年に向けた介護人材にかかる需給推計（確定値）について」厚生労働省　平成27年6月24日　http://www.mhlw.go.jp/stf/houdou/0000088998.html
15) 前掲注14)
16)「愛媛県高齢者保健福祉計画・介護保険事業支援計画（平成27年度～平成29年度）」愛媛県　平成27年3月
17) 「平成27年度新入生アンケート調査」聖カタリナ大学入試募集委員会
18) 前掲注16)
19) 警察庁統計局「平成26年中における行方不明者の状況」平成27年6月
20) 「線路に立ち入り列車と衝突して鉄道会社に損害を与えた認知症の者の妻と長男の民法714条1項に基づく損害賠償責任が否定された事例」平成26年（受）第1435号 損害賠償請求事件 平成28年3月1日 第三小法廷判決
21) 認知症サポーターキャラバン http://www.caravanmate.com/
22)「第3期松山市地域福祉計画　ささえあいプラン　」平成26年3月　松山市
23) 前掲注22)

参考文献
・『社会福祉研究　第119号』公益財団法人　鉄道弘済会、2014．4
・原田正樹著『地域福祉の基盤づくり』中央法規出版　2014年10月15日
・永田久美子、桑野康一、諏訪免典子編『認知症の人の見守りSOSネットワーク事例集　安心・安全に暮らせるまちを目指して』中央法規　2011年　7月20日

愛媛の退院可能な精神障害者の実態と支援の取り組み

鷹尾　雅裕

　本報告は、わが国の精神保健医療福祉の歴史と先進諸国との相違点、及び愛媛の精神科医療の実態について概観した。さらに、長期在院患者が多数に上る実状に関し、愛媛県が実施した実態調査の結果を基に報告した。その上で、県が取り組んでいる精神障害者の退院支援、並びに地域での安定した生活を目的とする事業の実績等を述べた。これら精神科医療と精神障害者福祉を客観化することにより、「えひめの癒し」に繋がるための若干の考察を試みた。

はじめに

　国の精神保健医療福祉施策は、2004年9月の「精神保健医療福祉の改革ビジョン」による「入院医療中心から地域生活中心へ」の基本理念により、10年後には約7万床の病床削減を目指した。しかし、2012年6月末日現在の病床数は33.8万床であり、1994年のピーク時の36.3万床から漸減したに過ぎない。この間、国は2008年から都道府県のメニュー事業であった精神障害者退院促進支援事業を重点施策とする精神障害者地域移行特別対策事業をスタートさせ、2014年からは地域生活支援事業の都道府県必須事業である精神障害者地域生活支援広域調整等事業として、全国的に推進している。

　愛媛においても、精神科病院に長期間入院し続けている精神障害者対策の一環として、愛媛県精神障害者地域移行支援協議会を設置し、県内6区域の障害保健福祉圏域において精神障害者地域生活支援広域調整等事業としての地域移行・地域定着支援に取り組んできた。そこで県では、この事業をさらに推進することをはじめとして、障害者自立支援法に基づく「愛媛県障害福祉計画」や市町の行う地域移行支援及び地域の社会資源の開発等を目的に県下全精神科病院の協力を得て、第1回は2009年1月、第2回は2014年4月の二度にわたり、「受け入れ条件が整えば退院可能な精神障害者の実態調査」を実施した。本報告は、第1章でわが国の精神科医療に関する歴史や先進諸国との違い、及び愛媛の精神科医療の実態について概観する。第2章では、前述した受け入れ条件が整えば退院可能な精神障害者の第2回実態調査結果を中心に報告したい。第3章は、精神障害者の退院と地域での安定した生活支援を目的とする「愛媛県精神障害者地域移行・地域定着支援事業」の取り組み状況について述べる。これにより、精神障害者福祉の観点から、本書

籍の目指す「えひめの癒し」の一助になれば幸いである。

Ⅰ．わが国と愛媛の精神科医療

1）わが国の精神科医療の現状と変遷
ⅰ　OECD 諸国と比較したわが国の精神科医療の現状

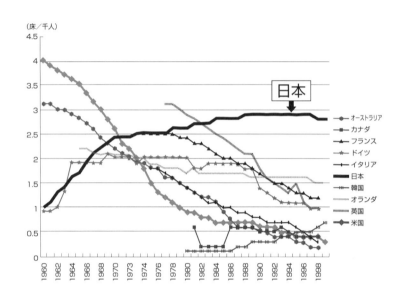

図1　精神病床数の諸外国との比較

（日本医療労働組合連合会．精神保健福祉の充実のために～精神保健医療福祉改革に関する基本的な見解～．2013年7月から引用）

　わが国の精神病床数は図1のように、他のOECD諸国に比べてその多さが際立っている。1994年の人口千人当たり2.9床をピークに微減傾向となってはいるが、わが国の精神科医療は未だに入院医療中心と言わざるを得ない。また、一度入院して退院するまでの平均在院日数は、2000年の376.5日から2012年の291.9日と28.9％短縮しているものの、OECD諸国の中では2010年の数値で、2位の韓国（108.8日）、3位のギリシア（91.0日）を引き離して長期となっている。[1]特に欧米諸国の平均在院日数は数週間程度であり、イタリアに至っては法律で精神科病院への入院を禁止し、予防・医療・福祉は原則として地域精神保健サービス機関が行っている。さらに、近年は「オープンダイアローグ」というフィンランド生まれの治療法が世界的に関心を集めている。[2]この治療法は、薬はあまり使わず、本人の目の前で専門家チームが本人のことを話し合い、本人抜きではいかなる決定もなされないなどの手法により、入院をほとんどさせることなく良好な効果を上げているというのだ。わが国は先進諸国からすると、多くの患者が精神科病院に長期間入院しており、異

常な事態とされている。

ii 精神科入院医療の概況

わが国の 2012 年 6 月末時点の入院者総数は 30.2 万人であり、診断別では統合失調症圏が 57.4％と最多ではあるものの減少傾向にある一方、認知症を主とする症状性・器質性精神障害が 22.6％と増加傾向にある。また 65 歳以上の比率が 51.5％に達しており、これら疾病構造の変化と高齢化が顕著になっている。入院期間は比較的短期の患者が増加する一方で、20 年以上が 11.0％（3.3 万人）、10 年以上が 22.2％（6.7 万人）と、なお多数の長期入院者がいる。[3]

厚生労働省の患者調査による「精神病床に 1 年以上入院している患者の年齢分布」[4]でも、65 歳以上の入院患者の割合は 2002 年が 38.3％であったが、2011 年には 51.8％に増加し、「1 年以上入院患者数は減っているが、高齢者の割合は増加している」としている。また、「在院期間 1 年以上の退院患者の転帰（推計値）」[4]では、2011 年の退院者総数 49,212 人の内、最も多かった転院・院内転科が 19,380 人（39.4％）、次いで死亡退院が 11,040 人（22.4％）、家庭復帰などが 9,336 人（19％）、高齢者福祉施設が 4,632 人（9.4％）などとなっていた。死亡退院は厚生労働省精神・障害保健課の「630 調査の数値（各年 6 月 1 か月間の数値）を基に、年間数の推計」[4]でも 2001 年の 14,952 人から 2011 年には 22,584 人となって増加し続けている。

iii OECD 諸国との違いが生じた歴史的変遷

前述した OECD 諸国とわが国との違いは、古く 1919 年に成立した精神病院法が公立病院建設を目指したものの、国の財政難から一向に進まなかったことに始まる。1931 年の調査では、当時の患者総数 7 万人に対して収容数は約 1 万 5 千人であり、人口当たりの病床数は諸外国に比べて 10 分の 1 の低さであった。[5]また、1954 年に実施された全国精神障害者実態調査による精神障害者の推定数は 130 万人、その内要入院者は 35 万人とされたが、当時の病床数は約 3 万床であった。そこで同年、精神科病院の設置及び運営に要する費用を国庫補助する規定が設けられて病床は急増し、5 年後には約 8 万 5 千床、更に 1965 年には 17 万床、1975 年には 28 万床となり、1994 年には 36 万 3 千床のピークを迎えることとなった。[5]この間、1968 年に WHO からクラーク博士が派遣され、わが国の精神科医療の実態調査に基づいた勧告書が出されて、精神科病院の長期入院患者が増加していること及び地域福祉とリハビリテーションの充実が必要であることを指摘していた。しかしわが国政府は、1964 年のライシャワー事件の影響もあってこの勧告を取り上げることなく政策が継続された結果、わが国の精神科病院はそのほとんどを民間病院が占めることとなった。[6]

iv 手薄となった我が国の精神科医療

　このように、特に 1950 年代後半以降、精神科病院を作りやすいようにする、或いは急増した精神病床に医療従事者の養成が追いつかないなどの理由から、1958 年に当時の厚生省は事務次官通知により、精神病床の許可基準の定数に関して、医師は一般科の 3 分の 1、看護師は 3 分の 2 とする、いわゆる精神科特例を発出した。その後、2001 年の改正医療法によって精神科特例は是正され、大学病院及び 100 床以上の総合病院精神科病床については一般科並みに、その他の精神科病床については、看護師数は 6 対 1 から 4 対 1 に変更されたものの、医師数は改正前と同じ 48 対 1 のままであった。欧米諸国と異なり、わが国の精神科病院は 9 割近いとされる民間病院が中心で、一般病院よりも少ない職員・低い報酬の中、多数の長期入院患者で病床を満杯にすることによって経営を成り立たせるという状況が続いてきた。これらが結果的には精神科の医療費抑制、入院中心の医療を招いたといえる。

　精神科病院の急増とともに、病院内での不祥事件も相次いだ。この内、1984 年に起こった栃木県の宇都宮病院事件は、病院長を先頭に職員らによる患者虐待、リンチ死亡、使役労働、無資格診療、違法解剖など、多くの違法行為を繰り返しながら病院運営を続け、まさに人権無視の収容施設と化していたのであった。この事件後、わが国の精神科病院スキャンダルは国連人権小委員会で討議され、このことが「精神保健法」への改正のきっかけとなったとされる。

v 近年の精神保健医療福祉施策の転換

　わが国の精神科病院を取り巻く状況は、2000 年代に入ってようやく変化を見せ始めた。2004 年に厚生労働省が「入院医療中心から地域生活中心へ」をスローガンにした「精神保健福祉施策の改革ビジョン」を出し、2010 年には当事者・家族、精神医療関係者による「こころの健康政策構想会議」が「精神保健医療改革の提言」を厚生労働大臣に提出したことなどによる。

　近年の入院患者の傾向として、新規入院患者の入院期間の短縮や統合失調症の入院患者の減少などにより、平均在院日数は短縮している。しかし、1 年以上の長期入院者は約 20 万人に達し、その多くが精神科病床の急増時期に入院してそのまま長期化した患者である。さらに、入院者の約 5 割は 65 歳以上の高齢者となっている。

　そこで厚生労働省は 2013 年度より、地域医療の基本方針となる医療計画に盛り込むべき疾病としてそれまでのがん、脳卒中、急性心筋梗塞、糖尿病に加え、新たに精神疾患を追加した。その背景にうつ病や認知症の患者が年々増加していることから、精神疾患についても重点的な対策を取る必要に迫られたと考えられる。この追加によって、精神疾患も

都道府県において数値目標を定め、良質かつ適切な医療を効率的に提供することが求められ、更なる取り組みが期待される。

　2014年からは、精神科病院に医療保護入院者の退院後生活環境相談員の設置、地域援助事業者との連携、退院促進のための体制整備を義務付けた法整備がなされた。さらに、2014年春の診療報酬改定では、地域医療を促進し早期退院を促すため、例えば退院支援のための精神保健福祉士の配置など、一定の要件を満たした医療機関には診療報酬が加算されるようになった。また、できるだけ入院せずに済むように、「アウトリーチ」と呼ばれる支援策も導入して医師や看護師、精神保健福祉士らが、退院直後で病状が不安定な人や入退院を繰り返す人などの自宅を訪問して地域生活を支えるようにした。現在ではこのような「良質かつ適切な精神障害者に対する医療を提供するための指針」に沿った急性期医療の重点化、新たな長期入院者をつくらない制度、地域移行への取り組みなどが推進されている。

2）愛媛の精神科医療の実態

表1　愛媛県の精神科医療の状況

圏域	人口	病院数	病床数	診療所数	精神通院医療受給者
宇摩	90,187	3	362	2	854
新居浜・西条	233,826	3	1,150	8	2,853
今治	174,180	1	343	5	2,245
松山	652,485	9	1,969	29	9,771
八幡浜・大洲	156,534	4	644	3	1,885
宇和島	124,281	2	392	2	1,592
計	1,443,493	22	4,860	49	19,200

※人口は2010年の国勢調査、病院数・病床数は愛媛県のホームページ（2015年9月14日）診療所数は愛媛県精神保健福祉協会機関誌「ぷらっと」2014年8月版から引用した。
※自立支援医療（精神通院）受給者数は、2014年12月末現在。

　県内には24の精神科病院があるが、2007年に165床の病院、2010年には50床の病院が全床を休床とし、現在稼働しているのは22病院となっている。休床とした二つの病院はいずれも総合病院内に設置され、特に後者は本県唯一の県立病院として精神科救急における身体合併症対応など重要な役割を果たしていたが、全床休床となって以来すでに6年間、本県では県立の精神科病院が機能しない状態が続いている。精神保健福祉法第19条の7に規定する「都道府県は、精神科病院を設置しなければならない」は、各都道府県に本来精神医療に向けられる専門的な病院の設置を義務付け、精神医療のあらゆるニーズに対応可能な機能を持つ総合的で専門的な病院を設置すべき責務を有しているとの趣旨からである。県立の精神科病院を設置することなく、全てを民間の指定病院に頼っている本県の

現状は、精神医療ばかりか精神障害者福祉の観点からも憂慮すべき事態と言えるのである。
　一方、2014年度の精神保健福祉資料によると、全国の人口万対精神病床数が26.7であるのに対して本県は34.3と多い。また、同年の病院報告[6]では、都道府県政令指定都市別精神病床における平均在院日数においても、全国が291.9日であるのに対して本県は319.7日であった。
　心療内科等のいわゆる「精神科診療所」は県下に49施設あり、その内松山圏域には29施設（59%）あった。[8]自立支援医療（精神通院）の受給者は19,200人であった。
　愛媛県の精神科救急医療システムの整備状況は、県内を三つのブロックに分けた中予地域（松山圏域）についてのみ、2001年から休日は午前9時から午後5時まで、平日は午後5時から午後10時まで相談に対応し、必要に応じて輪番制の当番病院を紹介する精神科救急情報センターを設置している。

3）本章のまとめ

　わが国の精神病床数は、精神科病院の設置及び運営に要する費用の国庫補助や精神科特例などによって急増し、1994年には36万3千床のピークとなった。これら精神科病院の9割近くが民間病院で、入院患者の人権に十分な配慮をしない経営をしてきた歴史があった。現在でも平均在院日数は、OECD加盟諸国からするとはるかに長期間である。しかし、近年になってやっと、厚生労働省は「入院医療中心から地域生活中心へ」をスローガンに施策の転換を図ろうとしてさまざまな施策を打ち出してきている。
　愛媛においても、県立病院精神科が全床を休床とするなどの課題はある。しかし、早くから病院の医師や精神保健福祉士などが、地域の人々や関係機関との繋がりを重視しながら多数の市民を巻き込んで、精神障害者の地域生活支援に関する事業を日常的に行う特定非営利活動法人を立ち上げ、幅広い事業を運営して大きな成果を上げている。一方、病院自ら地域を挙げた独自の取り組みを実践して退院と地域生活支援を進め、病床を大幅に削減した病院も出てきた。[9]このように、全国に先駆けて精神障害者の福祉向上に取り組んで成果を上げる実践事例がいくつか出現しており、今後が大いに期待される。

Ⅱ．愛媛における退院可能な精神障害者の実態

1）本章のはじめに

　厚生労働省は2002年の「新障害者プラン」策定に当たり、精神科病院に入院中の者のうち、受け入れ条件が整えば退院可能な7万2千人を10年間で社会復帰させることを掲げ、それまでの入院医療中心から地域生活中心へとする方策を打ち出した。
愛媛においても精神科病院からの退院と自立生活支援を目的に愛媛県精神障害者地域移行

支援協議会を設置し、県内 6 区域の障害保健福祉圏域のうち、松山圏域は 2008 年度から松山市に委託して事業を開始した。また、翌年度からは宇和島圏域において地域活動支援センターに事業委託するとともに、その他の 4 圏域については県が直接実施する事業として、各圏域内の保健所がこの事業に取り組んでいる。そこで県では、この事業をさらに推進することをはじめとして、障害者自立支援法に基づく「愛媛県障害福祉計画」や市町の行う地域移行支援及び地域の社会資源の開発等を目的に県下全精神科病院の協力を得て、「受け入れ条件が整えば退院可能な精神障害者（以下、退院可能な精神障害者）の実態調査」を 2009 年 1 月及び 2014 年 4 月の 2 回実施していた。本章では、2014 年 4 月に実施された第 2 回調査の結果を踏まえ、県内の退院可能な精神障害者の実状について報告する。

なお、本章については、聖カタリナ大学・聖カタリナ大学短期大学部研究紀要 No29 (2017) に投稿した論文を一部削除するなど加工したものであることをお断りしたい。

2）方法

愛媛県は、県下 22 の全精神科病院に対して、2014 年 4 月 1 日現在の入院患者の内、退院可能な精神障害者の実態調査を実施し、その結果を 2014 年 12 月に各精神科病院管理者、各市町長等へ送付した[10]。2009 年に実施した第 1 回調査と今回の調査の違いは、第 1 回が 65 歳以上の入院者を対象から除外したのに対して、今回は年齢に制限を設けていなかったことが主である。この度、第 2 回調査に関し、調査の実施主体である愛媛県保健福祉部生きがい推進局障害福祉課から使用についての了解が得られたので、これを基に分析・検討した。

3）結果

i　調査対象

調査対象は、本人もしくは家族が県内に住所を有する者で、知的障害のみの者を除外した、2014 年 4 月 1 日現在で 6 ヶ月以上の継続入院者であった。

退院可能な精神障害者については、調査日に退院が確定している者を除き、①症状は寛解（院内寛解）しているが家族の受け入れ困難や生活の場の確保が困難などの社会的要因により入院継続、②症状残存だが改善傾向にあり支援により退院可能、③症状残存で増悪や動揺又は経過不安定であるが退院可能、④症状残存で難治又は慢性長期化しているが退院可能の 4 条件を挙げていた。なお、病院別の調査結果については公表されなかった。

ii　退院可能な精神障害者の内訳

県内の全精神科病院に入院中の者のうち、退院可能な精神障害者数は男性が 524 人、女性が 504 人の計 1,034 人で、全入院患者の 25.4％であった。

年齢別では、20歳未満は居なくて、20歳から64歳までが419人（40.5％）、65歳以上が613人（59.3％）、無記入が2人（0.2％）であった。

ICD-10による主たる診断名を1つ尋ねたところの診断別の多い順では、「統合失調症、統合失調症型障害及び妄想性障害」が569人（55.0％）、「症状性を含む器質性精神障害」が281人（27.2％）、「気分障害」が51人（4.9％）、「精神作用物質使用による精神及び行動の障害」が50人（4.8％）、「知的障害」が14人（1.4％）、「神経症性障害、ストレス関連障害及び身体表現性障害」が7人（0.7％）、「成人の人格及び行動の障害」が3人（0.3％）、「その他の診断」が10人（0.9％）、「無記入」が49人（4.7％）であった。

現在の病状については、「症状は寛解（院内寛解）しているが、家族の受け入れ困難や生活の場の確保が困難などの社会的要因により入院継続」が294人（28.4％）、「症状残存だが改善傾向にあり、支援により退院可能」が309人（29.9％）、「症状残存で増悪、動揺又は経過不安定であるが退院可能」が146人（14.1％）、「症状残存で難治又は慢性長期化しているが退院可能」が281人（27.2％）、無記入が4人（0.4％）であった。

入院前の家族の状況は、同居している家族がいる者が330人（31.9％）、家族はいるが別居している者が643人（62.2％）、家族のいない者が61人（5.9％）であった。退院後の協力者については、協力者のいる者が747人（72.2％）、いない者が246人（23.8％）、無記入が41人（4.0％）であった。

「直近入院期間」は、入院1年から5年未満が最も多くて401人（38.8％）、次いで5年から10年未満が196人（19.0％）となり、20年以上は157人（15.5％）となっていた。一方、「通算入院期間」が最も多かったのは、1年から5年未満が327人（31.6％）、20年以上が307人（29.7％）となどとなっていた。

「直近の入院形態別」では、任意入院が662人（64.0％）、医療保護入院が361人（34.9％）、措置入院が3人（0.3％）、無記入が8人（0.8％）であった。「直近の入院経緯」では、精神症状の増悪、家庭内でのトラブル、近隣とのトラブル、警察介入など（陽性症状）によるものが最も多くて628人（60.7％）、次いで、意欲低下、感情鈍麻など慢性期症状による生活上の問題など（陰性症状）が104人（10.1％）、身体疾患合併症のコントロール目的が100人（9.7％）、家族や協力者による世話ができなくなったが51人（4.9％）などとなっていた。

ⅲ 退院を困難にしている要因

退院を困難にしている本人の要因について複数回答で聞いたところ、98.3％が「ある」と回答し、その内最も多かった「日常生活能力の不足」が660人（34.6％）、次いで「病識が乏しい」が512人（26.8％）、「退院意識が乏しい」が361人（18.9％）、「不安が強い」が243人（12.7％）となっていた。

退院を困難にしている家族の要因についても複数回答で聞いたところ、95.6％が「あ

る」とし、「家族のサポート力が弱い」が677人（46.0％）、「家族の退院への不安が強い」が373人（25.3％）、「家族が退院に反対している」が211人（14.3％）、「家族がいない」が85人（5.8％）であった。

退院を困難にしている社会的要因についての複数回答では、「なし」が185人（15.1％）であった。「あり」の内訳は、「社会資源の不足」が629人（51.3％）「経済的問題」が249人（20.3％）、「近隣との関係が悪い」が105人（8.6％）であった。

退院に際して必要となる社会資源の「住居」について、最も多かった「介護保険施設」が496人（48.0％）、「グループホーム等共同住居」が247人（23.9％）、「自宅」が128人（12.4％）「救護施設等その他の施設」が95人（9.2％）、「アパート」が38人（3.7％）となっていた。

退院に際して必要となる社会資源の「日中活動の場」について、「デイケア」が232人（22.4％）、「生活介護」が213人（20.6％）、「介護保険施設のデイサービス」が202人（19.5％）で、この3項目で62.5％を占めていた。「生活訓練」は74人（7.2％）、地域活動支援センターは50人（4.8％）、「就労継続支援B型」は33人（3.2％）、「就労継続支援A型」は8人（0.8％）、「就労移行支援」は4人（0.4％）などとなっていた。

必要な社会資源の「支援体制」についての複数回答では、多い順に「相談支援（介護保険も含む）」が796人（34.2％）、「ホームヘルプ（介護保険も含む）」が404人（17.4％）、「精神科救急」が326人（14.0％）、「成年後見制度」が205人（8.8％）となっていた。一方、少ない順では「ボランティア」が31人（1.3％）、「民生委員」が44人（1.9％）、「地域での普及啓発」が52人（2.2％）、「居住サポート事業」が63人（2.7％）、「公的保証人制度」が94人（4.0％）であった。

4）考察

i　退院可能な精神障害者の属性

今回調査した県内の退院可能な精神障害者数は男性が524人、女性が504人の計1,034人で、2012年度の精神保健福祉資料[11]による在院患者数4,238人の24.4％を占めていた。第1回調査が564人で、在院患者12.9％であったことからするとほぼ倍増していたが、その要因として今回の調査は年齢制限を設けなかったことが大きく影響していた。

性別では男性が50.7％、女性が48.7％、無記入が0.6％であり、男性がやや多い。男性は、家庭での適応性や日常生活の自立度に課題があるかも知れない。

年齢別では、65歳以上が613人で全体のほぼ6割を占めた。退院可能な精神障害者が入院処遇のまま次第に高齢化している現実、及び高齢となって入院したものの退院環境が整わないために入院し続けている実態が改めて明らかとなった。第1章でも述べたように、厚生労働省の患者調査[12]において65歳以上の入院患者の割合は2002年が38.3％であったが、2011年には51.8％に増加する一方、退院患者の転帰では、2011年の退

院者総数49,212人の内、死亡退院が11,040人（22.4％）、高齢者福祉施設が4,632人（9.4％）などとなっていた。精神科病院で死亡して退院する者は、2001年の14,952人から2011年には22,584人となって増加し続けているのである。「家庭復帰など」は、2000年の19,728人（26.6％）に比べると大幅に減少して、高齢化した精神障害者の地域移行の困難さを示し、その対策は喫緊の課題と言えよう。特に高齢化した統合失調症圏患者の顕著な増加傾向に対しては、入院期間の長期化等による日常生活機能や意欲の低下、情緒的・認知能力の変化、高齢に伴う身体合併症の罹患、家族機能の脆弱化などがあり、地域移行支援にはさらに十分な人的資源と時間をかける必要がある。そこで厚生労働省は、2012年度に「精神障害者地域移行・地域定着支援事業」内に「高齢入院患者地域支援事業」を設け、概ね60歳以上の主診断名が統合失調症の入院患者を対象に、病院内の多職種と地域の関係者がチームを編成して退院に向けた包括的な支援プログラムを実施している。しかし、現状では専門部署等を設置して対応している病院は少なく、十分に機能している状況にない。[13]特に、部外者の受け入れに消極的と思われる本県内の精神科病院が、2010年度から事業化された「ピアサポートの活用」や地域で展開する事業所のスタッフ、ボランティアなどを積極的に取り込み、社会との風通しを良くすることが期待される。

　疾患別では、「統合失調症、統合失調症型障害及び妄想性障害」が569人で全体の55％を占めていた。次いで、「症状性を含む器質性精神障害」が281人（27.2％）、などであった。今回公表された調査結果に年齢と疾患別のクロス集計が無かったことにより正確な比較はできないものの、65歳以上が全体のほぼ6割を占める中で、統合失調症圏の患者が55％に達することは、退院可能な高齢化した統合失調症者が多いことを示している。また、認知症や脳損傷などの「症状性を含む器質性精神障害」は281人で全体の21.7％に上り、高齢の認知症患者が精神科病院に入院し、退院可能な状態になっても何らかの条件が整わないために、なお入院を継続していることが明らかとなった。

　現在の病状について、「症状は寛解しているが、家族の受け入れ困難や生活の場の確保が困難などの社会的要因により入院継続」、「症状残存だが改善傾向にあり、支援により退院可能」、「症状残存で難治又は慢性長期化しているが退院可能」はいずれも増加して、これらを合わせると884人で全体の85.5％に達している。病状から見ても、住居等の社会復帰施設や支援者の確保ができないことにより、退院可能な状態にあるにも拘らず入院を余儀なくされている者の多いことが判明した。

　家族については、ほとんどが「ある」としながらも、第1回調査との比較で「同居者」が4.8％減少し、「家族なし」が2.0％増加していた。退院可能な精神障害者の46％は通算すると10年以上も入院しており、その間に家族構成が変化して単身者が増加し、或いは頼れる家族が減少していく。家族は協力したくとも親は高齢化し、もしくは兄弟姉妹が支えることとなって、次第に支援力とその範囲は狭小化している。本人の自立した生活の

ためには身近に相談・支援機関があり、単身でも安心した生活が可能な環境整備が必要となる。退院後の協力者についても同様で、協力者のある者は第1回調査から10％減少し、ない者が7.5％増加していた。地域移行・地域定着を進めようにも、家族や協力者との関係はさらに希薄化しており、これまで以上に制度化された十分な人的資源と時間をかけた丁寧な支援が必要となる。

「直近入院期間」及び「通算入院期間」について見ると、1年から5年未満の入院者が「直近」で401人（38.8％）「通算」で327人（31.6％）と最も多かった。さらに、直近入院期間が20年以上の者が157人（15.5％）、通算入院期間が20年以上の者が307人（29.7％）にも上っている。これに、前述した65歳以上がほぼ6割を占めることを合わせて考えると、さらに長期間入院したまま高齢となった患者の多いことが読み取れる。

ⅱ　退院を困難にしているさまざまな要因

本人の要因として最多は「日常生活能力の不足」が34.6％、次いで「病識が乏しい」が26.8％、「退院の意識が乏しい」が18.9％、「不安が強い」が12.7％などとなっていた。統合失調症などによる高齢の入院患者は、長期入院により退院意欲が削がれて社会生活への不安が増強し、病院での決まった生活に慣れや依存を強め、一市民としての日常生活を送るための技術や工夫を減退させてしまう。退院を促進するには、本人の日常生活能力を高めて不安を取り除き、退院意識の向上を図る必要がある。そのためには、これまで以上にＳＳＴなどのリハビリテーション技法の活用や既に地域移行した先輩をピアサポーターとして育成し、継続的に当事者が病院を訪問して交流する場面設定などが重要となろう。家族の要因で最多は「家族のサポート力が弱い」が46.0％、「家族の退院への不安が強い」が25.3％、「家族が退院に反対している」14.3％などであった。家族は高齢化等によってサポート力が弱くなり、本人が退院することへの不安が増強して退院に反対してしまうことが明らかとなった。これらは居住サポート事業や精神科救急などにより、地域で安心した生活が送れるよう施策の充実が必要となる。

社会的要因としては、「社会資源の不足」が過半数の51.3％に及び、次に「経済的問題」が20.3％などとなっていたが、具体的内容を次に述べる。

3．退院に際して必要となる社会資源

退院に際して必要となる「住居」について、最多は「介護保険施設」の48.0％であった。続いて「グループホーム等の共同住居」が23.9％、「自宅」は12.4％、「救護施設等その他の施設」が9.2％、「アパート」が3.7％などであった。日中活動の場として最多は「デイケア」が22.4％、次いで「生活介護」が20.6％、「介護保険施設のデイサービス」が19.5％となり、この3事業で62.5％を占めた。また、退院に際して必要となる支援体制

については、「相談支援（介護保険も含む）」が最多で約34.2％、次いで「ホームヘルプ（介護保険も含む）」が17.4％、「精神科救急」が14.0％などとなっていた。

　精神障害者の地域移行を促進する上で欠かせない資源の一つが住居であり、近年は住宅入居等支援事業等による居住支援策が進みつつある。これは居住サポート事業とも言って、賃貸契約による一般住宅（公営住宅及び民間の賃貸住宅）への入居を希望しているが、保証人がいない等の理由により入居が困難な障害者に対して、入居に必要な調整や家主等への相談・助言などの支援を行い、障害者の地域生活を支えるための障害者総合支援法に基づく地域生活支援事業（必須事業）内の一つである。県内では松山市が過去に実施して成果を上げていたが、2013年度から市内の相談支援事業所の地区割り等に伴い休止の状態が続いている。精神障害者がアパートなどの賃貸住宅を借り受けて生活するには貴重な支援事業であっただけに、早急な再開が待たれる。一方、今回の調査で退院可能とされた者は、自立困難により退院には何らかの介護支援を必要とする高齢者が多かったことから、精神科医療と連携した高齢者介護施設の配置・増設が喫緊の課題と判明した。さらに、グループホーム等共同住居についても、2015年6月現在、県内にはグループホームが41か所あるが、常に定員を満たしているかそれに近い状態にある。

　精神科や心療内科のいわゆる精神科診療所は松山圏域に集中し、地方の利用者の不便は大きい。退院した際不安に陥る一つは、急な症状悪化や薬の副作用など緊急時の対応であり、精神障害者の地域移行にあっては精神科救急体制を県内全体に拡大して整備することが急がれる。

5）本章のまとめ

　愛媛の全精神科病院を対象にした2014年の調査では、退院可能な精神障害者数は全入院者の4分の1に当たる1034人にも上り、その内65歳以上が約6割、また統合失調症者も55％を占め、3割の方は通算20年以上も入院していることが判明した。このような高齢化した精神科病院の入院患者は、入院期間の長期化等によって日常生活機能や意欲が低下し、高齢に伴う身体合併症に罹っていることが多い。さらに、入院している間に家族構成は変化して頼れる身内や協力者は少なくなっている。

　2009年3月に行われた障害保健医療福祉関係主管課長会議において厚生労働省は、「いわゆる退院可能な精神障害者の地域移行については従来より推進してきたが、長期入院患者の動態等に大きな変化はみられない」として、その解消が進展していないことに言及した。実際、国における2005年患者調査でも、退院可能な推計入院患者数は約7万6千人となって2002年の7万2千人よりむしろ増加しており、地域で生活する場合の居住系施設や生活サポートなどの社会資源の不足は否めない。

　さらに重要なことは地域移行推進に当たって、「病院での集団処遇に比べて地域社会で

個別に処遇する方が費用は掛かるはずで、国は地域移行の名のもと、医療・福祉財政の切り詰めを目指している。この矛盾を解消しない限り社会的入院解消の取り組みは普遍化しない」とする意見[14]がある。安上がりの障害者施策を目指すことは、精神障害者とその家族等の関係者をさらに追い詰める結果となることは言うまでもない。

今回の県の調査は、前回同様個人票を用いた厳密なものだけに、今後も継続的な追跡調査を実施することより、精神障害者の地域生活移行に向けた課題の発見と解消、取り組む方向性の検討、社会資源の開発などに役立てることが期待される。

Ⅲ. 愛媛における精神障害者地域移行・地域定着支援への取り組み

1）本章のはじめに

前章でも述べたように、愛媛県では2008年度から「精神障害者退院促進支援事業」（以下、本事業）を取り入れ、精神障害者地域移行支援協議会を設置して、県内6区域の障害保健福祉圏域のうち松山圏域は松山市に、翌年後から宇和島圏域は地域活動支援センターに事業委託し、その他の4圏域については県が直接実施する事業として取り組んできた。

そこで、前章の退院可能な精神障害者の実態を受けて、愛媛県精神障害者地域移行支援協議会（以下、協議会）の会議用資料を基に、愛媛における精神障害者地域移行・地域定着支援の取り組みの実態について報告する。この協議会の任務は、県内の精神障害者が精神科病院や生活訓練施設から地域生活への移行に向けた体制整備のための調整、困難事例の解決に向けた調整、事業の進捗状況の把握と事業の評価などであり、県を挙げて精神障害者の退院及び地域での生活を支援することにより、安心して街の中で生活する精神障害者が次第に増加していることについて報告したい。

2）方法

愛媛県は2008年度から、障害福祉計画に基づく受け入れ条件が整えば退院可能な精神障害者の減少目標値の着実な達成を目指し、病院・施設等と連携して精神障害者の地域生活移行に向けた支援を目的に協議会を設置し、原則年間2回開催してきた。

本章では、県及び各障害保健福祉圏域から報告された本事業の進捗状況等、協議会において配布された会議用資料を基に検討したものである。これら資料を利用するに当っては、特定の個人が識別されることのないよう、県及び各障害福祉圏域別の統計的数値を対象とした。なお、2013年度及び2014年度の協議会は1回のみの開催であったため、両年度の実績は9月末現在となっている。

3）結果

表2　圏域別会議の開催状況

圏域	会議別	2008	2009	2010	2011	2012	2013	2014	計
宇摩	地域移行		4	4	2	3	0	2	15
	個別支援			9	4	0	0	1	14
新居浜・西条	地域移行		5	7	4	3	1	1	21
	個別支援			11	17	2	0	11	41
今治	地域移行		2	2	3	3	1	1	12
	個別支援			8	9	0	0	0	17
松山	地域移行	9	6	7	5	11	6	8	52
	個別支援			25	38	11	142	165	381
八幡浜・大洲	地域移行		3	5	5	4	3	2	22
	個別支援			16	6	0	3	2	27
宇和島	地域移行		2	3	1	1	1	0	8
	個別支援			3	4	1	4	17	29
県	地域移行	2	2	2	1	1	0	0	8
	個別支援	県は実施対象ではない							
計	地域移行	11	24	30	21	26	12	14	138
	個別支援			72	78	14	149	196	509

※2008年度・2009年度は2010年3月10日、2010年度〜2012年度は2月末、2013〜2014年度は9月末現在である。
※2009年度個別支援は、各圏域とも本事業実施過渡期のため集計されていない。
※個別支援に関しては2010年から集計がなされていた。
※2012年度より個別支援会議は障害者自立支援法に基づく法定給付化されたが、その後も各圏域の会議の開催状況について報告を求めていた。

表3　圏域別地域移行支援の実績

圏域	実績施設	区分	2009	2010	2011	2012	2013	2014	計
宇摩	3	対象者	4	5	6	0	0	2	17
		退院者	1	2	2	0	0	1	6
新居浜・西条	3	対象者	30	31	8	6	7	6	88
		退院者	4	1	2	1	2	5	15
今治	3	対象者	9	12	9	0	0	0	30
		退院者	1	7	3	0	0	0	11
松山	7	対象者	29	19	12	31	35	33	159
		退院者	17	7	3	9	16	16	68
八幡浜・大洲	3	対象者	6	8	4	0	3	1	22
		退院者	1	4	4	0	1	1	11
宇和島	3	対象者	6	11	9	2	3	2	33
		退院者	1	1	1	0	0	0	3
計	22	対象者	84	86	48	39	48	44	349
		退院者	25	22	15	10	19	23	114

※2008年度は年度後半から実施したため、いずれも実績はなかった。
※2009年度は2010年3月10日、2010年度〜2012年度は2月末、2013〜2014年度は9月末現在である。
※退院者には施設退所者を含む。

表4　年度別移行先の内訳

移行先	2009	2010	2011	2012	2013	2014	計	構成比
自宅	6	8	6	5		4	29	25.4
賃貸住宅	6	2	2		8	9	27	23.7
ＧＨ		5	5	1	5	9	25	21.9
ＣＨ	11	3	1	4	5	―	24	21.1
施設		1			1	1	3	2.6
他科病院	1	1					2	1.8
生活訓練		1	1				2	1.8
老人施設	1						1	0.9
公営住宅		1					1	0.9
計	25	22	15	10	19	23	114	100
対象者	84	86	45	39	48	44	346	

※2009年度は2010年3月10日、2010年度～2012年度は2月末、2013～2014年度は9月末現在である。
※ＧＨはグループホーム、ＣＨはケアホームを表す。
　2014年度からケアホームはグループホームに一元化された。

表5　市町村別障害福祉サービス種類別利用状況

圏域・市町	種別	2012年8月					2013年8月				
		計画相談支援	地域移行支援	地域定着支援	市町ごと計	圏域計	計画相談支援	地域移行支援	地域定着支援	市町ごと計	圏域計
宇摩	四国中央市	11	0	0	11	11	3	0	0	3	3
新居浜・西条	新居浜市	13	0	1	14	39	58	0	4	62	109
	西条市	25	0	0	25		43	0	4	47	
今治	今治市	2	0	0	2	2	20	1	0	21	21
	上島町	0	0	0	0		0	0	0	0	
松山	松山市	5	6	5	16	49	31	10	23	64	170
	伊予市	7	0	0	7		43	0	0	43	
	東温市	6	0	1	7		22	1	0	23	
	久万高原町	13	0	0	13		18	0	0	18	
	松前町	5	1	0	6		11	0	0	11	
	砥部町	0	0	0	0		11	0	0	11	
八幡浜・大洲	八幡浜市	4	0	0	4	7	12	1	0	13	48
	大洲市	0	0	0	0		11	0	0	11	
	西予市	0	0	0	0		11	0	0	11	
	内子町	0	0	0	0		9	0	0	9	
	伊方町	3	0	0	3		4	0	0	4	
宇和島	宇和島市	28	0	0	28	31	60	0	0	60	80
	松野町	1	0	0	1		5	0	0	5	
	鬼北町	1	0	0	1		1	0	0	1	
	愛南町	1	0	0	1		14	0	0	14	
合計	合計	125	7	7	139	139	387	13	31	431	431

愛媛におけるこの事業は、2008年度に厚生労働省が17億円の予算を計上して全国で実施することを契機として開始された。初年度は事業実施要項及び協議会設置要綱を定め、14名の協議会委員が委嘱されて協議会は発足した。事業実施に当たっては、県内6区域の障害保健福祉圏域ごとに実施することとし、まず松山市を中心とした3市3町の中予地域の松山圏域において、中核市の松山市に事業を委託してスタートした。

　松山市は県とともに圏域内の私立7医療施設と事業所を運営している法人（以下、地域法人）から実務者の参加を呼びかけ、各医療施設から出されたリストから対象者を選定し、県の協議会でこれを決定して事業を進めた。地域法人に地域移行推進員を置き、また医療施設からは地域法人の者にも病院内に入って来て欲しいとの要望が出されたことにより、1事例に対して医療施設の推進員が院内の情報を整理し、地域法人の推進員が受け皿を調整して、双方が協力して地域移行を推進していった。[15]

　2009年度からは、宇和島圏域において地域活動支援センターに委嘱するとともに、残る4圏域は県が直接実施する事業として、各圏域内の保健所が実施主体となって推進することとなった。

　愛媛県が本事業を開始した2008年度から2014年度までの7年間に、各圏域が実施した地域移行及び個別支援会議の開催状況を表2に示した。また、各圏域が取り組んだ地域移行支援対象者数、退院・退所者数を表3に示した。本事業対象者の合計は346名で、その内退院・退所した者は114名であった。

　各圏域で実施された地域移行会議の回数は、2010度をピークに減少する一方で、松山圏域における個別支援会議は、2012年度を除くと著しく増加していた。

　なお、本事業を開始した2008年度は開始時期が既に年度末に至っており、実績を出す時間的余裕はなかった。2009年度から2014年度の過去6年間に、本事業の利用者を最も多く出した施設は松山圏域の某精神科病院で、その支援対象者は65人、退院者は36人であった。

　さらに、表3に掲げた退院・退所者の合計114名について、どの種の生活場所に移行したか、その内訳を表4に示した。移行先の多い順は自宅、賃貸住宅、グループホーム、ケアホームなどとなっていたが、その上位4施設種に大きな差はなかった。

　地域移行・地域定着支援に関して必要となる市町村別障害福祉サービスの種類別利用について、2012年8月及び2013年8月の状況を表5に示した。

　2010年度から本事業に取り入れられた「ピアサポートの積極的な活用」については、松山圏域が2012年度から30数人、新居浜・西条圏域が2014年度から14人を活用していた。

4）考察

i　本事業の変遷

　厚生労働省は大阪府の事業を参考に、都道府県及び政令市（以下、都道府県）モデル事業としての「精神障害者退院促進支援事業」を2003年度に全国16の自治体で開始した。その後2008年度には、精神障害者の地域移行に必要な体制の総合調整役を担う地域体制整備コーディネーターや利用者の個別支援等に当たる地域移行推進員の配置を柱に「精神障害者地域移行支援特別対策事業」として、全都道府県の全圏域で実施されることとなった。さらに、2010年度からは「精神障害者地域移行・地域定着支援事業」として、未受診・受療中断等の精神障害者に対する支援体制の構築と精神疾患への早期対応を行うための事業を追加するとともに、ピアサポーターの活動費用を計上し、精神障害者と地域の交流事業も行えるよう見直しがなされた。

　しかし、この事業は2010年6月の「行政事業レビュー」（以下、事業仕分け）において、事業を活用して退院、地域移行した人たちの累計が2009年度末で約2800人であり、「成果が乏しい」「退院実現者が少ない」として抜本的改善を迫られ、結果としてこの事業は縮小されることとなった。[16] 2012年から「精神障害者地域移行・地域定着支援事業」は地域移行支援と地域定着支援に分割し、地域定着支援は精神障害者アウトリーチ推進事業に引き継がれ、地域移行支援事業は障害福祉サービスにかかわる自立支援給付の対象とされた。地域生活の準備や福祉サービスの見学・体験のための外出同行支援・入居支援等は、都道府県の指定一般相談支援事業者が実施する地域相談支援として個別給付事業とされた。さらに、2013年度からは地域体制整備コーディネーターの配置も廃止された。

　一方2014年度から、入所期間の長期化や高齢化が進む保護施設へ入所中の障害者や、住居を確保し円滑に福祉サービス等につなげることで再犯防止が期待される矯正施設へ入所中の障害者、矯正施設を出所して更生保護施設等に入所中の18歳以上の障害者等にも対象が拡大されたのである。[17]

ii　愛媛における協議会開催状況と本事業への取り組み

　愛媛における協議会の任務は前述のように、精神障害者の地域生活への移行に向けた体制整備のための調整、困難事例の解決に向けた調整、事業の進捗状況の把握と事業の評価などである。このため、協議会の開催を年間2回として、各圏域から出される困難な課題を検討しながら体制を整備する手はずであった。しかし、2010年の国の事業仕分けによる本事業縮小の影響は大きく、2011年度、2012年度と本事業実績の合計は減少し、その後の増加についても松山圏域の一部の病院によるもので、圏域間並びに圏域内格差が顕著となった。

　さて、これまでの本事業の実績について、全体の入院患者数等を考慮しない実数で比較

すると、対象者の多い順に松山圏域の159人、新居浜・西条圏域の88人、宇和島圏域の33人などとなっていた。これら対象者が支援の結果退院・退所した者については、多い順に松山圏域の68人、新居浜・西条圏域の15人、今治圏域と八幡浜・大洲圏域の11人などであった。この退院・退所者について、2009年に県が実施した「受け入れ条件が整えば退院可能な精神障害者の実態調査結果」に対する割合でみると、松山圏域は27％、新居浜・西条圏域は26％、今治圏域は22％、八幡浜・大洲圏域は13.4％であった。しかし、本事業に積極的に取り組んでいる松山圏域でも、各病院間には格差があり、ある一つの病院から出された対象者は圏域全体の41％に当たる65人で、退院者についても同じ病院がこの圏域全体の53％に当たる36人出していた。この病院は、早くから前病院長をはじめ医師、元地域体制整備コーディネーターであった精神保健福祉士などが、地域の人々や病院、関係機関との繋がりを重視しながら、精神保健ボランティアなど多数の市民を巻き込んだ活動を進めてきた経緯がある。さらにこの活動は並行して、精神障害者の地域生活支援に関する事業を日常的に行う法人が必要なことから、2004年に特定非営利活動法人を立ち上げ、2014年現在では、精神障害者対象の就労継続B型事業所3ヶ所、共同生活介護事業8ヶ所（45名分）、居宅介護事業及び移動支援事業、訪問介護及び介護予防訪問介護事業所1ヶ所、共同住居2ヶ所（10名分）、ピア人材バンク事業[18]といった幅広く、多数の支援事業を運営するに至っている。この法人が運営するケアホーム（現在は制度上グループホームに統合）に、精神科病院を一度も退院することなく、45年ぶりにここに移った65歳の男性の新聞記事[19]がある。彼は「若いころは退院を何度も訴えたがかなわなかった。父の言う通り、おとなしく入院しておくしかなかった。」と振り返っている。現在はケアホームで仲間と暮らして、週5日は作業所に通い、スタッフの支援を受けながら社会で生きるスキルを学び、淡々と特に気負いのない暮らしぶりをしているとのことだ。また、別のNPO法人でも長期入院者がケアホームに退院して、地域で活き活きと生活する50代の男性の様子を伝えた記事もある。彼について医師や看護師からは「退院して地域生活を続けるのは難しい」と思われていたようだが、＜退院から取材までの＞約1年、自立した生活を続けている。彼が入院していた病院では、「あの男性が地域で頑張れるなら、自分も退院できる」と後に続こうとする患者が出ているという。（＜＞内は著者）

一方、宇和島圏域では同系列の二つの病院が協力し、かねてより地域を挙げた独自の取り組みを実践して地域移行を進めてきた。その内一つの病院は、2006年に立ち上げたNPO法人を活用して、10年間で149床から65床まで緩やかにダウンサイジングを行っていた。[21]「病院勤務の立場からは、病院でできることは病院で、という気持ちになりやすいが、本人の関係性を的確に評価し、責任者を規定した方がよい。病院の提供できるサービスは限定的である。」[22]との意見があるように、ややもすると病院は、患者の将来を含めた多くを病院自らが見届けることを責務と考え、地域資源との連携・活用を蔑にする傾向

がある。現在、病院資源の活用として、一定の条件のもととはいえ、病床削減を行えば病院敷地内でのグループホームの設置が認められるようになった。こういった動向は尚更、入院している本人の意向に沿った地域移行支援計画を作成すること、及び医療施設は幅広い地域社会資源と連携を密にすることが求められる。

　2010年度から本事業に取り入れられた「ピアサポートの積極的な活用」は、2012年度から引き続き都道府県が管轄するものの、事業の実施主体は市町村に移行した。当事者性を発揮した心情的なサポート、すなわちピアサポーターならではの支援は地域移行支援で大きな力となり、今後各市町で実施される事業においてもピアサポートが本格的に導入される必要がある。[23]

　本事業によって退院・退所した114人の移行先の内訳をみると、自宅が最も多く29人であった。また、2014年度から制度が変更されてケアホームがグループホームに一体化したことにより、今後はグループホームへの移行者が最も多くなると思われる。県内のグループホームは常に定員を充足している状態にあり、これを含めた今後の施設整備が急がれる。

　市町別に見た障害福祉サービスの種類別利用状況について、2012年8月からわずか1年が経過した2013年8月には、四国中央市の減少以外は2.6倍から10倍も増加していた。中でも計画相談支援の利用の伸びは著しく、障害者総合支援法による障害福祉サービス申請者が急増しており、愛媛においても精神障害者の地域生活支援が順調に進展している現れと受け取れる。

ⅲ　本章（研究）の限界

　本章では、「2）方法」で述べたように、県内の各障害保健福祉圏域から報告された本事業の進捗状況等の会議用資料の配布を受け、それを基に検討したものである。この資料は、各圏域から提出された実績等を県の担当者が集計するが、担当者の交代等によって集計基準にずれが生じることが考えられる。また協議会は、本事業開始以来年間2回開催され、その2回目の資料は2月末の事業進捗状況を基に作成されていたが、2013年度及び2014年度については1回しか開催されず、この両年度の実績が9月末現在となっている。さらに、度重なる制度の変更に伴って事業実施内容が毎年のように変化したことで実績を挙げる必要のない項目が生じるなど、この間のより厳密な資料が作成できない、或いは集計数値に連続性を欠くなどがあり、これらが本章（研究）の限界であった。

5）本章のまとめ

　本県における地域移行・地域定着支援事業の実績について、より多くの対象者を支援し、その結果より多くの退院・退所者を出した松山圏域内でも、病院間には開きがあった。既

にわが国では、一つの病院による自己完結型の支援を目指す時代は過ぎた。今後、精神障害者の地域移行を進めるためには、精神科病院や施設の入院・入所者やその家族等に対して、このような事業を十分周知させることが重要である。また、地域の支援機関との連携に欠かせない地域体制整備コーディネーターを再設置するなどの充実策も必要である。一方、地域で安心して生活するための要件の一つとして、精神科救急医療システムのさらなる整備も欠かせない。更にこれからは、本人の意思を尊重した地域の受け皿づくりを進めながら、医療施設とこれら地域資源との連携した精神障害者の生活支援が求められる。

おわりに

1972年に愛媛県精神衛生センターへ心理職として就職した当時、まだ精神科クリニックは少なく、医師と共に県内の精神科無医地区を巡回診療していた。その際、本人の居る座敷牢に入って直接話を聞いたことを思い出す。これらの座敷牢は、いわゆる「座敷」のこともあったが、隙間風の入る「小屋」もあった。そんな中、四国で初めてと言われたデイケアを開始し、センター内でメンバーと内職作業も一緒にした。その作業グループが家族の運営する小規模作業所に移行し、現在ではNPO法人となって幾つかの就労継続支援施設等を運営しており、多くの障害者が一市民として街の中でその人らしい生活を送りながら、これらの施設を利用するようになっている。一方、精神科病院は一度入院すると鍵の掛かった鉄の扉で閉鎖され、長期間退院できずに侵襲的治療や多くの薬で意欲が削がれる生活を強いられる時代が続いた。しかし、最近は、わずかながらでもプライバシーに配慮された病棟で早期退院を目指し、薬剤も可能な限りの少量化が図られるようになってきた。

精神障害者は、適切な治療と周囲の支援さえあれば社会の中でその人なりの役割を果たせることが既に実証されている。まだまだ偏見や差別の厳しい中にあって、精神障害者を真に理解するため「心の教育は小学校から」をモットーに、保護者からの反対や不安の声を真摯に受け止めながら17年もの間、精神障害者が地元の小学生とさまざまな交流活動を実践している地域がある。[24] 精神障害者は特異的存在で理解困難な人として、社会の片隅に追いやられ、ひっそりと生きていた時代から、もうとっくに時代は大きく変わっている。福祉を学ぶ若い学生たちと議論している中で、彼らの意識が明らかに一昔前と変貌していることに驚かされる。

このような変革をもたらす原動力となったマンパワーは、1997年に国家資格化された精神保健福祉士と言える。彼らは職能団体として全国組織及び各都道府県に精神保健福祉士協会を設立して活動している。しかし、全国の協会のほとんどが任意団体であるのに対して、愛媛県はいち早く社団法人化を図り、一人一役をモットーとした会員意識が高く、

幅広い活動を積極的に行っている。これは、精神障害者ばかりか社会的弱者が住みやすい地域づくりを実践することで、そこに住む住民全てがより安心して暮らせる街になるものとの思いからである。ここには、本学で学んだ精神保健福祉士が多数会員や役員となって、さまざまな活動を支えている。

さて、既に周知のことではあるが、本学は「愛と真理」を教育理念として社会福祉学部を設置して以来、学生は豊かな教授陣と充実したカリキュラムによって社会福祉の全領域を丁寧に学習する。また、特に近年は、少人数の演習などにより福祉の考え方を議論しながら会得している。その上で、高齢者や障害者などの施設や社会福祉協議会などの各種福祉機関で実習し、福祉の考えや支援技術の基本的訓練を受ける。さらに、精神保健福祉士を希望する学生は、このベースとなる社会福祉の学問や実習を履修する一方で、精神医学や精神保健福祉制度などを学び、精神科病院や精神障害者施設で実習して国家試験を受ける。このように本学の精神保健福祉士養成は、単に国家資格取得を目指すのではなく、キリスト教的人間観に基づく教育理念及び誠実・高邁・奉仕の学訓のもと、社会福祉という学問を体系的にしっかり身に付けた基礎の上に成り立っているのである。聖カタリナ大学で学んだ精神保健福祉士は県内ばかりか全国で活躍しており、その評価は高い。本学の精神保健福祉士養成は今後もゆるぎない基盤に立脚し、精神障害者ばかりか福祉的支援を必要とする多くの人々に頼られる人材を育て、幅広く愛媛の福祉向上に貢献していくことになる。

謝辞

「Ⅱ．愛媛における退院可能な精神障害者の実態」については、愛媛県精神障害者地域移行支援協議会の事務局である愛媛県保健福祉部生きがい推進局障害福祉課において実施された「退院可能な精神障害者の実態調査」の結果を活用させていただきました。この調査結果の使用を快く了承下さいました障害福祉課越智和彦課長及び同課障害支援係管成徳係長はじめ、関係者の皆様に心から感謝を申し上げます。

また、「Ⅲ．愛媛における精神障害者地域移行・地域定着支援への取り組み」につきましても、愛媛県精神障害者地域移行支援協議会において提示された会議用資料を整理・分析しました。本協議会を主管されている同障害福祉課の皆様、並びに同協議会委員の皆様、さらに県内各圏域で本事業を直接推進されている関係各位に深謝申し上げます。

注
1) 岩井圭司．精神保健福祉法改正の周辺とあとさき ― 医療をめぐる強制と家族の問題を中心に―．http://synodos.jp/welfare/5070．2015年3月11日閲覧．
2) 読売新聞．「精神障害言葉の力で治す」フィンランド発「オープンダイアローグ」．2016年1月17日．大阪版14面．

3）精神保健福祉白書編集委員会．精神保健福祉白書2015年版，中央法規，155；2014．
4）第8回精神障害者に対する医療の提供を確保するための指針等に関する検討会資料4「長期入院精神障害者をめぐる現状」1. 精神科入院医療．2014；1-9．
5）我が国の精神保健福祉平成23年度版，株式会社太陽美術，19－70；2011．
6）山崎學．精神科人員基準の改正．公益社団法人日本精神科病院協会誌2012年8月号巻頭言；2012．
7）精神保健福祉白書編集委員会．精神保健福祉白書2015年版，中央法規，207－327；2014．
8）愛媛県精神保健福祉協会（発行者上野修一）．機関誌「ぷらっと」Vol.57．2014．
9）筒井迪代．平成22年度福祉・医療経営セミナー報告「愛媛県南宇和郡愛南町の精神保健医療福祉～これまで、今、これから～」．独立行政法人福祉医療機構．
10）平成26年12月4日付「26障第977号」．愛媛県精神障害者地域移行支援協議会委員，県内各市町精神保健福祉担当課長等宛公文書．
11）精神保健福祉白書編集委員会．精神保健福祉白書2016年版，中央法規，2015；199．
12）第8回精神障害者に対する医療の提供を確保するための指針等に関する検討会資料4「長期入院精神障害者をめぐる現状」1. 精神科入院医療．2014；1-9．
13）社団法人日本精神保健福祉士協会編集．精神障害者地域移行支援特別対策事業～地域体制整備コーディネーター養成研修テキスト～．社団法人日本精神保健福祉士協会，2008；8－13．
14）読売新聞大阪版．「精神科病院の社会的入院（下）」，日本精神科病院協会長尾卓夫副会長談話．2008年6月19日．
15）法野美和．精神障害者地域移行支援特別対策事業が始まって．日本精神保健福祉士協会誌．精神保健福祉第40号第2巻，100－102；2009．
16）NPO法人全国精神障害者地域生活支援協議会．障害者地域移行支援・地域定着支援ガイドブック，中央法規，2－10；2013．
17）精神保健福祉白書編集委員会．精神保健福祉白書2015年版，中央法規，60；2014．
18）屋宮康紀．ほっとねっとについて．http://hotnet.or.jp/about.html．2015年3月11日閲覧．
19）愛媛新聞．精神科病院からケアホームへ，45年ぶり退院自立へ一歩．2008年9月8日．
20）愛媛新聞．「解く追う」精神障害者ケアホーム「こだち」に1年，地域で生活「自立」進む．2008年4月6日．
21）筒井迪代．平成22年度福祉・医療経営セミナー報告「愛媛県南宇和郡愛南町の精神保健医療福祉～これまで、今、これから～」．独立行政法人福祉医療機構．
22）宮田量治、斉藤淳子、柴原慧、藤井康男、他．山梨県立北病院におえる長期在院者の退院促進・地域移行：10年間の取り組みについて．日本社会精神医学雑誌，第22巻第4号，日本社会精神医学会，531－538；2013．
23）松本真由美、上野武治．精神障害者地域移行支援事業におけるピアサポートの効果～仲間的支援と熟達的支援の意義について～．精神障害とリハビリテーション 第17巻第1号．金剛出版，60－67；2013．
24）精神保健福祉白書編集委員会．精神保健福祉白書2016年版，中央法規，114；2015．

人権意識調査から考察する法的課題と福祉教育

山本克司

　高齢者虐待を防止する手段として「基本的人権」は、重要な役割を果たす。しかし、福祉の現場において、言語的に曖昧なままである。曖昧な用法では、専門職間の連携がとれず、結果として高齢者の権利擁護・自己実現が不十分になる。その背景には、人権についての言語的混乱とそれを整理・理論化する法学的研究の不足が考えられる。この研究においては、その課題を抽出し、法学的に理論化する前提としての法的課題を抽出するものである。

はじめに

　現代の日本社会において、国民の自己実現は、日本国憲法に保障された人権により保障されている。憲法は国家の最高法規（98条）であるから、人権はわが国の法制度上は、最上位の自己実現手段である。では、人権は制度の理念通りに機能しているのだろうか。また、機能していないとすれば、法的にどのように問題解決を図ればよいのだろうか。

　ところで、私たちは、言葉をイメージし、理解して、行動に移す。これを高齢者虐待防止に人権を手段とすることに置き換えれば、私たちは、高齢者に接したとき言葉で「人権」をイメージする。そのイメージが実際にどのような内容と役割を担っているのかを理解して、高齢者に対して対人援助という表現行為を行う。そのために、まず、言語的理解が効果的に行われているか、人権の基本的理解が正確か、行動において問題解決できる程度に成熟しているかを調べる必要がある。高齢者虐待防止において、法的な問題は数多くあるが、本研究においては、経験則上最も基本的な問題である、人権の言語的理解（人権の観念）、人権の体系的理解としての自由権と生存権の関係、現実の支援での問題としての人権調整に限定して調査した。調査にあたっては、調査①として全国の福祉施設における職員の人権意識調査、調査②として高齢者福祉施設における聞き取り調査、調査③として福祉系学部における学生の人権意識調査を行った。

　人権調査①は、吉田輝美（昭和女子大学）が研究代表者として、平成26年度科研「養介護施設従事者の虐待予防や再発防止につながる人材育成プログラムの構築」（採択科研研究課題番号26590116）の一環として行ったものである。筆者は研究協力者として参加している。尚、この研究をより具体的に検証する調査として人権意識調査②を行っている。さらに、調査③で将来福祉のマンパワーとなる愛媛の学生が上記の法的な論点に対してど

のように関わっているかを調査し、法学の人権論の先行研究が愛媛の現実の福祉現場で活かされる方向性について考察した。調査の内容は、特に、イメージの段階で混乱する言語「人権」、「基本的人権」、「基本権」、「個人の尊厳」、「人間の尊厳」、理解する段階で混乱する人権の体系的理解（「自由権」と「生存権」の関係）、対人援助の段階で混乱する「人権調整」の理解に限定している。

Ⅰ．全国高齢者福祉施設における職員の人権意識調査

１）法的な解釈論を導くための検証項目

以下の仮説を立てて、調査をもとに検証する。

ⅰ 人権研修でもっとも多く学習する利用者の「個人の尊厳」の意識が人権体系上どのようなものであるか、意識される社会的な環境となっているか。すなわち、人権の種類や内容や体系についての意識をもった人権の中核概念理解となっているのだろうか。

ⅱ 人権研修で頻出する「利用者の言葉や身体表現による意思表明の尊重」や「自己決定の尊重」という研修の重要項目が人権の種類や内容や体系という具体的な言葉や概念を基盤においてのものであるのか。

ⅲ 人権研修で頻出する「利用者の言葉や身体表現による意思表明の尊重」と他の利用者や職員などとの人権の衝突があった場合の人権調整が「公共の福祉」という具体的な言語を基盤として体系的に理解されているのか。

２）調査の概要

（調査方法）

調査対象事業所は、①特別養護老人ホーム、②老人保健施設、③通所介護事業所、④訪問介護、⑤グループホームの５つである。調査対象事業所の抽出は、次の手順で行った。まず、総務省の平成25年3月31日住民基本台帳人口・世帯数、平成24年度人口動態（市区町村別）データより、都道府県ごとに人口の最少の自治体と最大数の自治体を抽出した。

次に、抽出された自治体ごとに、厚生労働省介護サービス情報公表システムにより、該当自治体の介護事業所一覧から、①〜⑤の事業所を5か所ずつ無作為に抽出した。最少の自治体では、全く事業所がない場合、次の人口最少自治体を対象としたが、最少の自治体では各事業所数が5か所未満であることで無作為抽出することが難しい場合は、抽出された数の事業所を対象とした。その結果、人口最少自治体の調査対象事業所は193ヵ所、人口最大自治体の調査対象事業所は1175ヵ所で、総数は1368事業所となった。

抽出された事業所長あて、「アンケート調査ご協力のお願い」の説明文を送付した。そ

の結果同意を得られた場合には、事業所長より自らの施設職員3名を任意に選出してもらうこととしたため、調査対象職員は、4104名となった。「養介護施設等における高齢者虐待予防に関するアンケートご協力のお願い」と「アンケート調査票」、「返信用封筒」の3種類を職員へ渡してもらった。

調査対象事業所

対象事業所数	特別養護老人ホーム	老人保健施設	適所介護	訪問介護	グループホーム	合計
人口最小自治体	32	9	72	52	28	193
人口最大自治体	235	235	235	235	235	1175
合計	267	244	307	287	263	1368

(調査方法)
　1368事業所へ郵送で調査を依頼した。回答者からは郵送で返信してもらった。

(調査期間)
　2014年8月11日から2014年9月10日である。

(分析方法)
　質問項目には選択肢を用意し、複数選択可能とした。調査結果の分析方法は、基本属性や調査質問項目を単純集計し、選択肢の中で「その他」の項目を選び、自由記述されたものについては、類似内容ごとにカテゴリー化した。

(倫理的配慮)
　調査対象職員へは、「養介護施設等における高齢者虐待予防に関するアンケートご協力のお願い」にて、調査の目的、プライバシー保護、研究倫理に関する事項を説明した。それらにより同意を得られた場合には、無記名によりアンケート調査に回答をしてもらい、個人情報が特定されることのないように実施後、個人ごとに封筒を厳封し返送してもらった。

　なお、個人が特定されないようにするために、事業所長による調査への同意は、調査票を職員へ渡したことをもって同意を得たものとし、同意されない場合には、事業所による調査票等の処分を依頼した。調査対象職員が、調査協力を辞退する場合には、調査票等を返信しない方法により、同意を得られなかったものとみなした。また、職員がアンケート調査に回答される際は、調査対象者の匿名性を確保する点から所属長は同席しないようお願いした。

(結果)

　調査票は 626 名から返却があった。回収率は 15.2％である。

人権で意識していること（n=626・複数回答）

人権で意識していること	人数	％
利用者の個人の尊厳に対する意識	491	78.4
利用者の羞恥心への配慮	461	73.6
利用者の言葉や身体表現による意思表明の尊重	437	69.8
利用者の自己決定の尊重	437	69.8
利用者に対する差別のない対応	422	67.4
利用者の自立した生活の実現	289	46.2
利用者の身体活動の自由	264	42.2
利用者および家族の各種生活情報に対する配慮	255	40.7
利用者の健康で文化的な生活の実現	213	34
利用者と職員間あるいは利用者同士の人権の調整	199	31.8
利用者の世界観や信条に対する配慮	126	20.1
利用者の宗教に対する配慮	84	13.4
利用者が求める施設運営に関する情報の開示	74	11.8
実質的平等と形式的平等の違い	50	8
利用者の財産権の維持	49	7.8
人権の種類や内容や体系	44	7
公共の福祉の意味	35	5.6
その他	9	1.4

（昭和女子大学　吉田輝美准教授の 2014 年度調査を引用）

3）調査結果の考察

ⅰ　調査項目（1）について

　利用者の個人の尊厳については、8 割近い職員が意識している。ところが、人権の種類や内容や体系については、わずか 6％弱の職員しか意識していない。このことは、個人の尊厳が人権カタログのなかでどのような役割を果たしているかということが理解されていないのではなかろうか。

　人権の中核概念が理解されていないと、日常高齢者の支援にかかわる場合、職務の本質を見失うこととなる。認知症の高齢者の支援に携わる場合、暴言や妄想、異食、あるいは弄便など様々な対応が困難な事象に遭遇する。このような場合、どのような環境であっても、支援者は高齢者の存在価値を最大限に尊重しなければならない。どのような困難事例に直面しても、高齢者の存在価値を尊重し、支援者の行為規範を形成する人権の指導概念が「個人の尊厳」である。個人の尊厳の意味や人権に人権体系における個人の地位が理解されていないと、施設においてあるいは、家庭において「高齢者の人権尊重」を標榜しても、単なるスローガンに終わってしまう。いかなる場合においても、私たちの社会で最も

重要な意味をもつ「個人の尊厳」が曖昧なまま高齢者に対応しているのではなかろうか。ではなぜ、このような結果になるのであろうか。筆者は、人権の中核概念の言語的不明瞭性が原因であると考える。その根拠として、以下のように社会福祉を支える関連条文や倫理綱領は、言語的な統一性が欠如している。

- 社会福祉法第3条「福祉サービスは『個人の尊厳』（条文中の下線は筆者による）の保持を旨とし」
- 個人情報の保護に関する法律第3条「個人情報は、『個人の人格の尊重』の理念の下に慎重に取り扱われるべきものであることにかんがみ」
- 社会福祉及び介護福祉法第44条の2「社会福祉士及び介護福祉士は、その担当する者が『個人の尊厳』を保持し」
- 社会福祉士の倫理綱領前文「われわれ社会福祉士は、すべての人が『人間としての尊厳』を有し、価値ある存在であり」
- 日本精神保健福祉士協会倫理綱領前文「われわれ精神保健福祉士は、『個人としての尊厳を尊び』
- 日本精神保健福祉士協会倫理綱領倫理原則1（1）クライエントに対する責務1号「精神保健福祉士は、クライエントの基本的人権を尊重し、『個人としての尊厳』、法の下の平等、健康で文化的な生活を営む権利を擁護する」
- 日本精神保健福祉士倫理綱領倫理基準1（1）「精神保健福祉士は、クライエントをかけがえのない一人の『人として尊重』し、専門的援助関係を結び」
- 民生委員法第15条「民生委員は、その職務を遂行するに当たっては、『個人の人格を尊重し』、その信条に関する秘密を守り」
- 児童憲章前文「児童は『人として尊ばれる』」
- 児童権利宣言前文「国際連合の諸国民は、国連憲章において、基本的人権と『人間の尊厳』及び価値とに関係する信念をあらためて確認し」
- 児童の権利に関する条約前文「国際連合加盟国の国民が、国際連合憲章において、基本的人権並びに『人間の尊厳』及び価値に関する信念を改めて確認し」
- 児童の権利に関する条約第23条「締約国は、精神的又は身体的な障害を有する児童が、『その尊厳』を確保し」
- 同上第37条（C）「自由を奪われたすべての児童は、人道的に、『人間の固有の尊厳を尊重して』」
- 教育基本法前文「我々は、この理想を実現するため、『個人の尊厳』を重んじ」
- 第2条2号「『個人の価値を尊重』して、その能力を伸ばし」
- 児童買春、児童ポルノに係る行為等の処罰及び児童の保護等に関する法律第12条「児童の人権及び特性に配慮するとともに、その名誉及び『尊厳』を害しないように

注意しなければならない」
・児童買春、児童ポルノに係る行為等の処罰及び児童の保護等に関する法律第 15 条「当該児童がその受けた影響から身体的及び心理的に回復し、『個人の尊厳』を保って成長することができるよう」
・配偶者からの暴力の防止及び被害者の保護に関する法律前文「我が国においては、日本国憲法に『個人の尊重』と法の下の平等がうたわれ」、「経済的自立が困難である女性に対して配偶者が暴力を加えることは、『個人の尊厳』を害し、男女平等の実現の妨げとなっている」
・売春防止法第 1 条「この法律は、売春が『人としての尊厳』を害し」
・介護保険法第 1 条「要介護状態となり、入浴、排せつ、食事等の介護、機能訓練並びに看護及び療養上の管理その他の医療を要する者等について、『これらのものが尊厳を保持し』」
・障害者の権利宣言「国際連合憲章において宣言された人権及び基本的自由並びに平和、『人間の尊厳』と価値及び社会正義に関する諸原則に対する信念を再確認し」
・障害者基本法第 3 条「すべての障害者は、『個人の尊厳』が重んじられ、その『尊厳』にふさわしい生活を保障される権利を有する」
・障害者基本計画Ⅰ基本的な方針「21 世紀に我が国が目指すべき社会は、障害の有無にかかわらず、国民誰もが相互に人格と『個性を尊重し』支えあう共生社会とする必要がある」
・重点施策実施五か年計画「基本計画においては、我が国が目指すべき社会を障害の有無にかかわらず、国民誰もが相互に人格と『個性を尊重し』支え合う共生社会とする」

　この点から、高齢者虐待防止において人権を最大の防御手段とするためには、人権の中核概念を言語的に明確化するとともに人権の正当性を理論的に構築する必要がある。この点については、人権意識調査②でさらに検討する。

ⅱ　調査項目（2）と（3）について
　利用者の言葉や身体表現による意思表明の尊重について、7 割近い専門職が意識している。施設の人権研修において、常に利用者の「意思表現の尊重」、「自己決定の尊重」や、「見守り」の重要性については、施設における人権研修のキーワードとなっている。また、これらについては、福祉関係の書物や研修資料で頻繁に接している。しかし、利用者と職員間あるいは利用者同士の人権の調整や「公共の福祉」の意味については意識が低い。「公共の福祉」は日本国憲法のなかで、唯一の「人権調整」についての明文規定である。ところが、「公共の福祉」の意味の意識がわずか 5.5％しかないということは、福祉現場にお

いて、人権調整がマネジメントされていないのではなかろうか。「公共の福祉」は、福祉現場において利用者の「表現の自由」の調整と深くかかわる。私たちは、社会のなかで誰もが自分の思い描いた生活を目指して生きている（自己実現）。その手段として「表現の自由」は、不可欠の権利である。

　このことは、福祉施設という部分社会においても同様である。利用者は日常生活のいたるところで、自己実現を図るため、言語、身体表現、文字などあらゆる手段で表現行為を行う。判断能力が低下しても、自己実現プロセスに対する尊重は変わることはない。ところが、表現行為は外部に自己の意思が表出するから、施設の他の利用者や施設職員の人権、あるいは自身の別の人権と対立関係を生じることがある。例えば、利用者が就寝時間に自己実現の一環として大声を上げれば、他の利用者の平穏に就寝する権利（表現の自由、生存権に関係する）を侵害する。むやみにナースコールをすれば、職員の職務に関する表現の自由や、健康に関する生存権を侵害する。寒い冬の夜間に徘徊すれば、自身の生存権を侵害する。このような場合に、利用者の「個人の尊厳」を他人あるいは、自身の他の人権とどのように調整すべきか、曖昧な人権調整知識では、問題解決ができない。

　そればかりか、高齢者虐待の重要な論点である「身体拘束」について、厚生労働省は、平成12年の通達で虐待行為と認定したうえで、原則禁止とし、3つの例外条件（緊急性、非代替性、一時性）を満たした場合に例外的に身体拘束を認めるとしている。この3つの要件を福祉の現場で運用するためには、「公共の福祉」をより明確化した基準の構築が必要となる。明確な人権調整基準がなければ、利用者の側からすれば、不明瞭な基準で職員の恣意的な判断で自己実現が阻害される。一方、職員の側からすれば、曖昧な基準では、常に自己の行為が虐待行為に当たるのでなないかという恐怖心に脅かされ、職務を行う行為が委縮してしまう（行為の委縮効果）。行為の委縮は、職員の表現の自由の侵害になる。この結果、福祉職員はバーンアウトしたり離職したりする。そのためには、「公共の福祉」をより明確化した人権調整基準の構築が必要である。

Ⅱ．福祉施設における人権調査

　施設職員の人権感覚は、研修で日頃接することが多い「利用者の個人の尊厳」、「利用者の羞恥心への配慮」、「利用者の自己決定権の尊重」はイメージづけがなされていることは調査①からうかがえる。しかし、言語的な理解においてはどうであろうか。職員の人権観念と内容の理解については、面接による聞き取り調査が正確な情報取得には不可欠である。そこで、今回の調査は、調査①と同様の内容について聞き取りにより行った。

1）調査の内容
i 調査項目
①「個人の尊厳」は言語的に明瞭性が担保され、人権カタログの指導的役割を果たしているかを調べる。
②人権の中核概念「個人の尊厳」の保障に重要な働きをする「自由権」の意味について、福祉の現場での理解を調べる。
③福祉現場の重要課題である人権の抵触関係をマネジメントする「公共の福祉」についての理解を調べる。
これらの調査結果をもとにして、福祉現場における人権の法的課題を明確化し、論点に関する事項について、高齢者虐待防止で活用できるような理論を構築する資料とする。

2）調査方法
i 調査の概要
　P府内の特別養護老人ホームQにおいて、「人権意識喚起と人権調整基準構築のための聞き取り調査」について、16名の職員と5名の利用者に対して個別にインタビュー方式で行った。調査項目は、①人権の中核である「個人の尊厳」の意味の理解、②個人の尊厳を実現するために重要な役割を果たす「自由権」の理解、③利用者と施設職員の人権調整の「公共の福祉」の意識と理解、④身体拘束についての人権の理解、⑤人権制約の基準として「必要最小限の基準」の理解、である。一人あたり30分の時間で聞き取りを行い、上記項目に関する人権に関する意識の概略的な情報を入手した。この調査は、2010（平成22）年3月に日本カトリック大学学術奨励金の支援による研究の一環として三好明夫（京都ノートルダム女子大学）を中心としてP府内のQ特別養護老人ホームにおいて行った調査において、筆者が人権に関する部分を担当したものである。

ii 対象者の属性
　16名の職員と5名の利用者に対して、個別のインタビューを実施して、その結果を分析の対象とした。職員は16名中20代が5名（男性2名、女性3名）、30代が5名（男性1名、女性4名）、40代が4名（男性1名、女性3名）、50代が2名（女性2名）である。うち、職員は大卒が6名、高卒が8名である。利用者は、5名（80代後半の男性1名、女性4名、90代前半3名、80代後半2名）。学歴は男性が大卒、女性は高等女学校卒が3名、高等小学校卒業が1名である。

iii 調査方法
　特別養護老人ホームの施設長と相談員主任、介護主任および施設利用者に調査の趣旨と

方法を説明して了承を得て、個別のインタビューを一人 30 分程度で実施した。

iv　倫理的配慮

　調査対象職員及び利用者へは、「養介護施設等における職員・利用者の人権意識調査」にて、調査の目的、プライバシー保護、研究倫理に関する事項を説明した。

3）調査項目（1）について

　この調査では、16 人中、人権の中核概念「個人の尊厳」を意識している者が 14 名、全く意識していない者が 2 名いた。意識している者のうち、確固たる意識がある者が 1 名、他は曖昧な意識と理解であった。この結果は、人権意識調査①の結果を福祉現場において、現実的に反映していることを証明している。

　ところが、「個人の尊厳」の言語的な理解については、同和問題と混同したり、言葉の重々しさから、つい意識的に逃避する傾向があるなどの意見があった。この中で、大卒の職員（6 人、男性 3 人、女性 3 人）の場合は、意識の程度が高いが、内容自体の困難性からジレンマに陥っている意見が 5 人あった。尚、「個人の尊厳」の人権カタログの体系的な役割を明確に説明できた職員はいなかった。また、16 人中 7 人が「個人の尊厳」と「人間の尊厳」のちがいについて問うと、同じだと答えた。違うと答えた 8 人に違いを問うと、「福祉関係法規で様々な使い方がなされているので、違いがある」と答えるとともに、「各種研修で両方の表現を用いているので違うのかもしれない」と、戸惑いながら答える職員がいた。16 人中、大卒の 6 人の職員は、違いについて不明瞭ながらも答えを出そうという姿勢がみられたが、高卒の 8 人中 6 人は、「無意味な議論」と位置付けていた。

　利用者の自己実現を施設として最大限保障し、その実現手段として「人権」を用いる場合、職員は「利用者の人間の尊厳」と表現するか、「利用者の個人の尊厳」と表現するか、議論に価値を認めなくても、表現においては全員が悩むと答えた。

　人権の中核概念についての質問で、インタビューを通して、性差は感じられなかった。一方、高卒の職員（8 人、男性 3 人、女性 5 人）は、研修で聞いたことを曖昧に表現することに終始し、途中で混乱し、自分の言葉で表現することができず、そのうちの 2 人は謝罪する必要はないのに謝罪した。そのうち、3 人は、個人の尊厳の人権体系における指導原理の意味が理解できなかった。

　大卒の職員は 6 人すべて、「たしか大学で習ったと思うのですが…」と、いう前置きをして、法学や憲法学の授業を思い出しながら、話してくれた。この様子から学習過程の意識の違いが「個人の尊厳」理解に影響しているとともに、人権を表す言語を統一し、よりわかりやすく表現することが求められていると感じた。

　一方、「個人の尊厳」について、大卒の男性（旧制大学予科で日本国憲法について学習

経験あり）の利用者は意識していたが、女性の利用者はすべて意識していなかった。なお、人権について、女性のうち1人（女学校卒）は意識していたが、世間話程度の理解であり、自分自身と人権とのつながりの意識は全くなかった。その他の女性利用者は人権への関心も知識もないと話していた。このことは、戦前の大日本帝国憲法の下における人権の意義と戦後の日本国憲法の人権の意義の違いが端的に現れていると考えられる。

なお、すべての女性利用者は、日本国憲法制定以前に教育を終えている。すなわち、明治憲法のもとでは、人権は天皇からの「恩恵」であり、天賦人権とは考えていない。そのため、彼女たちは、自らの人権を主張しないことが美徳と考えていた。また、人権を主張することは反社会的な行動であり抵抗感がある、という意見もあった。一方、80代後半の男性利用者は、日本国憲法制定時に旧制大学予科に在籍していた。そこで、不十分ながらも日本国憲法の3大原理である基本的人権の尊重について、天賦人権の視点からの意識があった。

「個人の尊厳」の理解について、利用者と職員の間で理解の対等性なされていない。このことは、高齢者虐待防止において、高齢者にとっては虐待を防止する手段として人権を主張することが困難であることを意味している。だとすれば、施設職員自身の虐待防止における自己の行為の内部統制のために、人権の中核概念を言語的に明確化し、人権の観念についても理論的に明確化する必要がある。また、今回の調査で曖昧なまま、自己の経験則に基づいて個人の尊厳を理解したつもりになっている者が14人と多かった。それゆえに、高齢者虐待の定義と類型を明確化し、それと人権の関係を明確化する必要がある。今回の調査で施設職員から「『個人の尊厳』とは一体どのような内容なのかよくわからない」という意見が続出した。その原因の一つとして、筆者は、福祉関連法に関与した立法者が人権カタログの指導原理を理解することなく、言語的に曖昧化したまま立法したことが原因であると考える。この点については、後に法的検討の章で詳細に考察する。

4）調査項目（2）について

個人の尊厳を実現するための人権カタログにおいて、「自由権」が最も重要な人権である。また、歴史的には、近代市民革命以降、自由権を中心に人権カタログが形成された。そこで、日本国憲法では、精神的自由、経済的自由、人身の自由が日本国憲法第三章の人権規定の中心として規定されている。今回の調査で、利用者の自由に対する意見としては以下のものがあった。

- 親族から職員に口ごたえするなと言われた。（90代前半女性、高女卒）
- 親族から自分の意見を言うなと言われた（90代前半女性、高女卒）。
- 自己の道徳観念から、自分の意見を言うことはよしとしない（90代前半女性、高女卒）。

・戦前と戦後で人権意識の違いは感じているが、親から「辛抱」することの大切さを教わったので、それを今でも守っている。「辛抱」は、美徳である（90代前半女性、高小卒）。
・施設では、まず自分ではなく、職員の視点を考える。きつく言われたら、自分の意見が言えない（80代後半女性、高小卒）。
・自分の自由は、職員の言動や接し方で変わる（80代後半女性、高小卒）
・自分らしさの実現手段を知らない（80代後半女性、高小卒）
・職員のいわゆる上から目線では行為が萎縮する（80代後半女性、高小卒）。
・自由については、人間同士の信頼が重要（80代後半、男性）
・自由は主張したいが、身体的な問題があり、難しい（80代後半女性、高女卒）。
・自由の前に相手を考える（80代後半女性、高女卒）
・自由の意識については戦前の思想の影響を強く受けている（80代後半女性、高女卒）
・自由については全く関心がない（90代前半女性、高女卒）

　利用者の個人の尊厳実現手段としての自由の意義の理解については、概して戦前の思想が強く利用者を支配していると感じた。一部、戦後の憲法教育を受けた利用者は自由の意義について理念としては理解していたが自己実現手段としての行動原理としては定着していなかった。

　16人の職員のなかで、自由の重要性を理解していると答えたのが14人、2人（高卒）は全く分からないと答えた。14名の中では、学歴を問わず全員が経験則上漠然と答えた。特に、研修における「利用者の自己決定の尊重」とか、身体拘束禁止における「利用者の身体の自由確保」などの断片的な知識が自由権が重要な人権であるという意識の根底にあるのではなかろうか。ただ、大卒の女性（50代）は、「日常業務の中で研修で学んだ自由の意義を理解しようと努力している」、と言い、業務を通して利用者の表現行為（表現の自由）の意義を理解したと話してくれた。

　しかしながら、個人の尊厳と自由のつながりが理論的に理解できず、人権の理解について困惑している、と答えた。このインタビューからも人権は、知識として高齢者虐待防止に必要であることは理解しても、実際の福祉現場では、十分に機能していない現状がみられる。この意見は調査①の人権の種類や内容や体系に対しての職員の意識の低さを裏づけるものである。それゆえに、高齢者虐待防止手段としての人権を機能的に運用するには、人権観念の明確性と体系的理解が求められる。

　16人の職員に「人権もしくは基本的人権」といえば、「自由権」か「生存権」か、どちらを優先的に思い浮かべるかを問うたところ、6人の大卒職員のうち4人が「生存権」と答え、8人の高卒職員の7人が「生存権」と答えた。大卒の4人の理由は、明確に回答した人はいなかったが、自分たちの仕事は利用者の「生きる力」の支援、だとか「最低限

度の生活が実現できてこそ、命がある」など曖昧であった。高卒の7人は、困惑気味に「何となく」とか、「施設の研修で聞いたことがあるから」など曖昧な発言が続いた。

5）調査項目（3）について

今回の調査では、利用者はほとんど全員が「人権調整」とは、「自らが我慢をすること」であると考えていた。すなわち、人権調整という概念自体が利用者の行動規範の中には存在しなかった。個人の尊厳の実現に最も重要な「自由権」の理解が不十分であることから、当然に人権調整についての理解に困難が生じているのだと考える。また、その背景には、戦前の国家主義的・全体主義的な教育の影響がいまだに高齢者の行動を支配していると考えられる。これは、戦前の教育を初等教育の段階で受けた高齢者には残っているのではなかろうか。

一方、職員は「人権調整」について意識はあるとした者が16人中12人であり、4人は意識が全くなかった。意識をもたない職員のなかでは、利用者に自分の体を触られることがハラスメント行為であり、自己の身体の自由や表現の自由を侵害されているということ自体理解していなかった。また、憲法上の人権調整基準である「公共の福祉」について職員12人（大卒6人、高卒6人）は聞いたことがあるとしたが、そのうちで、「公共の福祉」が人権調整基準であることを知っていたのは大卒職員3名だけであった。

しかし、人権調整基準について意識していない者もすべてが利用者の身体拘束についての質問では「とても悩む」と答えており、「人権調整」という言葉では忌避的な態度をとっても、潜在的に職務上は重要事項として認識している。人権調整について意識している職員については、実務での必要性と知識の曖昧性のジレンマで悩んでいる姿が聞き取り調査から浮かび上がった。このことから、人権を高齢者虐待防止のために機能させるためには、明確な人権調整基準の構築が必要である。

Ⅲ．福祉を学ぶ愛媛の大学生の人権意識調査

調査①と調査②で抽出した課題は、将来の福祉のマンパワーとなる学生においては、どのようになっているのであろうか。人権の法的課題を踏まえた福祉教育を行ううえで、重要な課題である。そこで、愛媛の社会福祉に30年近く人材を供給したA大学において、人権の理解と意識に関する調査を行い、法的課題を抽出し、福祉教育の指針の一助とした。

1）調査の概要
ⅰ　目的

将来、福祉現場においてマンパワーとなる福祉系学生の人権意識と理解の状況を調べる

ことにより、調査①および調査②で浮かび上がった法的課題を確認し、法的な課題の解釈論へと展開する。

ii 研究の対象

愛媛で社会福祉を学ぶ学生 113 名に対して行う。113 名の学生は、すべて福祉系の学生を対象とした。これらの学生は、法学、権利擁護と成年後見制度、社会福祉法制論、行政法を受講した学生で重複がないようにした。

iii 調査期間

平成 27 年 10 月 6 日〜7 日

iv 分析方法

質問項目には二択の選択肢二件法を用い、必ず一つを選択させた。調査の目的は、法的解釈をする指針を示すことが主目的であるため、単純集計とした。

v 倫理的配慮

調査対象学生へは、「高齢者虐待予防手段としての人権アンケートご協力のお願い」にて、調査の目的、プライバシー保護、研究倫理に関する事項を説明した。それらにより同意を得られた場合には、無記名によりアンケート調査に回答をしてもらい、個人情報が特定されることのないように実施後、裏面にして回収した。これについては、当該大学に上記の倫理的配慮を説明し、大学から許諾を得た。

vi 結果

調査用紙は 113 名から返却があった。回収率は 100％である。

2）質問項目

下記の質問に該当するものに○をつけてください。
1. あなたは、日常生活で「人権」という言葉をよく耳にしますか。（　はい、いいえ　）
 はい 61 人（54.0％）、いいえ 52 人（46.0％）
2. あなたは、日常生活で「人権」に配慮していますか。（　はい、いいえ　）
 はい 74 人（65.5％）、いいえ 39 人（34.5％）
3. あなたにとって、人権という言葉はむつかしいですか（　はい、いいえ　）
 はい 72 人（63.7％）、いいえ 41 人（36.3％）
4. あなたは「人権」と「基本的人権」の違いを意識していますか（　はい、いいえ　）

はい21人（18.6％）、92人（81.4％）
5. あなたにとって「人権」と「基本的人権」では、どちらが分かりやすい言葉ですか
　　　（　人権である、基本的人権である　）
　　人権である82人（72.6％）、基本的人権である31人（27.4％）
6. あなたにとって「基本権」という用語は、分かりやすい用語ですか。
　　　（　はい、いいえ　）
　　はい21人（18.6％）、いいえ92人（81.4％）
7. あなたに「人権尊重しなさい」といわれて、人権の種類や内容を意識しますか。
　　　（　はい、いいえ　）
　　はい56人（49.6％）、いいえ57人（50.4％）
8. あなたは以下の人権で関心がある方に○をつけてください。
　　（　　　）言論・出版・その他の表現行為に国家が介入して欲しくない。23人（20.4％）
　　（　　　）貧困で健康で文化的な最低限度の生活が実現できないとき、人に値する
　　　　　　生活ができるように支援して欲しい。90人（79.6％）
9. 人権でもっとも重要な概念として以下のうちどれが言語的に分かりやすいですか。
　　（　　　）人間の尊厳60人（53.1％）
　　（　　　）個人の尊厳53人（46.9％）
10. 社会生活で、人権は調整する場合があることを知っていますか。
　　　（　知っている、知らない　）
　　知っている24人（21.2％）、知らない89人（78.8％）
11.「公共の福祉」という言葉を知っていますか。（　知っている、知らない　）
　　知っている87人（77.0％）、知らない26人（23.0％）
12.「公共の福祉」が人権調整概念であることを知っていますか。
　　　（　知っている、知らない　）
　　知っている21人（18.6％）、知らない92人（81.4％）
13. 社会生活上、生存権と自由権では、どちらが重要な人権だと思いますか。
　　　（　生存権である、自由権である）
　　生存権である91人（80.5％）、自由権である22人（19.5％）
14.「人権」とか「基本的人権」とか、類似の言葉で迷うことがあると、福祉の現場
　　で混乱があると思いますか。
　　　（　そう思う、そう思わない　）
　　そう思う93人（82.3％）、20人（17.7％）

3）「日常生活で『人権』に配慮している人」に対するクロス集計

1. すべての学生 113 人のうち日常生活で人権に配慮しているのが、72 人（63.7％）であり、そのうち、43 人（59.7％）が人権は難しいとしている。尚、このうち人権の種類や内容について意識している 41 人のうち 24 人（58.5％）が人権は難しいとしている。
2. 日常生活で人権に配慮しているとされた 72 人のうち、「人権」の方が分かりやすいとした人が、52 人（72.2％）、「基本的人権」とした人が、20 人（27.8％）
3. 日常生活で人権に配慮しているとされた 72 人のうち、「基本権」という用語が分かりやすいが 14 人（19.4％）、難しいというのが 58 人（80.6％）
4. 日常生活で人権に配慮しているとされた 72 人のうち、「人権」と「基本的人権」の違いを意識しているのが、17 人（23.6％）、意識していないのが 55 人（76.4％）
5. 日常生活で人権に配慮しているとされた 72 人のうち、人権の種類や内容について意識しているのが、41 人（56.9％）、していないのが 31 人（43.1％）
6. 日常生活で人権に配慮しているとされた 72 人のうち、人権の種類や内容について意識しているとした 41 人のうち「人権」と「基本的人権」の違いを意識している人は、している人が 12 人（29.3％）、していないが 29 人（70.7％）
7. 日常生活で人権に配慮しているとされた 72 人のうち、人権の種類や内容について意識しているとした 41 人のうち「人権」という言葉が難しいとしたのが 25 人（61.0％）、難しくないとしたのが 16 人（39.0％）
8. 日常生活で人権に配慮しているとされた 72 人のうち、人権の種類や内容について意識しているとした 41 人のうち「基本権」が分かりやすい用語としたのが 9 人（22.0％）、分かり難いとしたのが 32 人（78.0％）
9. 日常生活で人権に配慮しているとされた 72 人のうち、人権の種類や内容について意識しているとした 41 人のうち、人権概念で最も重要な概念として以下のうちどれが言語的に分かりやすいですかの質問に対して、「人間の尊厳」が 17 人、「個人の尊厳」が 24 人
10. 日常生活で人権に配慮しているとされた 72 人のうち、人権の種類や内容について意識しているとした 41 人のうち、自由権に関心があるのが 7 人（17.0％）、生存権に関心があるのが 34 人（83.0％）
11. 日常生活で人権に配慮しているとされた 72 人のうち、人権の種類や内容に関心があるとされた 41 人のうち、人権として自由権が重要だとしたのが 9 人（22.0％）、生存権が重要だとしたのが 32 人（78.0％）
12. 日常生活で人権に配慮しているとされた 72 人のうち、人権の種類や内容に関心があるとされた 41 人のうち、人権には調整があることを知っている人は 13 人（31.7％）、知らない人は 28 人（68.3％）

13. 日常生活で人権に配慮しているとされた72人のうち、人権の種類や内容に関心があるとされた41人のうち、人権調整を知っている13人のうち「公共の福祉」という言葉を知っているのが13人（100％）、知らないのが0人（0％）、そのうち「公共の福祉」という言葉は知っているが、人権の調整原理であることを知っているのは7人（53.8％）、知らないのは6人（46.2％）

14. 日常生活で人権に配慮しているとされた72人のうち、人権の種類や内容に関心があるとされた41人のうち、「人権」とか「基本的人権」とか、類似の言葉で迷うことがあると、福祉の現場で混乱があると思うのが35人（85.4％）、思わないのが6人（14.6％）

15. 日常生活において、「人権」に配慮せず、かつ、人権の種類や内容を意識していない31人のうち「人権」という言葉が難しいとしたのが21人（67.7％）、難しくないとしたのが10人（32.3％）

16. 日常生活において、「人権」に配慮せず、かつ、人権の種類や内容を意識していない31人のうち、「人権」と「基本的人権」の違いを意識しているのが5人（16.1％）、していないのが26人（83.9％）

17. 日常生活において、「人権」に配慮せず、かつ、人権の種類や内容を意識していない31人のうち「人権」が分かりやすいとしたのが21人（67.7％）、「基本的人権」が分かりやすいとしたのが10人（32.3％）

18. 日常生活において、「人権」に配慮せず、かつ、人権の種類や内容を意識していない31人のうち「自由権」に関心があるとしたのが8人（25.8％）、「生存権」に関心があるとしたのが23人（74.2％）

19. 日常生活において、「人権」に配慮せず、かつ、人権の種類や内容を意識していない31人のうち人権で最も重要な概念として「人間の尊厳」が言語的に分かりやすいとしたのが14人（45.2％）、「個人の尊厳」が言語的に分かりやすいとしたのが、17人（54.8％）

20. 日常生活において、「人権」に配慮せず、かつ、人権の種類や内容を意識していない31人のうち「基本権」という用語が分かりやすいが4人（12.9％）、分かりにくいが27人（87.1％）

21. 日常生活において、「人権」に配慮せず、かつ、人権の種類や内容を意識していない31人のうち「自由権」に関心あるのが8人（25.8％）、生存権に関心があるのが23人（74.2％）

22. 日常生活において、「人権」に配慮せず、かつ、人権の種類や内容を意識していない31人のうち人権でもっとも重要な概念として言語的に分かりやすいのは「人間の尊厳」としたのが15人（48.4％）、「個人の尊厳」としたのが16人（51.6％）

23. 日常生活において、「人権」に配慮せず、かつ、人権の種類や内容を意識していない 31 人のうち人権は調整することがあるのを知っていたのが 3 人（9.7%）、知らないのが 28 人（90.3%）

24. 日常生活において、「人権」に配慮せず、かつ、人権の種類や内容を意識していない 31 人のうち「公共の福祉」という言葉を知っているのが 20 人（64.5%）、知らないのが 11 人（35.5%）

25. 日常生活において、「人権」に配慮せず、かつ、人権の種類や内容を意識していない 31 人のうち「公共の福祉」が人権調整概念であることを知っているのが 2 人（6.5%）、知らないのが 29 人（93.5%）

26. 日常生活において、「人権」に配慮せず、かつ、人権の種類や内容を意識していない 31 人のうち「生存権」が自由権より重要だとしたのが 21 人（67.7%）、「自由権」が生存権より重要としたのが 10 人（32.3%）

27. 日常生活において、「人権」に配慮せず、かつ、人権の種類や内容を意識していない 31 人のうち「人権」とか「基本的人権」とか、類似の言葉で迷うことがあると、福祉の現場で混乱があると思う人が 22 人（71.0%）、思わない人が 9 人（29.0%）

4）集計結果からの考察

i　単純集計からの人権理解に対する考察

　日常生活において福祉を学ぶ学生の過半数は、「人権」という概念を意識しているし、行動規範としている。しかし、概念としての難しさを意識としてもっている。このことは、人権の観念など理論的な教育の不十分さの表れではなかろうか。

　法学の分野では、人権概念を表現する言語として「人権」、「基本的人権」、「基本権」が研究者により研究にかかわる外国法の影響から統一性なく使われている。この言語として、「基本権」という言語に対して理解度が低く、学生の拒否的な意識がうかがえる。その反面、「人権」と「基本的人権」については、区別の意識が低い。言語的な混乱は、82.3% という多くの学生が福祉現場での混乱を危惧している。

　人権意識は全体として、65.5% という数字から、社会に浸透しているが、質の高い対人支援行為の行動規範となる人権の理論的理解について、福祉教育をうけていても過半数（50.7%）が意識をもっていない。そもそも、人権は対国家に対する防御権として生まれたものであるのに、人権の関心は 8 割弱が生存権に向いており、かつ 8 割強が国家からの防御権である自由権より国家からの支援を受ける生存権を重視している。この点、人権の教育を担う研究者の間では、自由権を人権もしくは基本的人権とし、生存権は、憲法により制度化された「基本権」であるとする有力な学説があるが、理論的な研究と国民の意識・理解は著しく乖離している。

調査②の福祉施設職員のインタビューより福祉の現場において、職員は利用者の人権と自己の人権の対立に悩むことが多いことが分かった。このことがストレスとなり、高齢者虐待の原因となっている。それゆえに、人権調整について明確な基準を構築しなければならない。日本国憲法において、明文化された「人権調整原理」は、「公共の福祉」である。日本国憲法の人権規定が、人権保障の法源であることから、人権調整基準は、「公共の福祉」をもとに構築しなければならない。そこで、福祉を学ぶ学生を対象にこの概念についての理解の現状を調査した。

　福祉を学んでいて社会生活での人権調整について、知っている人が21.3％というのは、人権調整機能が社会のなかで十分機能していないことの表れである。これを知らないで、福祉現場にでれば、福祉に熱い情熱をもっている職員ほど自己犠牲を伴う高齢者への熱い思い入れとそれを理解できない高齢者の行為の間でバーンアウトしてしまう危険性がある。

　それを回避するには、どこまで高齢者の人権を保障すればよいのかを判断する基準、すなわち、「人権調整基準」が必要となる。

　ところで、人権調整を知らない割合が8割弱もあるにもかかわらず、「公共の福祉」という「言葉」は、77.0％もの人が知っている。一方で、「公共の福祉」が人権調整概念であることは、81.4％が知らない。このことは、人権の「言葉」と「機能」が社会のなかで結びついておらず、いわゆる高齢者の自己実現という効果をともなわない、いわゆる人権の「上滑り」現象が起こっているのではなかろうか。

　社会のなかで、高齢者虐待防止の重要な手段である人権が曖昧に用いられると、福祉現場で混乱が発生する考える人は、82.3％いるので、人権の言語的明確性を求め、それが高齢者虐待防止につながるとの潜在的意識はあると考えられる。

ⅱ　最も人権感覚が鋭いと思われるグループの人権理解に対する考察

　このグループは、すべての学生113名のうち、日常生活で人権に配慮しているグループ72人（以下、人権感覚の鋭いグループという）で構成されている。このうち、人権の種類や内容について意識している学生41人を「最も人権感覚が鋭いグループ」という。学生のなかで最も人権感覚が鋭いと思われる学生のうち58.5％が人権は難しいと考えている。このグループとの対比で、日常生活で人権に配慮せず、かつ、人権の種類や内容を意識していない31人（以下「人権感覚が鋭くないグループ」という）と比較すると、このグループは人権という言葉が難しいとされたのは、67.7％である。この人権意識の違いのあるグループの対比から、言葉の分かり難さが、人権への関心を阻害しているのではなかろうか。だとすれば、法的研究において、人権観念を明確化することが求められる。尚、ここにいう人権観念とは、人権の意義・定義、人権に関する言語的理解、人権の中核概念の理解、人権の正当性の根拠などをいう。

人権感覚が鋭いグループのうち言語的に「人権」と「基本的人権」の違いを意識しているのは70・9％、これと対立する人権感覚の鋭くないグループでは、16.1％である。この顕著な差がありながら、人権の言葉の難しさについては、前者のグループのうち61.0％が難しいとし、後者が67.7％で大きな差異はない。このことは、人権の言語的な不明瞭性が人権意識の昂揚を目指している人たちの人権感覚を阻害しているのではなかろうか。また、前者のグループにおいて「基本権」が分かり難いとしたのが78％、後者のグループでは87.1％が分かり難いとしている。この結果から、人権を機能的に運用するためには、人権にかかわる類似概念を整理することが求められる。

　人権感覚が最も鋭いグループにおいて、自由権に関心がある人が25.8％、生存権に関心がある人が74.2％、さらに類似の質問で自由権と生存権の比較における重要性の認識では、自由権が22.0％、生存権が78.0％、人権感覚が鋭くないグループにおいては、自由権に関心がある人が25.8％、生存権に関心がある人が74.2％である。同じく類似の質問で自由権と生存権の重要性の意識では、自由権が重要としたのが32.3％、生存権が重要としたのが74.2％である。人権の性格による理解については、属性による大きな差異はないが、いずれも生存権に重要性の意識をもっている。学説において、人権もしくは基本的人権は、自然権を基調とする自由権と平等権をいい、生存権を中核とする社会権は、人権もしくは、基本的人権のカテゴリーから除外する学説があるが。詳細は、次章で検討するが、この調査結果からは、社会の意識とはかなり乖離する考え方である。

　なお、福祉現場における職員の人権で意識していることの調査では、自由権についての意識が高い結果となっており、利用者の健康で文化的な最低限度の生活の実現という「生存権」の意識は、自由権より低くなっている。このことは、施設利用者の生存権の保障は、「健康で文化的な生活の実現」の側面については、一定の水準を満たしていることから意識水準が低いのであろうか。

　最も人権感覚が鋭いグループにおいて、人権調整を知らない人が68.3％、最も人権感覚が鋭くないグループにおいては、90.3％である。このことは、福祉現場における人権対立関係のマネジメントが不十分であることが考えられる。この傾向は、現場で職員の僅か5.6％しか人権調整の用語である「公共の福祉」を意識していないことに表れている（調査①より）。最も人権感覚が鋭いグループは人権調整について知っている人が31.7％で、最も人権感覚が鋭くないグループの9.7％に比べて、圧倒的に言語的な感性は高い。しかし、公共の福祉の内容について理解している人は53.7％にとどまり、言語的な感性と理解の間に乖離が見られる。最も人権感覚が鋭くないグループにおいては、公共の福祉という言葉を知っている人が64.5％いるにもかかわらず、公共の福祉が人権調整概念であることを知らない人は93.5％であった。

おわりに

　調査①から③を通して、人権の高齢者虐待防止における作用を有効的にするには、類似言語の整理と統一的理解、国民の言語感覚と実際の人権運用の一致、国民の行動意識を明確化する人権の正当化が必要であるとともに、人権意識の鋭くない人が分かりやすい虐待類型の構築など、イメージを明確化する必要があることが分かった。

　この問題意識をもとに高齢者に対する支援の質を向上させるには、どのような福祉教育が必要であろうか。この点について、筆者は以下のように考える。

　まず、人権の中核概念を「個人の尊厳」として、明確化し、日本国憲法13条により、根拠づける。福祉の教育においては、「自分の思いを実現すること（自己実現）を尊重すること」と平易かつ明確な言語で表現できるようにする必要がある。また、これが、「しあわせ」だとイメージさせる。そして、自己実現（しあわせ）を尊重する手段として、人権があるとして、人権の体系を意識させる。その際、「しあわせ」の具体例を列挙させ、その共通点を考えさせることが必要である。それぞれの「しあわせ」の共通項は、「誰にも邪魔されず、干渉されず、自分の思いを実現すること」である。これが、「自由」であり、私たちの人権にとって最も重要であることを、福祉職自身の頭で考え、意識させる。

　しかし、自由は社会的に弱い立場にある人にとって、生存を脅かす危険性がある。具体的には、認知症高齢者の行動を自由の名のもとに放置すれば、生命の危機に直面する。それゆえに、自由を補い、社会的弱者の人間に値する生活を保障する人権を保障しなければ、「しあわせ」を現実化することができない。このことを意識させて「生存権」の意義を考えさせる。この生存権を根拠として福祉専門職の活動が根拠づけられている、と言うようにすれば、高齢者にかかわる専門職は同じ人権意識を共有化して質の高い福祉サービスを提供できるのではなかろうか。

　また、福祉の現場では、利用者と専門職間の人権対立や利用者間の人権対立が頻繁に発生する。しかし、この調整については、上記の調査によれば職員のなかで理論的な調整基準が構築されていないことが分かる。日本国憲法において、明文化されている人権調整基準は、唯一「公共の福祉」である。ところが、この基準は、曖昧で解釈によっては、私たちの人権保障を弱体化させる危険性がある。これからの福祉教育においては、「公共の福祉」をさらに精緻化した人権調整基準の構築が求められる。

【参考文献】
青柳幸一『個人の尊重と人間の尊厳』（尚学社、1996年）
芦部信喜『憲法訴訟の理論』（有斐閣、1973年）
芦部信喜『現代人権論』（有斐閣、1974年）

芦部信喜『憲法Ⅱ人権（1）』（有斐閣、1978）
芦部信喜『憲法学Ⅰ　憲法総論』（有斐閣、1992 年）
芦部信喜『憲法学Ⅱ　人権総論』（有斐閣、1994 年）
芦部信喜『憲法〔第 6 版〕』（岩波書店、2015 年）
伊藤正巳『言論・出版の自由』（岩波書店、1959 年）
伊藤正巳『憲法〔第 3 版〕』（弘文堂、1995 年）
井上茂『人権序説』（岩波書店、1976 年）
大須賀明『生存権論』（日本評論社、1984 年）
大須賀明『社会国家と憲法』（弘文堂、1992 年）
大須賀明大須賀明・栗城壽夫・樋口陽一・吉田善明編『憲法辞典』（三省堂、2001 年）
長谷部恭男『憲法』（新世社、1996 年）
長谷部恭男『憲法の理性』（東大出版会、2006 年）
長谷部恭男『憲法〔第 4 版〕』（新世社、2008 年）
長谷川正安『憲法解釈の研究』（勁草書房、1974 年）
樋口陽一『近代立憲主義と現代国家』（勁草書房、1973 年）
樋口陽一『現代民主主義の憲法思想』（創文社、1977 年）
樋口陽一『人権』（三省堂、1996 年）
樋口陽一『憲法〔改訂版〕』（創文社、1998 年）
樋口陽一・吉田善明編『解説世界憲法集〔第 4 版〕』（三省堂、2004 年）
樋口陽一『国法学・人権原論』（有斐閣、2004 年）
中村睦男『社会権法理の形成』（有斐閣、1973 年）
中村睦男『社会権の解釈』（有斐閣、1983 年）
中村睦男・永井憲一『生存権・教育権』（法律文化社　1989 年）
中村睦男『論点憲法教室』（有斐閣　1990 年）

いのちを大切にする心を育てる幼児教育
―隣人を愛する心とその実践―

竹田　信恵

　　いのちはまず神からのものである。聖書の創世記の冒頭に「神はご自分に似せて人を造られた」とある。いのちの尊厳は神から来ることろから始まる。
　　人がいのちを傷つける背景を検証すると、幼児期からいのちを大切にする教育が必要不可欠であることが明白となる。幼児教育現場には、無償の愛を持って子どものありのままの姿を受容し、認め育てる保育者の教育的姿勢と、子どもがいのちの大切さを感じる人的、物的環境を整える教育的配慮が必要であって、いのちの教育の成果は数値で評価することはできない。この教育方法は聖女カタリナの霊性を継承する本学の幼児教育方針でもある。

はじめに

　いのちはまず神からのものである。聖書の創世記の冒頭に「神はご自分に似せて人を造られた」（1,27）とある。いのちの尊厳は神から来ることろから始まる。
　いのちは尊くかけがえのないものであり、重んずべきものであることはだれもが認識している。しかし、我が国において、自他のいのちが傷つけられている現実があることも確かである。自他のいのちが傷つけられている状況はあらゆる年齢層において起こっているが、加害者や被害者が若年層である場合には特に、マスメディア等によって大きな社会問題として取り上げられることが多い。
　他者や自身のいのちを傷つけるのは、それぞれに複雑な事情があるにせよ、彼らがいのちの大切さを認識していないのではなく、いのちを傷つけざるを得ない背景がある。それを考察し論及することが「命を大切にする幼児教育」の最重要課題ではないかと筆者は考える。
　そこで本稿においては、先学が指摘する論理を吟味しながら、教育現場の実践を事例として論述するが、更に本学園の建学の精神である、聖女カタリナの隣人を大切にする精神（隣人愛）を教育方針に掲げる本学の指導法も参考にして論を進めたい。
　まず第Ⅰ章では、「いのち」と、「人が生きていくこと」について考察する。特に先学諸氏の論考と事例研究を引用しながら、自他のいのちを大切にする愛の実践に何が必要なのかについて言及する。

第Ⅱ章では、いのちを傷つけた経験を持つ弁護士、大平光代の自伝をもとに、彼女が、いのちを傷つけざるを得なかった背景を探ってみた。その経験は、現代社会の少年等に共通して見られる。

　第Ⅲ章では、いのちを大切にする心を育てる幼児期が、特に基本的信頼を培う重要な時期であるという視点から、筆者が幼稚園や保育所において、研究観察をした際に遭遇する事例を取り上げ、いのちを大切にする心を育むために、幼児教育現場にどのよう保育技術と教育的配慮が必要かを考察した。

Ⅰ．いのちの定義とその検証

1）　いのち・生きることの基礎概念

ⅰ　いのちとは何か

　「いのち」とは何か、この命題は有史以来、哲学者や宗教学者が取り組み、定義付けてきた普遍的命題である。この命題は、哲学者に限らず、この世の全ての人たちが、多かれ少なかれ考えてきた命題であり、人類が生きている限り続いてゆく命題でもある。

　「いのち」とは何かという問いは、哲学では、「いのち」が物質的なものに尽きるか否かというところから始まる。例えば、生物学的立場においては、「生命とは生物のみに見られる生から死に至るまでの環境に対応して生存している本体」[1]と論じている。しかし、ただそれだけの文言だけでは埋められない人間の霊的存在も念頭に置かなければならない。「哲学においていのちの問題は、形而上学、存在論の問題であり、人間論の問題であるばかりではなく、実存哲学、倫理学の問題」[2]であり、単なる一側面から論考することは困難である。仮に多角的側面から語り得たとしてもなお、つかみ切れない神秘性を秘めたものが潜んでいる。特に現代社会においては、生殖医療や終末医療の発達によって、人の「命」[3]がいつ始まり、いつ終わるのか、判断することすら難しい時代となってきている。「いのち」の持つ神秘性を含め、改めて、「いのちとは何か」ということについて問い直さなければならない時に直面しているのである。

ⅱ　「いのち」を「生きている」という言葉でとらえる

①存在そのものによって生きている

　人はいかなる時に「生きている」と感じるのだろうか。普段から四六時中、「生きている」ことについて意識している人は少ない。朝が来れば起床し、顔を洗い、朝食を済ませ、学校や職場に出掛ける。そして勤めを終え帰宅し就寝するまで、一度も自分が「生きている」ということを考えることもなく一日を終える。多くの人は、日々の生活に忙しく、自分が生きていることを、ことさら自覚することもないままに、人生の大部分を過ごしているの

である。つまり、そこに「いのち」を、「生きている」という意識の心的形象として捉えることができるのである。

　しかし、自分が「生きている」ことを意識する時がある。それは、殺人事件や不慮の事故などのニュースを聞いたり、身近な人の死に出会ったり、自身が病に遭遇した時におきる。あるいは、子どもの出産に立ち会ったり、生後まもない赤ちゃんが、精一杯泣いている姿や、平和に寝ている顔を眺めている時であるのかも知れない。

　若くして乳ガンを発症し余命1ヶ月を告げられた女性に、友だちが「何してるの？」と尋ねた時、彼女が「生きてるの」と笑顔で応えた場面がある[4]。「生きてるの」と応えた女性は、癌に侵され、余命1ヶ月という自分の死を告知され、実際に、髪が抜け、体力が急激に落ちるという現実と向き合いながら、自分がまもなく死を迎えることを受容していく過程の中で、次第に、「生きている」ことを自覚し、「生きてるの」と笑顔で応えることができたと考えられる。

　また、詩人星野富弘は、人並み以上に健康に恵まれ、体育教師として活躍していたが、24歳のある日、宙返りの着地に失敗し、自由が失われ全身麻痺状態になっている。下記の詩は、首から下が全く機能しないという悲惨な状況の中で生きる気力を失っていた彼が、つらい気持ちを克服して新たに生きる希望を見いだした時に書いたものである。

　　　「いのちが一番大切だと思っていたころ、
　　　　生きるのが苦しかった。
　　　　いのちより大切なものがあると知った日、
　　　　生きているのが嬉しかった」[5]
　　　　　　　　　　　　　　　　　（星野富弘）

　この詩の「いのち」とは、身体的「命」を指していると考えられる。頑強だった身体の殆どの機能を失った彼は、長い間、生きることを苦しみと感じていたが、ある時、「命」に勝る価値を見いだし、生きることを嬉しく感じるようになったのである。星野にとって、「命よりも大切なもの」とは何だったのだろうか。

　精神科医の平山は、「命より大切なものがあるとすれば、それは人間が『生きている』あるいは、『生かされている』といった『存在感』ではないか。いくら呼吸をし、心臓は動いていても『生きている』という存在感がなければ、人間は生きているとは言えない。命よりも大切なものは人間存在そのものなのである」[6]と精神科医の立場から述べている。癌患者の女性も星野も、それまで価値があると思っていたものを全てはぎ取られたがために、自分が、「生きている」あるいは「生かされている」という「存在感」を感じるようになったのである。星野の場合は、病床でキリスト教に入信し、自分の存在は永遠の命の与え主

である神から与えられたものであると、その「存在感」を確信していた。

　②行為することによって生きている
　「生きている」と感じられる時は他にもある。それは、自分の夢や目標に向かって歩んでいる時である。自分の目標に向かって精一杯の努力を惜しまない時の自己充実感、自己充足感、そして、目標に達した時の達成感を味わう時、「生きている」と感じているのではないか。
　夢や目標の種類や大きさは、人それぞれの価値観によって異なる。たとえば、何者かになろうという大志を抱いている人もいるだろうし、その望みが他者に開かれ、社会によりよく貢献しようという使命感に心を燃やして活動している人もいる。いずれにせよ、生きる目的を持って行動することはその人を生かし、自分の行為が誰かのために、あるいは何かの役に立っていると思える時に、人は「生きている」もしくは、「生かされている」と感じるのである。それは、「生きがい」という言葉に換言することができる。
　「生きがいは、人生のすべてのステージにおいて、なくてはならないものであるが、年老いた人には特に、生きがいを与えるほど大きな愛はなく、その人から生きがいを奪うほど残酷なことはない」[7] 若い時代には、身体的生命が成長しており、壮年時代には身体的生命が衰え始めるにしても、各々が社会の中で何らかの使命や役割があり、社会的に生きられる状態にある。しかし、老年期になると身体的生命も、社会的に生きられる状態も徐々に失なわれていくために、人生のどのステージよりも一層、「いきがい」を持つことが不可欠となる。しかし、身体的命や社会的いのちが衰えたとしても、人間の精神性、さらに霊的側面は、死を迎える時まで成長し続けるものである。生きがいは、生涯求めつづけるものである。つまり「生きている」もしくは「生かされている」と実感することはその人が生きていける要素の一つである。
　以上、「いのち」を「生きている」ととらえてみると、含意する全てをはぎ取っても、「生きている」もしくは「生かされている」と感じる存在のレベルと、自己や他者に対する夢や目標、使命感を持つことによって「生きている」、もしくは「生かされている」と感じる行為のレベルという深意があることに気づかされる。そして、両者に共通して見えてくるもの、それは「生きている」とか「生かされている」と感じさせている他者の存在である。

2）他者を信頼すること
ⅰ　生きる支えとしての他者
　生きる支えとしての他者に言及している事例に『それでも人生にイエスという』書がある。アウシュビッツ収容所で3年間の強制労働を経験したV・E・フランクルが著したこの書[8]の中で、「収容所に入る前に服を脱がされ、毛を剃られ、それまでの生活を全て捨

させられて死だけが目の前にある状態の中で、人間らしくあるためには心の支えを持っていることが不可欠であった」と述べている。多くの人の場合、その支えは、将来もしくは永遠のいずれかであったという。将来の生活を支えにしていた人は、家族であれ、恋人であれ、友であれ、収容所の外で自分を待っている人々や、社会に対する使命感など、将来への希望を持っていた人であり、神や来世への希望を持っていた人である。彼らにその支えがあったからこそ、人間性をことごとく無視された生活環境を余儀なくされ、苛酷な労働を強いられていた強制収容所の中で、極限の苦しみを乗り越えて「人間らしく生きよう」としたのである。

ii 他者を信頼するということ

次に他者を支えと感じるのは、信頼できる他者がいるからであろう。V・Eフランクルが取り上げたアウシュビッツの強制労働者たちは、自分の帰りを待っている他者、将来への夢や希望、使命感、神を信頼していたからこそ、それを生きる支えにすることができたのである。

筆者が、本稿で扱かおうとする「信頼」という語は、企業間の取引能力や利害関係を意識したものではなく、人と人との心が通う関わりの中で生じ、相手を信じて頼るということを意識した語意である。エリクソンが指摘する「幼い頃作られる基本的信頼に帰結するもの」である。つまり、自分の存在や行為を認めくれる他者への思いを、「信頼」と捉えている。更に、筆者が論及する「信頼」とは、行為の善し悪しに関係なく、どんな状態であっても、自分自身の存在と、行為を認め、受け入れ、決して他者を見捨てないということを信じて頼ることである。そして、「信頼」は、安心感や希望、さらに生きようという気持ちとして表れるものであると考えられる。であるから、企業間の使用法とは異なる、心の癒しに関連した語義が含意されているのである。

iii 人が「生きていく」ことと「信頼関係の絆」をつくること

自然であれ、人であれ、動物であれ、あるいは神であれ、それらを信頼することができる時、人は「生かされている」ことを感じ、「生きていく」ことができる。人が生きてゆくということは、自分と自分、自分と他者、あるいは自分の周りの自然や神との信頼関係の絆を結び続けることである。こう考えてみると「生きていくこと」は他者との交わりの中で「信頼関係の絆を結ぶこと」によって親密な関係が生じることに気づかされる。

社会には不可解なことや不条理なことがはびこっており、時には自分自身の中にそれを見いだし、不安にさいなまれることもある。生きるためには、それを乗り越えていく根気と精神力、霊的な力が必要となる。「わからないこと」に耐えるには、世界を支えるものへの「基本的信頼」が乳幼児期から育ち、一生を通じて深められていなくてはならない。[9]

こう考えると、人生の最も大切な基盤となるものはすでに乳幼児期に用意されていることがわかる。

3）他者との信頼関係の絆を結ぶさまたげ

　現在、日本は豊かで長寿国であると言われている。確かに、「豊かさ」とか、「長く生きながらえる」ということを物質的側面から見ればその通りかも知れない。一方で格差社会になっているとはいえ、他国に比べると豊かであるし、長く生き延びることができ、簡単に死ぬことのできない時代でもある。しかし、一見、豊かと思われる人々や、長く、生き延びている人々が本当に人間らしい豊かな生活を送り、よりよく生きているのだろうか。その裏付けとして、我が国に自殺者が多いのも事実である。物資的に豊かで便利になり、あらゆるサービスや、自動的に処理をする機械のおかげで、一人でも「生きられる」状態であるにもかかわらず、「死」を選ぶ人たちがいる。また、他者の命を奪う事件が頻繁に起こっている。それらの原因については、複雑な要因が絡み合っており、出来事の背景には、加害者の生い立ちと被害者の生い立ちとが絡み、その時々の状況も重なり合わさっているのである。

　石井によれば、ヨーロッパに芽生えた新しい文明が発展し、それが地球上の人間と生物の在り方を大きく変え、その運命を左右するに至ったが、特に学問の分化が起こり、それまで学際的であった哲学、医学、法学、神学が分れ、研究がなされるようになったためである。医学を哲学から独立させ、宗教や世界観の問題からも切り離して、純粋で経験的な学問として改変させたためである。哲学も教会の信仰や神学とは別に、どこまでも自然の摂理を探求することが可能になっていった。彼は学問そのものの、更には学問を進める人間の存在そのものの根底の問い直しが要求されていると主張している。また一方では、心が貧しくなり、自己を失ったという。人間は、自分たちの夢を実現した文明の成果を賛嘆し誇る。そしてさらに、「安楽に死ぬ」ことを願う。けれども実際には、人々の心と体は、虚ろである。近代から現代の苦しみの根源は、その悲惨さのなかにある。健康問題も、また世界平和の問題にしても、結局ここに帰結する。人間が思考の基本を欠き、外に向かって無限に発展していく努力の先は、結局、憎悪を敵対、破壊と争闘でしかないのである。[10]

　発展そのものが悪ではないが、より良きものを求めて発展させるには、理性を備えた人間を育てることも当然のことである。問題となるのは、石井がいうように、隣人を大切にする心を欠き、外に向かって弱体化し、内なる心が貧しく自己を失っていることである。換言すると、人間のありのままの姿が自他ともに見えない状況が起きているのである。

　ありのままの姿が見えない要因としては次の3つのことが考えられる。1つは外面を飾ることによって人間のありのままの姿が覆い隠されているという点である。「より良く」飾ろうとすることによって、ありのままの自分とは関係のない、創り上げられた「良さ」

を目指しているだけである。その誤った価値を唯一最高の価値であるかのように皆が求めているのである。

2つは、自分自身を偽ることによって自分の内面において心の葛藤が生じているということである。「素顔の自分がわからない」「自分らしさがわからない」状態である。

3つは、自分のありのままの姿を知るためには、つくられた枠組みではなく、ありのままの姿を受け止めてくれる他者の存在が必要であるが、他者との関係が希薄になったり、切れるがために実行できないことである。

4）信頼関係の絆をつくるための愛の実践

ありのままの姿を受け入れてくれる人とはどのような人か。それは、自分の枠組みを超えて受け入れる人である。親子の関係でいうと、親の求めるような子どもではなくても、親の目からみた善悪を越えた存在として、子どもを受け入れ、認める人、価値あるものとして大切にする人である。

筆者は、自分の枠組を超えて他者のありのままの姿を受け入れる態度をキリスト教用語を借りて「無条件（無償）の愛で愛すること」ととらえている。愛は、条件付き愛と無条件の愛に大きく分けられる。

まず、条件付き愛で愛するとは、子どもが親の求める存在であったり、親の求める行為をする場合には、大切なものとして世話をしたり、価値あるものとして認めたりする親の立場である。もし、子どもが親の求める存在でなかったり、親の求める行為に反することをする場合には、否定し、無視し、見捨てるという態度をとることである。

次に無条件（無償）の愛で愛するとは、子どものありのままの姿を受け止める立場である。つまり、子どもが親の求める行為をしない場合でも、その子どもの存在自体を大切な存在として受け入れたり、価値あるものとして認めたり、決して見捨てないという態度をとることである。

子どもの立場から見ると、親が条件付きの愛で愛する場合、自分が親の求める存在であったり、親の求める行為をする場合のみ、親は自分を大切な存在として受け入れて価値あるものとして認め、決して見捨てない条件付き立場である。一方自分が親の求める存在ではなかったり、親の求める行為をしない場合は、自分を受け入れない、認めない、大切にしないと感じることが起きる。だから、親に大切にされ、価値あるものとされ、認められる立場になろうと振る舞うが、親の求めるものが自分の求めるものと、違う場合には、子どもは生きているという実感が感じられなくなる。

無条件（無償）の愛で親が子どもに接した場合、親自身の善悪の価値を超えて、子どもはありのままの姿でいられるし、生き生きとした表情をすることが可能となり、生きている実感を得るようになる。それが親の無条件（無償）の愛、「信頼」による愛である。

Ⅱ．少年犯罪といのち

　近年、いのちを大切にする教育の必要性が問われている。それが、1997年の神戸における小学生連続殺傷事件と、それに続く一連の少年犯罪が発端となっていることは周知のことである[11]。その後、近藤らの研究チームや兵庫県教育委員会の研究チームによって、「いのちの教育」と名付けられたマニュアルやカリキュラムも登場するようになった[12),13]。

　近藤は、いのちの教育は、「いのちのかけがえのなさ、大切さ、すばらしさを実感し、それを共有することを通して、自分自身の存在を肯定できるようになることを目指す教育的営み」[14]と定義しているが、その背景には、現代の子どもたちがいのちの大切さを実感できていないという考えがある。また、兵庫県教育委員会の研究チームも、命の大切さを実感させることを目的とする改善された教育プログラムモデルを示している[15]。その具体的テーマは誕生と喜びと感謝、成長への支援への感謝、限りある命の尊さ、理解し合う心に支えられた命、尊い命を守るための教育モデル等である。そのプログラムは、小学校低学年・小学校中学年・小学校高学年・中学校・高校と区切られ、発達段階を考慮した上で、綿密に編集されたものである。

　そのような「いのちの教育」研究ではあるが、その一方で、いのちの教育が叫ばれはじめてから20年たった今も、いじめを含めて少年事件が後をたたない。

　これについての論調は、①最近安易に他人を傷つけてしまう子どもが増加している（子どもの変化）②それは最近の子供たちはいのちの大切さを理解していないからだ（変化の理由）。③それゆえ、いのちの教育が必要である（変化への対応）というものである。

　しかし、この指摘の基となる事実認識はデータを見る限り正当ではない。つまり、殺人を犯す少年の比率は、急増していないからである。少年犯罪の低年齢化が急激に進んだという事実もない。残虐な犯罪は今の時代だけではなく、先代にも発生していた。上記のイメージを拡大解釈しているのはマスメディアであるという指摘もある[16]。

　だから、このような論考を一端棚上げして、改めて子どもに起こった変化とそれへの対応を考え直すべきである。

　そこで、本章では、いのちの教育を考える以前に、子どもがいのちを大切にしないという状況に陥る背景を見つめることから始め、いのちを大切にする心を育てる教育の本質にせまってみる。

1）いのちを傷つける背景

ⅰ　いじめから立ち直る決意

　『だから、あなたも生きぬいて』[17]が2003年に出版された。大平光代弁護士の半生を綴っ

た自伝である。彼女が非行に走ったことや、立ち直った経緯について詳細に語っている。それを描くことによって、心の闇の中で孤独のうちに苦しんでいる非行少年たちを力づけたいという願いからである。

　光代は中学校1年生に転校した学校で、番町格のA子から話かけられたのに、うっかり返事をしなかった。たったそれだけの理由で、睨まれ陰湿ないじめを受けるようになり、その後の人生を大きく変えてしまうのである。

　彼女は、両親が共働きのごく普通の家庭に一人娘として生まれ、祖母に溺愛されて育ったが、いじめはエスカレートし、ついに川岸で割腹自殺未遂を経験する。しかし、一度は学校に戻るが、状況は悪化し、非行に走る。16歳で暴力団組長の妻をへて、スナックで勤めていたある日、幼い頃、実家で遊んでもらった父親の仕事仲間、大平と再会する。その後、大平やその仲間たちに励まされながら、少しずつ過去を断ち切り、立ち直る決意をする。猛勉強の末、ついに司法試験に合格し、現在は非行少年の更生に努める弁護士として活躍している。

　筆者は、彼女の辿った道のりは、現代の少年たちがいのちを大切にしない状況に陥る背景について理解するための手がかりとなるのではないかと思っている。

ⅱ　いのちを傷つけ、非行に走る背景

　このような経緯によって彼女がどん底に陥っていった背景には、友だち、教師、両親など、彼女を取り囲む人々との信頼関係が出来ていないか、もしくは、ことごとく裏切られていく様子を見ることが出来る。彼女と友や教師、親との信頼関係に着目しながら、どのような状態であったのか検証する。

　友との関係はまず、集団無視や親友の裏切りによって「居場所がなかった」とか「仲間がほしかった」と記され、信頼できる人が周囲にいなかった状況がうかがえる。光代は、非行少女と同じ行動をとれば仲間に入れてくれると思い、実行するが、結局は仲間として受け入れられることはなかった。

　担任との関係は、登校拒否後、A子と仲直りの握手をするよう担任から求められた時、形ばかりの仲直りをさせる先生に対して、「納得がいかない」と心の中で思いながら握手をしたのは、いじめがなくなることを願ってという気持ちもあり、ここは、先生の指示通り振る舞うしかなかったのだろうと思われる。そこに、担任と光代の深い隔たりを見ることができる。担任は一方的で、偏った情報での状況を判断し、彼なりに考えついた解決策が「握手で仲直り」だったのである。

　親子関係を見ても、「お母ちゃん、道も歩かれへん。お願い、学校だけは行って」という言葉や、美容学校に合格しても光代の気持ちよりも、世間体を気にしている態度が読みとれる。登校拒否の言葉も一見、光代のことを考えているかのような言葉であるが、学校へ行か

ないことへの世間体の悪さを気にしているのである。一番辛いときに、一番近い母親との信頼関係も閉じられ、切れていたのである。彼女は「両親に本気で叱ってほしかった、向き合ってほしかった。でも、両親は一度も叱ってくれなかった」と述べている。親に暴力をふるう「悪い子」を演じながら、心の中では本当の姿を見て欲しいと叫んでいるのである。

　しかし祖母との信頼関係は保たれている。すべての信頼関係が切れている状態の中で、唯一つながっていたのは、祖母との信頼関係だけである。幼いころに結んだ信頼関係が垣間見える点が興味深い。つまり、割腹自殺未遂の時、心の奥で祖母に無条件の愛で愛され、大切にされていた時の信頼の気持ちが、甦ってきたのである。

ⅲ　子どもと大人の関係

　光代のこの事例は、現代の親や教師と子どもとの典型的な関係を表しているのではないか。その関係性には行為のレベルと存在のレベルがあると筆者は考える。

　行為のレベルで関係をみると、親や教師は「理想の枠組み」を持っており、子どもはそれに応えようと努力して実態のない「いい子を演じ」ている。そこには、条件つきの信頼関係があるにすぎない。表現が否定され蔑視されることによって、子どもは、表現したい思いを押し殺すようになる。それがいつの間にか攻撃性に変わり、自他のいのちを傷つけるという事態に陥ることが指摘できる。

　存在のレベルから見ても同様のことが言える。親（教師）の態度によって、信頼関係を結ぶことはできない。子どもが、自分自身の存在を受け入れられず、認められていないと感じた場合は、親（教師）を信頼する気持ちは生まれない。存在を否定することは、駄目な存在であることを子どもに思い知らせているのである。こうした関係は子どもが大人になった時、我が子への態度として反復されるだろう。

　このように考えると、非行少年だけではなく、「ふつう」と思われている子どもが、いつでも「キレる」状態にいること、いのちを傷つける状態にいることがわかる。

　青木は、1980年代から、保護観察官として少年の更生に携わるかたわら、犯罪や非行に陥った多くの少年の背景について分析している[18]。それによると、子どもが大人との権力関係のもとで一方的な評価基準で判断され、ありのままの自分では生きられなくなっていることや他者との信頼関係が希薄になっていることなど、これらのことが現代の少年犯罪や非行の背景にあることを語りかけている。青木の分析は、光代が置かれている立場が、彼女だけに限られた特別の状況ではないことを示唆している。

２）子どもにいのちを大切にする心を育む

ⅰ　信頼と立ち直り

　光代の立ち直りの経緯については、勤務先のスナックで出会った父の友人で、幼い頃の

自分を知る大平の支援に支えられて信頼を取り戻したことにあることは前述した。大平に反発しながらも、「今からでも遅くない、やり直しなさい」という大平の一言がきっかけとなり、もう一度、人を信じてみようと反省し始めている。

　大平が光代を叱ることができたのは、彼女の存在を受け入れ、価値あるものとして大切に思っていたからである。また、大平は、自分のペースに光代を合わせたのではなく、光代のペースに歩調を合わせながら寄り添えたからである。その後「司法試験」という新しい目標に向かって努力する光代を皆で援助することによって、人との信頼の輪を取り戻し、再起したのである。

　ⅱ　いのちを大切にする心と隣人愛
　いのちを大切にする心を育むためには、何よりもまず、親（教師）が子どもを愛することが大切である。それによって、子どもは愛されているという実感を受け、親や教師に対して信頼の気持ちを持つようになる。その愛は、「自分の思う通りになれば愛する」といった条件付きの愛ではなく、子どもがどんな状態であっても、無条件（無償）の愛で、子どもの存在・行為そのものを愛することである。それは以下のように要約できる。

　　①先入観や枠組みを越えて子どものありのままの姿を見つめ受け入れる
　　②コミュニケーションによって、その行為の背景を知ること
　　③いのちの大切にする心を「教える」のではなく、「育む」
　　④子どもの中に秘められたいのちの芽を信じる
　　⑤開かれた信頼から他者との関わりへと導く
　　⑥最終的に神の愛へと導く

　いのちの大切さと隣人を信頼し愛する心を持ち、それをどのように保つかが大きな課題である。換言すると、人間の尊厳を理解し、それを実現するために努力する心なくしていのちの大切さも理解できない。ここでは思春期の例を取り上げて論じたが、人格の基礎をつくる幼児教育の基本もそこにある。

Ⅲ．いのちを大切にする心を育てる幼児教育

　カトリック教育の根幹はいのちを大切にし、それを育むところにある。しかもそれは誕生からすぐに始めるべきである。しかし、いのちの教育の大切さが叫ばれはじめてから先学諸氏の研究は、殆どが小学校以降の子どもたちを対象としたものであり、幼稚園、保育所の子どもたちを対象としたもので体系化されたものは少ない。なかでも高内は、幼児期

の死の教育の必要性について述べている[19),20),21),22),23)]。また、小動物との関わりを通して命を大切にする心を育むことを目指した、高橋らの研究[24)]や、尾上のように、死を扱った絵本の動向を整理しているものなどがある[25)]。

　いのちの教育についての研究が進まない理由として、第1は、実際の保育現場では他の多種多様な教育に忙しく、形の見えない「死の教育」には時間を割いていられない現状[26)]がある。この研究は死を通していのちを学習させるものであるから、「いのちの教育」と置き換えることができる。

　第2に、幼児にはまだ「生命観」が育っていない。つまり生物学的(科学的)枠組みをもって把握される命を理解しておらず、幼い子どもの独自のアニミズムの傾向によって、ボールやトラックを擬人化し、死者も生き返るという発想がある。
第3に、幼稚園や保育所には「道徳の時間」と言われるような、教育時間が組まれていないという理由がある。

　しかし、第Ⅱ章で述べた通り、いのちを大切にする心を育てるためには、親（教師）が子どもを無条件（無償）の愛で愛することによって、子どもが無条件で愛されているという実感を受け、自分のいのちをかけがえのないものと感じることが大切である。この意味で、乳幼児期は、いのちを大切にする心の根（基礎）をつくる最も重要な時期と考えられる。この時期にしっかりと、いのちに触れ、いのちを見つめ、いのちを感じる体験を重ねる教育こそが必要不可欠なのである。

　保護者にすれば、他の人よりも早く子どもに知識や技術を身につけさせようと、塾や習い事に通わせる「早期教育」に熱心になりがちである。しかし、親が他の子と比較する目でわが子を評価したり、自己中心的な思いでコントロールしようとすれば子に「愛されている」という喜びのエネルギーはわかず、生きる意味を見出すことは難しい。子どもたちに生きている上での希望を与えるためにまずは親や教師が学歴社会からの呪縛から解き放たれる必要がある[27)]。だから、目的は未来ではなく現在にある。現在を充実して生きることが、未来への生きる力の根源となるのである。

　実際にはどういう場面で、いのちを大切にする心を育てる機会があるのか、筆者は聖カタリナ学園の幼児教育方針と幼稚園や保育所の現場の実態を把握しながら、2006年から2007年まで参与観察を行った。以下にその一部の項目を示す。

ⅰ　自分と保育者との関わり
　　　事例1：「朝のひととき」（2007年5月　年少クラス）
　　　事例2：「ママが好き」（2007年5月　年少クラス）
　　　事例3：「歯科検診の日」（2007年5月　年少クラス）

ⅱ　友だちとの関わり
　　　　事例4：「約束が違う」（2007年7月　年長クラス）

ⅲ　身近な自然との関わり
　　　　事例5：「ハムスターが死んだ」（2007年1月　年少クラス）
　　　　事例6：「カマキリの埋葬」（2006年10月　年中クラス）
　　　　事例7：「カニの埋葬」（2007年7月　年長クラス）

ⅳ　身近な生命との出会い
　　　　事例8：「もうすぐ赤ちゃんがくる」（2006年11月　年長クラス）
　　　　事例9：「助産師さんによる『いのちのおはなし』」（2006年6月　年長クラス）

　上記の観察記録と具体的な分析は割愛（筆者の修士論文「いのちを大切にする心を育てる（保育）についての一考察　―幼児期に視点をあてて―」を参照）したが、その視点は愛媛県教育委員会が目指している、子どもの発達には幼児期における生活の充実が小学校以降の生活や学習の確かな基盤となると述べ、「生活の自立」「学び」「人との関わり」の「3つの芽生え」を指摘している内容とも一致する。
　筆者の参与観察を要約すると事例1～3では、幼児がそれまで守られてきた家庭から出て幼稚園という広い世界で生活するために、新たな信頼関係を結びつつ「生きていく」ことに挑戦している場面をとりあげた。この事例からは、子どもが心配しなくても良いという自信と達成感、自己充実感ともいえる喜びが育まれ、生きる力のエネルギーとなる姿が読み取れる。
　事例4では、友だちに無視され傷ついた女の子が、友だちに関わってほしいという気持ちを自分の口で表現しようとしている様子を取り上げ、相手の気持ちを確かめながら信頼関係をつくり、いのちを大切にする心を養う事例である。他者の気持ちを聞き自分の気持ちを伝えることによって互いが理解でき、心が通い合う喜びと信頼が生まれるのである。事例5～7では、いのちに触れる直接的体験として、小動物や昆虫の死や野菜づくりなどの場面をとりあげている。痛みを知り他者への思いやりと小動物の命を感じるには「隣人を大切にする心」を養うことが必要となる事例である。
　聖女カタリナは、「蟻さえも、私たち人間と同じように神様の聖なる知恵から生まれ、神様は天使に対するのと同じ配慮を以て、昆虫や草花をも、お造りになった」[28]と、その伝記の中で語っている。小動物との関わりを通して、命が神からのものであるということを子どもに伝えることは、幼児教育の根本姿勢と言える。
　事例8以降では、母親のお腹の赤ちゃんが生まれることに向き合っている男児の様子

や誕生会、助産師さんらによるいのちの授業などを取り上げ、最後に、子どもの心をとらえる教材としての絵本によっていのちを大切にする心を育むことについて観察した。

参与観察を通して、保育現場にはあらゆる機会を通していのちを大切にする心を育てる場と時があることが明らかになった。生涯にわたる人格形成の基礎を培う重要な時期に「環境を通して行うことを基本」[29]とする幼稚園、保育所において、保育者が愛する心と教育的意図を持つならば、種々の機会がいのちの教育の教材と化する。幼児教育には、いのちの大切さと人を愛する心を養う教育が必要なのである。ひいてはそれが人と神を敬い、消えることのない「いのち」となる。

むすびにかえて

いのちを大切にする理由は、人間が神の似姿に造られているからである。人間のいのちの尊厳に由来することをあらゆる機会を通して教えること、これが、いのちを大切にする幼児教育の基本である。幼児期に必要不可欠な教育は、子どもが保育者や友だち、生き物などと関わることを通して信頼関係を結び、お互いが向かい合い受け入れ合い、自他のいのちを大切にする心を育くむことにある。それが、ささやかな心掛けであっても、小学校教育へと繋ぐ大きな幼児教育となる。

子どものありのままのその姿を、大切なものとして受け入れ、認め育てる保育者の教育的姿勢が、子どもの自己肯定感を高め、子どもを成長させやすくする。この教育的配慮が幼児期の「いのちを大切にする教育」であり、子どもの成長を願う真の愛である。そこには保育者の愛があり、友だちや自然と関わることによって、互いの愛と信頼関係が築かれる。しかし、「いのちの教育」は評価することができず、ましてや数値で表せるものではない。が、「育てる愛の心」があれば子どもの表情に表れる。そのような環境を意図的に整えることが幼稚園・保育所における教育姿勢であろう。この指導方法は、聖女カタリナがその手紙の中で述べた「人間は愛によって造られたがゆえに愛なしに生きることができない」[30]という精神、霊性を継承する本学の幼児教育方針でもある。

註

1) 学校法人上智学院新カトリック大辞典編纂委員会編『新カトリック大辞典』第3巻　研究社　2002年　757頁
2) 同上　759頁
3) 本稿では、「命」と「いのち」を区別して表記する。前者は生物学的に捉える、生から死にいたるまでの狭義の「命」、後者は、身体的側面と精神的側面、霊的側面、神秘的な側面などすべてを含めた広義の「いのち」である。
4) 「余命1ヶ月の花嫁」：TBS放送局 2007年7月18日放送の一場面

5）星野富弘著 『鈴のなる道』 偕成社 1987年 80頁
6）平山正美著 『はじまりの死生学 「ある」ことと「気づく」こと』春秋社 2005年 59頁
7）渡部和子「ちいさないのちへの優しさ」（ノートルダム清心女子大学人間学研究所編『小さないのちへの優しさ』中央出版社 昭和63年に所収）14頁参照
8）V・Eフランクル著 山田邦夫／松田美佳訳 『それでも人生にイエスという』 春秋社 1994年 120-134頁参照
9）神谷美恵子著『こころの旅』 日本評論社 1974年 参照
10）石井誠士著『癒しの原理』 人文書院 1995年 14-24頁参照
11）中央教育審議会は1998年に、「幼児期からの心の教育の在り方について」の諮問に対して、「新しい時代を拓く心を育てるために－次世代を礎だれる心を失う危機」と題する答申を行った。この時、「心の教育：という言葉が始めて使われ、平成14年度から小中学校において全面実施された新学習指導要領においても、「生きる力」を育成することを基本的ねらいとして、現在に至っている。」
12）近藤卓編著『いのちの教育』 実業之日本社 2003年
13）兵庫県教育委員会「命の大切さ」を実感させる教育プログラム構想委員会 『改訂版「命の大切さ」を実感させる教育への提言』 2007年
14）近藤卓編 『前掲書』 14頁
15）同上 2頁
16）浅野智彦 「いのちの教育が注目される時代背景」（『子どもに「いのち」をどう教えるか』 児童心理2005年2月号臨時増刊No.819 金子書房に所収）10-12頁
17）大平光代著 『だからあなたも生きぬいて』 講談社文庫 2006年

18）青木信人著『子どもたちと犯罪』 岩波書店 200年 参照
19）高内正子 「幼児に対する死の教育」（1） 聖和大学論集A 第28号 2000年 83-88頁
20）高内正子 「幼児に対する死の教育」（2） 聖和大学論集A 第29号 2001年 51-63頁
21）高内正子 「幼児に対する死の教育」（3） 聖和大学論集A 第30号 2002年 133-143頁
22）高内正子 「幼児に対する死の教育」（4） 聖和大学論集A 第31号 2003年 27-37頁
23）高内正子 「幼児に対する『いのち』の教育－4歳児のセミへの興味を中心に－」 日本保育学会第60回大会発表資料 2007年 960-961頁
24）高橋敏之・中谷恵子・久保田由美子「小動物の飼育と幼児とのかかわり－自然に感動し命を大切にする心を育む保育－」 日本子ども社会学会誌 『子ども社会研究』第6号 2000年 97-107頁
25）尾上明子「死を扱った絵本の動向～子どもとともにいのちを考えるために～」日本 高内正子 「幼児に対する死の教育」（2） 聖和大学論集A 第29号 2001年 51頁
26）高内正子「幼児に対する死の教育」（2）聖和大学論集A第29号 2001年51頁参照
27）日本カトリック司教団『いのちへのまなざし』カトリック中央協議会 2001年
28）聖カタリナ大学キリスト教研究所 『愛のはなびら』1997年 20頁
29）『幼稚園教育要領』2008年 文部科学省
30）聖カタリナ大学キリスト教研究所 前掲書 43頁

ターミナル・ケアと家族支援

藤井　澄子

　本症例では、死への恐怖軽減を目的に実施したターミナルの音楽療法と、死亡後に家族への慰めを目的に実施した音楽療法について報告した。死の恐怖を口走っていたA氏は、両親の腕の中で「乾杯」をうたい、この日以降死への恐怖から解放されて穏やかに過ごしたことを後日母親から聞き、A氏は楽しい心で天に昇ることができたのではなかろうか。クライエント亡き後、家族への支援を継続し、特に母親との交流から母親のA氏への思いを歌にした。今回の症例を通して、音楽療法士としてターミナルのクライエントや家族を支援していくためには、まず家族の死に対する考え方を知っておくことが大切であること、そして、その家族の生活や音楽の嗜好を知り、その人の好む音楽を通して気持ちを安らかにし、一緒に寄り添う姿勢を保ちつつ環境を整えていく心がけが大切であることを実感した。

はじめに

　筆者は2003年に日本音楽療法学会認定音楽療法士を取得し、これまでに病院のデイ・ケアセンター及び特別養護老人ホームの高齢者領域での音楽療法セッションを重ねている。最近では精神科領域にも取り組みを広げているところであるが、今回は図らずもターミナルの現場に遭遇することになった。本稿では、その臨床経験を通して、死に向かうクライエントと家族への支援について省察し、音楽療法士の立場からターミナル・ケアの在り方を考えてみたい。

Ⅰ．対象及び目的

　対象者は31歳の男性A氏、大学院博士課程を修了し就業経験の後に保育士を目指してX年4月に養成校に入学後、X年7月に舌癌を発症して舌の一部とリンパ除去手術を、更に肺に多発性癌細胞の転移が認められ、術後6回の新薬投与を受けた。X年12月に投与が終了し、X年+1年1月初旬に退院して自宅療養となった。家族は両親と姉。姉はX年3月に女児を出産し、A氏は発病前から最後まで女児の成長を楽しみにしていた。A氏は病名を知り新薬への希望を持ち続けながら、術前後や抗癌剤投与後の苦痛を完治へ

の治療と認識し、諦めない態度で前向きに治療に取り組んだが、抗癌剤の後遺症による味覚変化でこれまでの食生活ができなくなっていた。しかし、投薬間には体調を整えて見舞いを受け入れた。自宅療養となり末期症状と疼痛緩和による意識障害や死への恐怖を口走るようになったが、家族は死期が近いことを最後まで知らせず、励まし続けながら陰で涙するなどぎりぎりの精神状態が続いた。Ａ氏は再入院を拒み、Ｘ年＋１年２月25日に母親の腕の中で死亡した。本症例は、Ｘ年＋１年１月末から死亡時までの、死への恐怖軽減を目的に実施したＡ氏への音楽療法アプローチと、死亡後に家族への慰めを目的に実施した音楽療法について報告し、ターミナル・ケアにおけるＡ氏と家族の思いを筆者（以下ＭＴ）がどのように受けとめ、どのように対処したかについて省察する。

Ⅱ．音楽療法の方法及び経過と結果

　筆者（以下ＭＴ）は、Ｘ年４月に健康なＡ氏と出会い、同年７月に入院となったＡ氏に対して、Ｘ年12月までに計７回の見舞いと20数回のメール交換をした。６ヶ月間の入院生活は辛く苦しい日々であったと思われるが、体調を整えてからの見舞は受け入れ、ＭＴ訪問時のＡ氏は明るい表情で会話し、次の見舞日や外泊、暮には退院できることを心待ちにしていた。病室では難しい折り紙に挑戦して保育士への夢を膨らませ、12月末には病気とは思えぬほどの普段と変わらぬ様子であった。Ｘ年＋１年１月22日に届いた最後の返信メールには「それでは１時〜１時半で宜しくお願いします」と自宅への見舞いを受け入れる内容が記され、早速訪問したところ容体は急変していた。玄関先で母親が黙ってＭＴの手を握り締め、帰り際には外で父親から、余命１ヶ月の宣告を受けたこと、母親が落ち込んでいること、何時でもＭＴを受け入れるとの話があった。父親も休職して看護に専念し、台所横の居間に寝台を置いて温かい環境を整えていた。門から玄関までのアプローチには季節の植物と飼育（めだか、犬）、居間には可愛がっているハムスターと映画のDVDが並び、家族でコーヒーを楽しんでいた。また母親は料理が得意でＡ氏はその手料理を楽しみに退院を目指してきたが、治療による味覚の変化でそれらを味わえない状況となっていること等、Ａ氏を取り巻く家族の様子を深く知ることができた。Ａ氏は姪の成長を楽しみにし、Ｘ年＋１年２月11まで抱き上げるなど、姪の話題は家族にとっても慰めとなり、Ａ氏の前では明るく振舞うことができていた。ＭＴはＸ年＋１年１月30日に天井のポスター（長渕剛）に気づき、母親が「彼から元気がもらえるように」とＡ氏が目を開いた時に見える位置に貼っていることを知った。また、部屋の隅に置かれたキーボードにも気づき、早速それを用いて姪と手遊びや童謡で遊ぶと、Ａ氏は寝台上で両手を高く挙げて拍手をし、笑顔で姪の反応を眼で追った。

　Ｘ年＋１年２月12日にＭＴは映画音楽３曲を弾き語りすると「これから僕が練習し

て弾きたかった曲」と母親に囁いた。しかしその前夜に「自分をリセットして」「死後硬直」等を口走ったと母親から聞き、死への恐怖が広がっていることが察せられた。X年＋1年2月15日は意識がはっきりし、周囲の映画談議に笑ったりうなずいたりして会話への参加が認められた。X年＋1年2月17日に、ＭＴは長渕の「乾杯」を静かに弾き語りすると「歌ってる！」と母親が声を高めた。X年＋1年2月18日の朝、ＭＴはいつも通りにＡ氏の手を握って挨拶し、「（Ａ氏の）結婚式にお母さんとデュエットを約束しました」と伝え、「乾杯」を大きな声で弾き語りした。両親は寝台を少し起こし、Ａ氏の頭や手足をさすりながら、母親は「歌いよる、笑いながら歌ってる」と声を高め、父親も涙しながら一緒に声を合わせた。Ａ氏の顔はほころび、両親の顔を交互に眺め、ＭＴが初めて経験する家族愛の素晴らしい瞬間であった。X年＋1年2月24日意識混濁の中、ＭＴはキーボードで数曲を静かに流した。X年＋1年2月25日Ａ氏永眠。母親から「（4人で歌った）あの日から後は穏やかに過ごすことができ死への恐怖から救っていただいた」と謝辞があった。

　Ａ氏亡き後父親から「母親が落ち込んでおり、時間があるときに来宅していただけないか」との要請を受け、ＭＴは時間を見つけては訪問し、焼香後に母親の話を傾聴して1～2曲歌って帰る日々が続いた。母親は、Ａ氏が植えたアネモネが死亡後に全部真っ白に咲いたと涙し、母親から聞いたＡ氏への思いを詩にして「三つ色のアネモネ」と題した曲を創り届けた。X年＋1年1月22日から死亡時までの訪問回数は9回、Ａ氏亡き後の自宅訪問はX年＋2年9月末で計60回である。ＭＴは母親が打ち込んでいる庭作りを鑑賞し、草花談義や「めだか」の飼育法を習ったり、また「マスターコーヒーください」とＡ氏と母親が行っていた〈模擬コーヒー店〉を懐かしみながら交流が続いている。

Ⅲ．考察

　今回の症例は、図らずもターミナルの現場に居合わせることになったＭＴが、初めて試みたターミナルの臨床経験であった。言葉を選びながらＡ氏と接していく中で、Ａ氏の心の内を知ることを心がけ、そこからＡ氏の慰めとなる音楽を見つけだそうとしたが、Ａ氏の音楽的趣味はジャズや映画音楽、流行歌など多方面に及び、短時間の見舞いからは特定の曲を絞ることは難しかった。病室でのＡ氏は、持参した好きな音楽をイヤホンで聴いており、特にＭＴからの音楽提供の必要性はないと思ったが、心の不安が感じられたので「私の心が休まる曲ですが気が向いたら聞いてみてください」と軽い感じで1曲（宗教曲[1]）だけを提供したところ、Ａ氏はメールで感想を寄せ、深い洞察力で聴いてくれたことを知った[2]。しかし、Ａ氏が一番苦しんでいた術前術後や投薬時に面会ができなかったため、入院中の音楽療法はできていない。Ａ氏自身の慰めとなる音楽嗜好をもっと早く知ることがで

きていれば、この苦しい時期をまた違った展開で提供できたのではないかと思う。

　自宅療養となり、家庭環境がわかってくると、Ａ氏は優しく控えめな性格ではあったが、母親がファンである長渕の曲にも憧憬があった。一方自室に大スクリーンと音響を用意する等、映画音楽への興味も深いことがわかった。１月初旬の退院からＭＴが訪問した１月22日までの間は、Ａ氏は意識も明瞭で好みの入浴や映画、母親と枕を並べての読書を楽しみ、家族と過ごした宝石の日々となった。体調の悪い日は、映画「００７／危機一髪」の主題歌である「ロシアより愛をこめて」のＣＤ[3]音量を最大限にするよう母親に要求した。「音楽を聞くことで映像の場面を思い出しながら死への恐怖を紛らわせていたのではないか」と母親は振り返っている。ＭＴが訪問したＸ年＋１年１月22日以降、Ａ氏の心の癒しであった姪とＭＴとの２回の音楽的やり取りは、聴いていたＡ氏の表情から、おそらく苦痛を忘れていた瞬間ではなかったかと思う。

　ターミナルの音楽療法では、クライエントが意識混濁の状態となっても聴覚は最後まで機能していることを念頭に、まず周囲が音環境をどのように整えていくのかが大切であること、次に家族を含めたクライエントの大切な曲を知り、さらにそれをどのタイミングでどのように提供できるかを考えておくことを学んでいたが、ＭＴは自身の父親臨終の際、冷静に対処することができなかった反省から、本症例では涙をこらえ家族よりも少し冷静な心でＡ氏を見守りながらの対応を心がけた。Ａ氏の身体を両親がさすりながら「乾杯」を唄っていた光景は、愛に包まれた美しく優しい瞬間であった。Ａ氏は両親の声に反応し、笑いながら交互に両親を見上げ、口元を微かに動かして一緒に唄っていた。歌が終わるとまるでこどものように安らかな寝顔になった。後日母親から、この日以降死への恐怖から解放されて穏やかに過ごしたことを聞き、Ａ氏は楽しい心で天に昇ることができたのではなかろうか。

　一方、ターミナルの音楽療法では、クライエントが死亡して終了というケースがほとんどであるが、今回はクライエント亡き後、家族への支援を継続し、特に母親との交流から母親のＡ氏への思いを歌にすることができた。歌詞には母親から聞いたＡ氏との思い出を織り込み、曲調はＡ氏が好んだジャズのライトスイングを用いることで、Ａ氏の楽しい人柄や趣味をゆったりと思い起こすことができるように、そしてコードはマイナーの響きをベースに組み入れることにより、寂しく悲しい感情を受容できるようにした（楽譜１参照）。母親は、園芸に打ち込むことで持って行き場のない気持ちのよりどころとしていたようであり、Ａ氏亡き後の庭の変化とＡ氏への思いをその都度ＭＴに知らせながら涙した。この歌をきっかけに母親はＭＴにより心を開き、悲しみを隠さず思いのままを語るようになり、それらの想いをさらに歌詞に反映することで５番と10番以降の歌詞が増えていった（歌詞参照）。

　母親は、自分の腕の中で息を引き取ったＡ氏の看取りについて悔いは残しておらず、Ａ

氏自身は幸せであったに違いないと死後半年を過ぎた頃から思うことができはじめたが、「病気を代わりたい」と自らA氏に囁いたときに、「このような苦しみは僕だけでたくさん」と母親の頭と腕をなでたA氏の指の力や一挙姿一動が頭から離れず、全力で愛をそそいで看護した結果、最後まで母を気遣ったA氏を思い出しては涙する日々である。しかし、春に向って今度こそ1メートル四方の花壇を「フランスの国旗」にしようとアネモネ作りに励み、ほんの少しではあるが悲しみを受容しながらも気持ちを前に向けていこうとしているように見受けられた。

　今回の症例は、ターミナルという厳しい状況の中で、若い青年を最後まで自宅で看取ろうと決心された家族愛の絆が基盤となって実施することができた。A氏及び家族とMTが信頼関係を構築できた背景には、クライエントや家族がターミナルの最後まで何時でも温かくMTを受け入れていただいたことによるところが大きかった。また、MT自身がA氏と同年代の家族の死を乗り越えた経験から、家族の気持ちが少し理解でき、傾聴の姿勢を保ちつつ寄り添うことができたからではないかと思われる。

　家族は、A氏へ病名は知らせていたが、余命の告知については主治医にも協力を要請し最後までしていない。新薬投与を決めた段階であと数ヶ月と知らされていたことを、死後半年を過ぎてからMTに打ち明けた。母親は、特に若い人への余命告知に対して絶対に反対の考えを持ち、最後まで生きる希望を周囲が与えていくことが特に若いクライエントにとってどんなに大切であるかを体験として訴えている。X年＋1年1月12日にMTに届いたA氏からのメールには、「1月上旬に一時退院しました。1月下旬までは、実家で過ごせそうです。2月からまた暫くは入院になりそうです（この一文は赤字で記入）。次の入院期間は前回ほどは長くは無いとは耳にしました。次は別の薬の投薬になります。」と記している。文面だけ読めば次の薬への期待と再入院することの拒否感が伝わるが、メールの背景に暗い海に浮かぶ灯台を挿入しており、「お母さん、愛してる、言えなくなったら困るから今言っとく」と母親に告げるなど、A氏は死期を予感し、しかし、家族の希望を受け止めている心を垣間見た思いがした。

Ⅳ．まとめ

　ターミナル・ケアでは、自分の死期を知り、クライエントの最後の望みを叶えることができるよう周囲が全力で応援し、悔いを残さず治らなくても幸せを目指すことができるように、平穏な心で天に旅立てるように、家族を含めて支援していくことを目的としている。しかし今回の症例のように、死期を知らせずに看取る家族の苦しみは言葉にできないものがあり、またその苦しみはクライエントを失ってからさらに広がっていくことを実感した。学生に、自分の死期を知らせてほしいかどうかを問うと、自分自身は知らせてほしいと8

割は答えるが、家族の死期について本人に告知するかどうか尋ねると、場合によっては知らせないとの回答が5割以上となった。[4] A氏の母親は「病院で同室の宗教家（住職）でさえ死への恐怖を訴えており、ましてや若い青年に告知することは希望を失わせる事となり、絶対に反対である」と会うたびに強調している。A氏はその同室者の叫びを聞いて、「自分はあのようにはなりたくない」と母親に語り、いかなるときも人間らしくありたいと冷静な心を保とうとはしていたが、自分自身の死を受け入れたくない状況が迫ってくる中で、心は最後の瞬間を見据えようと動いている自分に気がついていたのではないかと思う。柏木哲夫氏は、「最後を迎えるときの人間は、これまでの人生で身についたものが全てそぎ落とされて、その人そのものになっていくときに、その人の心のあり方によって死を迎えることに大きな差が出てくる」と対談で述べている。[5] その瞬間に「何故自分がこんな苦しい目にあわなければならないのか」と思う人と、「じゃ、天国で待ってるから」と笑顔で逝く人と、多くの看取りを行ってきた柏木氏は、後者でありたいとも語っている。日野原重明氏は「ホスピスでは、人間としてのコミュニケーションを密にもつことのほかに、患者の苦しみを和らげるということを十分に考えなければなりません」と述べ、病む人の心をサポートし、人間らしく逝くことの大切さとその場での音楽の力を奨励し続けている。[6] また「病状が悪化したときには、医師は患者にヒントを与える。それはテクニックとしては非常にむずかしいけれども、何とかして人生の幕切れの近いことを示唆するようにします。その用意に患者が反応をしそうもないときには、その日はそれでやめておく。反応しそうだったら、少しぐっと押す。これは、言葉のコミュニケーションとしては至難の技ではありますが、しなければならないことです。」とも述べている。[7] このような難しい患者への告知は医師に任せるとしても、どのような人でも、死の瞬間は誰もが精神的な安らぎを求めていることは真実であり、それを叶えることができるのは、遠藤周作の言葉を引用すれば「神でも仏でも、自分の心の中にそういうものが働いているかどうかということ」[8] なのではないかと思う。その上で音楽療法がクライエントの安らぎの一助になることができれば幸いである。

　今回の症例を通して、音楽療法士としてターミナルのクライエントや家族を支援していくためには、まず家族の死に対する考え方を知っておくことが大切であること、そして、その家族の生活や音楽の嗜好を知り、その人の好む音楽を通して気持ちを安らかにし、一緒に寄り添う姿勢を保ちつつ環境を整えていく心がけが大切であることを実感した。また一方、音楽療法士自身も優しさと明るさを保ちつつ、自分自身の生き方について、くよくよしない心がけが大切であることも理解できた。

　人は誰でも死を迎える。そのとき自分はどうなるのであろう、あるいは認知症が進み自分自身がわからなくなっているかもしれないが、どんな状況ではあっても、好きな音楽を聴きながら感謝の念を持って神のもとへ昇ることができれば、最高の終焉を迎えることが

できるのではないかと思う。どう死ぬかはどう生きるのかということであり、最後まで健康な心で生活を送り、自分の大切な音楽を早めに周囲に伝えて準備をしておきたいものである。今後も心に寄り添える音楽療法を目指し実践していきたい。

おわりに

　論文掲載の許諾を得るために久々にＡ氏の自宅訪問をした。小さな花壇は大きい花壇にまとめられ春の花が咲き乱れていた。でも、母親の悲しみはあの時のまま…心は少しも変わらず…若い人に死の宣告をするくらい残酷なことはない…医師と大喧嘩した…息子の苦しみをＭＴに助けていただいた…Ａ氏亡き後ＭＴの訪問がなければ自分はどうなっていたか分からない…等々、当時がすぐそこにある語り口でたたみかけるように話され、大切な人を失った喪失感は何年経過しても消えるものではないことを再認識した。だからこそ、送られる人と送る人の深い悲しみと苦しみを共感し、共にあるターミナルの音楽療法を大切にしなければならない。本稿の執筆にあたりご家族からの同意を得ている事を追記する。

　　　　三つ色のアネモネ　　　　作詞／作曲　藤井　澄子

１．君が植えた　三つ色のアネモネ　フランスの国旗(はた)になるように
　　横三列に植えました　フランスの国旗がなびくように
　　君が天に昇ったその日から　全部真っ白に咲きました
　　庭の小さな花壇の中に　まるで君を見送るように

２．君が植えた　三つ色のアネモネ　フランスの国旗になるように
　　横三列に植えました　フランスの国旗がなびくように
　　白く輝く小さな花が　遠い空から見えたでしょう
　　庭の小さな花壇が輝(ひか)り　鏡となって届いたでしょう

３．君の瞳は　いつも優しく　小さな花を愛しみ
　　メダカ　ハムスター　犬と一緒に　子どもと遊ぶ日を夢見て
　　大きな愛と　大きな心で　周りの人をいたわって
　　君と　言葉を交わした人は　どんなに慰められたでしょう

4．君の心は　いつも楽しく　折り紙　ゲームに　シャボン玉
　　おしゃれなコーヒー　ジャズにシネマ　フランスの言葉も極めたよ
　　「剛(つよし)」の舞台に家族と出かけ　「乾杯」「乾杯」唄うけど
　　君は　いつもちょっと恥じらい　小さな声で「つよしさん」

5．君のポケット　いつもメモ帳　俳句に　漢詩に　山頭火
　　いつもまじめに　研究続け　イチゴの博士になりました
　　だけど　君の部屋は遊び心　大スクリーンにサラウンド
　　フランスのメニューはちょっと苦手　ママの手料理一番さ

6．君が植えた　三つ色のアネモネ　フランスの国旗になるように
　　横三列に植えました　フランスの国旗がなびくように
　　真っ白なアネモネに見送られて　神様のもとへ旅にでた
　　庭の小さな花壇は　やがて　春が来ればきっと三つ色

　　（前半のメロディーで）
7．君が植えた　三つ色のアネモネ　春が来ればフランスの国旗
　　遠い空から祈ってください　　フランスの国旗になるように

　　（前半のメロディーで）
8．君が植えた　三つ色のアネモネ　春が来ればフランスの国旗
　　遠い空からながめてください　フランスの国旗がなびくことを

　　（間奏）

9．ママが植えた　たくさんの草花　　君も一緒に楽しんで
　　春一番に咲くように　　色とりどりに植えました
　　だけど　ラナンキュラスの鉢植さえも　全部真っ白に咲きました
　　ママは　白い花壇の中に　そっと「勿忘草」植えました

10．君が　天に召された日から　ママは毎日　君の名を
　　海に向かい山に向かい　心の中でくりかえし
　　君の祭壇の　おしゃれな鈴が　ゆらりゆらりとゆれるたび
　　君は　きっと楽しく笑い　ママに微笑みかえすでしょう

11. 君が植えた　三つ色のアネモネ　赤青ひとつ咲きました
　　白い花壇の　すぐ横に　ママは「桃の苗木」植えました
　　君の背丈を　越えていくように　フランスの国旗を見るように
　　きっと　優しい桃の花が　フランスの国旗をながめるでしょう

12. （前半メロディーの間奏）
　　君は　神様のからの贈り物　　愛と優しさ届けたよ
　　いつも　そばで祈ってください　　家族みんなの幸せを
　　いつも　そばで祈ってください　　家族みんなの幸せを

楽譜1 三つ色のアネモネ（詩／曲 藤井澄子）

注
1）CD：Choeur des Moines de Labbaya de Lerins　　Contact：S.O.S Provence 04 90 20 02 69
2）ＭＴ提供のCDを聴いた後の本人からのメールには「明日から、新薬の投与が始まります。副作用が少し心配ですが、他の飲み薬で緩和しながらの治療になるので体の負担が少し軽くなりそうです。（大学の）レポートに取り組もうと思いましたが、このところの胸部の痛みでちょっと断念しました。悔しいです。CDの曲を聴かせて頂きました。力強く優しいハーモニーでした。歌詞はフランス語で何かを歌っていましたが、歌詞の意味は分かりませんでした。 響きが素晴らしいので、歴史的な価値のある修道院内で収録されたものだと感じます。またいろいろと連絡させて頂きます。よろしくお願いします。」と記されていた。
3）CD：THE BEST of BOND 007　　TOSHIBA‐EMI LIMITED MADE in JAPAN 2002
4）筆者の「総合演習」の科目では「音楽療法」をテーマに１年間学習をしてきたが、その履修者18名の学生を対象にアンケートの聞き取りを行った。
5）NHK「宗教の時間」の放映
6）日野原重明著「いのちの終末をどう生きるか」平成8年5月第10刷
　　日野原氏は104歳の現在も日本音楽療法学会名誉理事長として職責を果たされている。
7）日野原重明著「いのちの終末をどう生きるか」春秋社　平成8年5月第10刷　P78L11~L15
8）遠藤周作著「落第坊主の履歴書」1990年3月6刷　P152 L10　日本経済新聞社

参考文献
・日野原重明「いのちの終末をどう生きるか」平成8年5月第10刷　春秋社
・遠藤周作「落第坊主の履歴書」1990年3月6刷　日本経済新聞社
・坂上正巳「精神の病と音楽」2003年11月　廣済堂
・村井靖児「音楽療法の基礎」1996年12月5刷　音楽之友社
・松井紀和「音楽療法の手引き」1996年9月6刷　牧野出版
・師岡宏之「心理治療としての音楽療法」2001年1月　音楽之友社
・篠田知璋「音楽療法と心身医学」総説1996年6月・心身医学第36巻5号 P371～378

愛媛県今治市玉川町鈍川地区「ふれ愛茶屋」での
フットケア活動の取り組みに関する研究
―フットケア活動における社会福祉学科学生の学び―

秋山　昌江

　本研究は、愛媛県今治市玉川町鈍川地区「ふれ愛茶屋」でフットケア活動の取り組みを行い、学生の学びを明らかにすること、さらに今後の課題を見出すことを目的とした。学生はフットケア活動が地域の活性化につながっていくと考えており、自己効力感や自尊感情につながり、満足度の高いコミュニケーションの達成につながった。今後は、地域での学習を最大限に活かすために学習過程の体系化を充実させ、振り返りにおいて体験の意味を深める作業を行うことの必要性が示唆された。

はじめに

　2000（平成12）年に地方分権の推進を図るための関係法律の整備に関する法律、いわゆる「地方分権一括法」が施行され、国から地方への権限面での改革が行われた。また地域福祉計画が行政計画として法制化され、自治体で地域の特性にあった計画づくりの取り組みが行われている。特に社会福祉協議会では地域福祉計画づくりと連携して地域住民や福祉活動を行う市民活動団体、ボランティア団体の参加による民間の福祉活動の行動計画として、地域福祉活動計画づくりの取り組みを展開している。

　今治市社会福祉協議会は、2005（平成17）年の合併後旧町村に支部を設置し、福祉活動相談員等が地域福祉活動を担っている。玉川支部では、2005（平成17）年の第1期地域福祉活動計画策定の際、地域住民が参画しさまざまな生活課題を見出した。その結果2008（平成20）年に「鈍川ふれ愛サロン」がスタートした。また2009（平成21）年に生活物資の販売店「ふれ愛の里」とレストラン「ふれ愛茶屋」がオープンした。その後、毎日型サロン「ふらっとホッと」も開設され、近所の人や農作業中の人、サイクリングで通る人たちが気軽に立ち寄れて、一息つける場として活用されている。2014（平成26）年から、地域住民の「住み慣れた鈍川地区で元気に活動したい」という願いに対して、「ふれ愛茶屋」「今治市社会福祉協議会玉川支部」「聖カタリナ大学」の協働事業としてフットケア活動（介護予防事業）を開始した。[1]

近年、学生による地域福祉活動参加に関する報告が数多くなされている。学生が地域で果たす役割は大きく、学生の力が地域に刺激を与えて地域住民と信頼関係を構築し、地域の活性化に役立った事例も少なくない。例えば、美作大学では地域の福祉機関、関係団体等と連携をし、交流のイベント開催や「空き家」を再利用した「じ・ば・子のおうち」の開設に取り組んだ[2]。また名古屋学院大学による商店街活性化活動などが報告されている[3]。

　「民」「学」との連携を考えるうえで重要な要素は、互いにメリットがなければ連携は成立しにくいという点である。特に大学においては、学生の成長につながる（コミュニケーションスキルの上達、社会への適応能力の習得や実践力を身につけることができるなど）、学習や研究のフィードを得ることができる、地域への就職につながる可能性がある等である。一方地域においては、学生の若い行動力の活用、新しい企画やアイデアの確保等が期待でき、学生の感性が地域に新しい風を吹き込み、課題解決につながるとともに地域の活性化につながる可能性もある。

　当大学の社会福祉学科では、学科の事業計画として「地域との連携と情報発信の拡充」を目的に掲げている。本研究では、愛媛県今治市玉川町鈍川地区「ふれ愛茶屋」でフットケア活動を行い、学生の学びを明らかにすること、さらに今後のフットケア活動の課題を見出すことを目的とする。

Ⅰ．今治市社会福祉協議会の取り組み

1）今治市の概要、玉川町の概要

　今治市は愛媛県の北東部に位置し、瀬戸内海のほぼ中央に突出した高縄半島の東半分を占める陸地部と、芸予諸島の南半分の島しょ部からなり、緑豊かな山間地域を背景に、中心市街地の位置する平野部から世界有数の多島美を誇る青い海原まで、変化に富んだ地勢である。1999（平成11）年に広島県尾道市と愛媛県今治市を10の橋で結ぶ「瀬戸内しまなみ海道」が開通した。サイクリングロードは、日本で初めて海峡を横断できる自転車道であり、歴史と文化にあふれる島々を結ぶ、全長約70kmの海の道をサイクリングで満喫でき、地元住民だけでなく、遠方からの自転車旅行者も多い。2005（平成17）年に今治市および越智郡11町村が新設合併し、新しい今治市となった。2015（平成27）年2月末現在の人口は165,801人、世帯数は75,340世帯である[4]。

　玉川町は今治と松山市の中間にあり、近年はベッドタウンとしての機能を担ってきた。大学のある松山市北条から車で小一時間ほどのところに位置する。町の中央部を二級河川の蒼社川が流れ、中流域には玉川ダムがある。面積のほとんどが山林であり、主要産業は農業、林業およびタオルを中心とした繊維工業も盛んである。また道後温泉、本谷温泉とともに伊予三湯の一つである鈍川温泉がある。この温泉は四季折々の彩りが訪れる人の目を楽しませ

てくれる山々に囲まれた場所にあり、観光客も多く訪れる。源泉は鈍川渓谷の岩隙より噴出し、泉質は約23.0℃の低張性アルカリ性冷鉱泉で、神経痛・リウマチ・胃腸痛・肩コリ・腰痛などの効能が高いといわれている。温泉地には、温泉スタンドも設置されている（写真1）。

玉川町における2015（平成27）年2月末現在の人口は5,287人、世帯数は2,202世帯であり高齢化率は35.9%（今治市の平均は32.16%）と高い。また鈍川地区においては人口413人、世帯数179世帯である。[5]

写真1　温泉スタンド

2）今治市社会福祉協議会玉川支部での地域福祉活動の取り組み

今治市社会福祉協議会は、2005（平成17）年の合併後から10年が経過し、市民が安全で安心して暮らすことのできる福祉の町づくりを目指して邁進している。合併後旧町村に支部を設置し、福祉活動相談員等が地域福祉活動を担っている。玉川支部では、2005（平成17）年7月から9月にかけて第1期地域福祉活動計画策定のため住人座談会を実施し、さまざまな生活課題を見出した。その生活課題に対する解決方法（住民からの提案・私たちにできること）として、将来的にふれあいサロンを立ち上げる方向での協議、県内外の若者（学生）を受け入れ交流を行うなどであり、2008（平成20）年7月に「鈍川ふれ愛サロン」がスタートした。サロン活動を実践する中で、生活の中心的な存在であるスーパーが閉鎖になったことをきっかけに、生活物資の販売店「ふれ愛の里」とレストラン「ふれ愛茶屋」が2009（平成21）年にオープンした（写真2、3）。「ふれ愛茶屋」はサロン運営スタッフ個人の出資と行政などの協力のもとで開設された。現在では、食事提供機能（生活支援）、購買機能（生活物資支援）、住民交流機能（サロン、異世代交流伝承、学生交流）、宅配機能（宅配受け付け）、産業開発事業（加工場）など多岐にわたる役割を担っている。[6]

一方「若者の受入れ、交流」については、2013（平成25）年から社会福祉相談援助実習において、地域滞在型実習を実施し、地域行事にも積極的に参加する等、生活体験を通じて地域福祉活動を学ぶ活動を行い、高齢者の多い鈍川地区のまちおこしの一助となった。さらに毎日型サロン「ふらっとホッと」も開設され、近所の人や農作業中の人、サイクリングで通る人たちが気軽に立ち寄れて、一息つける場として活用されている。

2014（平成26）年から、地域の方々の「住み慣れた鈍川地区で元気に活動したい」と

いう願いに対して、「ふれ愛茶屋」「「今治市社会福祉協議会玉川支部」「聖カタリナ大学」の協働事業活動としてフットケア活動（介護予防事業）を開始した。

写真2 ふれ愛の里

写真3 ふれ愛茶屋

Ⅱ．フットケア活動

1）フットケアとは

「フットケア」という言葉は一般社会においてもなじみのあるものになってきており、足の健康への関心は高まりつつある。街中では「足つぼマッサージ」「リフレクソロジー」等の看板を見かけ、薬局や電化製品専門店、衣料品店ではさまざまな商品が並んでいることからもうかがえる。

国立情報学研究所（NII）が提供する学術情報オンラインデータベース（CiNii）で「フットケア」のキーワードを有する論文を検索したところ、1991（平成3）年〜2016（平成28）年2月において、1236件の文献が見出され、特に2004（平成16）年頃より論文数が増加している。その大半が医療の分野におけるものであり、フットケアの対象者は糖

尿病や閉塞性動脈硬化症などの足病変を引き起こすリスクの高いケースに集中している。一般社団法人日本フットケア学会における学術集会においても、それぞれの診療科が個々の分野での治療方法や有効性に関する研究に特化した報告が多い。

　医療界で「フットケア」という言葉が使われるとき、広い意味で医師が行う外科的治療も含んで使われることもある。西田は医療フットケアを5段階に体系化しており（表1）、医療職が行うフットケアは、リスク保有者の足病変予防、足病変軽症例の早期発見と治療、中等度・重度足病変の積極的治療、切断患者のケアとしている。介護行為を行う家族、介護福祉士などの有資格者については、「足の健康維持・増進」「足病変の予防、早期発見」を担う重要な役割があるとし、足の状態に対して医療的介入が必要かどうか見極めることができる知識と判断をもつことを求めている。[7] また池永は、美容的フットケア、治療的フットケア、予防的フットケアに分類し、予防的フットケアは在宅現場において重要な役割をもつとしている。[8] 世間一般にいわれるフットケアは、第1段階のさらに前段階になるものであり、リラクゼーションを目的とした足浴やマッサージをさすといえる。

　2005（平成17）年7月、厚生労働省医政局長（医政発第0726005号）により「爪そのものに異変がなく、爪の周囲の皮膚にも化膿や炎症がなく、かつ、糖尿病等の疾患に伴う専門的な管理が必要でない場合に、その爪を爪切りで切ること及び爪ヤスリでやすりがけすること」は原則として医行為ではないと考えられるという通知が出された。しかしながら、現在介護施設に入所している高齢者の85～97％以上が足の爪や皮膚に何らかの異常があり[9),10]、地域住民の足に関わる意識についての調査では、92％以上の者が何らかの自覚症状をもっている。[11] このことから、医療従事者以外の者が介入できる対象者は限られた者であるといえる。

表1　医療フットケアの5段階

	段階	フットケアの方針	目的	介入する職種・実施者
軽症	第1段階	足病変のリスクのない足に行なう健康維持、気分転換のために行なうフットケア、患者のセルフケア	足の観察、保温、保湿、免荷	患者、家族など 担当医、看護師、介護職
	第2段階	足病変のリスクのある足に対して医療者が行う予防的フットケア	胼胝（たこ）、鶏眼（うおのめ）、靴ずれ、角質肥厚、白癬の処置	第1段階で介入する職種・実施者＋皮膚科医、靴の専門家
	第3段階	軽傷の足病変の場合に行なう医療的フットケア	保存療法（薬物療法、温熱療法、炭酸浴など）	第2段階で介入する職種・実施者＋理学療法士、薬剤師
	第4段階	中等度から重度の足病変に対する積極的治療（foot cure）	観血的治療（バイパス手術、足趾アンプタ）	第3段階で介入する職種・実施者＋血管外科医、外科医、感染症その他専門医、ソーシャルワーカー
重症	第5段階	積極的治療の適応外である対症療法的フットケア	対症療法とケア（痛みのコントロール、悪化防止）	第4段階で介入する職種・実施者＋麻酔医、メンタルケア専門家

（西田壽代：今注目されているフットケアとは，月刊ナーシング，26（9）:21, 2006より）

2）フットケアはなぜ必要か

2003（平成15）年度から厚生労働省の「介護予防・地域支え合い事業」の中に「足趾、爪のケアに関する事業」が加わり、高齢者が寝たきりの状態になることを予防し、自立した生活を送るための支援を目的として、足や足爪のケアの必要性や手入れの方法を普及する事業が始まった。フットケアはそのための重要なケアとして位置づけられた。表2はフットケアの意義についてまとめている。

表2　フットケアの意義

項目	内容
足の観察	無侵襲で足病変のリスクや状態を把握できる。
足病変リスクの把握と予防・早期発見	足病変の悪化要因は日常生活に多く潜んでいるため、定期的チェックは本人自身の足への認識が高まり、セルフケアに結びつきやすい。
セルフケア方法の指導	フットケアを実施することが教育につながる。
血液循環の改善・促進	足浴や足のマッサージを行うことは全身の血行改善につながる。
浮腫の軽減	末梢循環の促進とともに浮腫の軽減を図ることができる。
変形の軽減（足、爪）	靴やインソールの改善、爪の切り方により外反母趾が改善できる。
苦痛症状の緩和、消失	血液循環の改善、浮腫の軽減、靴やインソールの改善、爪の切り方等により、歩行時の痛みが改善される。
足の保護、保湿、保温	足浴やマッサージにより血行が促進されて保温できる。マッサージオイルやクリームにより保湿できる。
清潔保持・感染予防	足浴などにより足の清潔を保ち、感染予防につながる。
転倒予防	適切な靴の選択、爪の手入れの関係により、歩行能力が向上した報告もある。
リラクゼーション	足浴による利尿効果をもたらし、副交感神経優位になることによりリラクゼーション効果をもたらす。
人間関係確立の一助	フットケアを受ける間に行なわれる会話が、コミュニケーションを円滑にし、人間関係を深める。

（フットケア学会編集：フットケア　専門的知識から専門的技術まで,p.8-9.医学書院,2006 より抜粋）

フットケアの意義は多岐にわたる。人間の生活において「歩く」ことは重要なことである。私たちは単に歩いているわけではなく、目的を持って歩き、目的を遂行している。また人間は社会とのかかわりの中で生き、移動に自由を得て、社会との関係を保っている。最後まで自分の足で歩けるように維持するためには、大切な足を守ること（フットケア）の必要性・重要性が理解できよう。

3）玉川町鈍川地区におけるフットケア活動

今回鈍川地区で実施したフットケア活動は、介護予防事業として位置づけられた。特に地域住民の足の健康維持・増進、リラクゼーション効果に焦点をあて、そのことが地域住民の閉じこもり予防や地域の活性化につながることをねらいとした。

前述したように、医療職でない者が行うことができるフットケアは、西田の分類によるところの、第1段階（足病変のない足に行なう健康維持や予防のためのフットケアで、

足を見るという本人自らが行う行為や、靴選びをすることなどがこの段階である）であろう。

事業のねらいを踏まえて、医療の知識をほとんどもたない社会福祉学科の学生（以下学生と表す）ができるフットケアの内容を吟味する必要があった。その結果、学生が実施する内容は、足浴、足のマッサージに限定することにした。足の状態の観察、角質の除去、足の爪切り、足に関する相談などは看護師資格、フットケア専門士の資格をもつ教員が実施した。また、地域住民の足の状態により、学生が実施することを避けたほうが良い場合（むくみがひどい、足に傷がある、変形がある、麻痺がある、足に手術の既往があるなど）も教員が実施することにした。

Ⅲ．フットケア活動の実際

1）事前準備

地域住民に実施する前に、フットケア活動への参加を希望する学生に対して、知識及び技術の指導を行った。内容は講義が20分程度であり、フットケア活動の目的や効果などをレクチャーした。技術演習は70分程度であり、二人一組になり足浴の湯量や湯温、足浴時間、実施方法や足の拭き方、足のマッサージの手順と方法などを指導した。マッサージ方法は宮川が実践するものとNPO法人日本スキンヘルパー協会が実施するものを参考にし、筆者がアレンジしたマッサージ方法を実施することにした。[12]

2）実施

フットケア活動は基本的に月1回、土曜日に実施した。大学の試験期間（7月）、夏季休暇（8月）、春期休暇（3月）、ふれ愛茶屋閉鎖期間（12月、1月、2月）、は除いた。開催場所は、今治市社会福祉協議会玉川支部とふれ愛茶屋スタッフの協議のうえ、毎日型サロン「ふらっとホッと」で実施した（写真4）。

鈍川地区は昔から温泉地として栄え、地域住民は鈍川温泉の湯に愛着をもっている。そのため足浴には鈍川温泉の湯を使用した。湯は学生と教員が、毎回温泉スタンドまで汲みに行った。温泉の湯は23.0℃の冷鉱泉のため温めた。足浴は約

写真4　ふらっとホッと

40℃の湯を用い、時間は 5 分から 10 分程度とした（写真 5）。マッサージは両足で約 10 分程度実施した（写真 6）。特にマッサージの注意点として、足に触れる前には必ず触れることを伝え、終了時も必ず終わったことを伝えるようにした。さらに相手が気持ちいいと感じる力加減であることに留意した。フットケアへの案内の掲示物（写真 7）、地域への声かけなどは学生が実施した。学生は毎回 7～10 名程度（表3）、教員は 2 名が参加した。

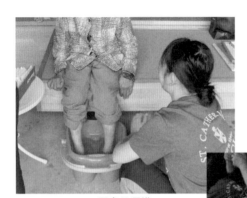

写真5 足浴

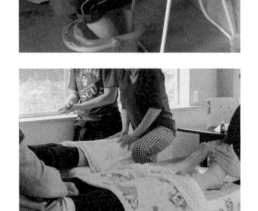

写真6 マッサージ

写真7 掲示物

表3　参加学生

学科・学年	社会福祉学科3年	社会福祉学科4年
男性	4名	3名
女性	5名	4名
合計	9名	7名

2014（平成26）年度、2015（平成27）年度の実施結果は以下の表4、表5の通りである。2014（平成26）年度は開始したばかりであったため参加者数が少ないが、2015（平成27）年度は延べ108名の参加者があった。またリピーターも多く、次回を楽しみにしている方々もたくさんいた。

(1) 2014（平成26）年度
2014（平成26）年6月28日に今治市社会福祉協議会玉川支部担当者、ふれ愛茶屋担当者、大学担当者による、フットケアについての打ち合わせを行った。2014（平成26）年度の結果は以下の通りである。

表4　2014（平成26）年度のフットケア活動実施結果

月日・時間 （10：00～16：00）	フットケアを実施した地域住民数		
	男性	女性	合計
第1回フットケア　10/4	5名	15名	20名
第2回フットケア　11/1	6名	8名	14名
合計	11名	23名	34名

平成27年度の結果は以下の通りである。

(2) 2015（平成27）年度

表5　2015（平成27）年度のフットケア活動実施結果

月日・時間 （10：00～16：00）	フットケアを実施した地域住民数		
	男性	女性	合計
第1回フットケア　4/18	7名	7名	14名
第2回フットケア　5/23	7名	8名	15名
第3回フットケア　6/27	8名	12名	20名
第4回フットケア　9/19	11名	11名	22名
第5回フットケア　10/31	5名	8名	13名
第6回フットケア　11/21	11名	13名	24名
合計	49名	59名	108名

3）結果：フットケア活動における社会福祉学科学生の学び

少人数ではあるが、フットケア活動に参加した学生にアンケート調査を実施した。尚、アンケートの回答は任意であり、回答者の匿名性が保障され、回答内容の秘密は厳格に保持されることを約束した。その結果は以下の通りである。

(1) フットケア活動に参加して何を学んだか（3つを選択）

表6　学生の意見

選択肢	人数	
	3年生	4年生
①フットケアに来た人とコミュニケーションを図ることができた（上手になった）	9名	7名
②フットケアの技術を学ぶことができた（マッサージ技術が身に付いた）	7名	7名
③地域の活性化につながる一つの方法を学ぶことができた	7名	6名
④本学のことを多くに人に知ってもらえた（宣伝効果が大きい）	3名	1名
⑤その他	1名	0名

　フットケア活動に参加した学生達の学びは3つに集約されていた。コミュニケーションを図ることができた（上手になった）、フットケアの技術を学ぶことができた（マッサージ技術が身に付いた）地域の活性化につながる一つの方法を学ぶことができたであった。

(2) フットケア活動の取り組みは地域の活性化につながると思うか。
　全員がとてもつながる、まあまあつながると回答していた。その理由を以下に示す。
　　○「元気になる」「健康を保つことができる」「フットケアによって足の疲れがとれる」「いい雰囲気の中でリラックスできる」「フットケア終了後は楽になるようだ」「心もほぐされて笑顔も引出しやすい」等（健康維持・増進面から活性化につながる）。
　　○「住民の集まる場となる」「地域住民と学生との自然な交流ができる」「一人暮らしのお年寄りなど、家に閉じこもりがちの方にとって、人々とかかわることができるよい機会となり介護予防につながる」「地域の人たちにとってコミュニケーションの場が広がる」「フットケア活動では地域住民と学生の会話だけでなく、集まった住民同士の会話も生まれる」「地域での支え合いが生まれる」「フットケア活動を目的に地域の方々が集まることにより、多世代の多くの人たちと触れ合う場になる」等（世代の異なる地域住民間の交流、高齢者の閉じこもり予防等から活性化につながる）。
　　○「学生と触れ合うことで地域の方が喜んでくれる」「月に一度でも普段と異なることは楽しみであり、フットケア活動をきっかけに来たいと思ってもらえる」「地域と学生が交流できる場が増えて、住んでいる人の希望やしてほしいことの声を聴くことができる」「地域住民が何かやりだそうというきっかけにもなる」「行事に参加して交流を図るなど積極的になる」等（地域住民にとって生活の楽しみやニーズの掘り起し、地域住民の積極的な行動につながることから活性化につながる）と考えている意見があった。

(3) 総合的な感想
　以下に総合的な感想の要点を述べる。学生は「人の体に直接触れることはとても緊張し

た」と感じながらも、回を重ねるごとに「自然にフットケア技術の向上につながった」。そして「フットケアというスキンシップを用いることにより、心を開いていただきニーズを聞き取ることができた」「学内だけでは学べない実践力が身に付いた」。特に「地域住民の方と話しができて良かった」「地域住民とコミュニケーションを図ることができた」「地域の人たちと交流を深めることができた」と感じ、「リピーターの方ができ、顔見知りになっていく過程が見えた」ことを学んでいる。フットケア活動を通して「多くの人の笑顔に出会うことができ」「継続的活動をしたい」「これからもフットケア活動を引き継いで実施してほしい」と思うようになった。「フットケアというツールを用いて、地域の活性化に近づいていく様子が感じられた」と共に、「玉川地区の魅力をもっと知りたくなった」「今治の歴史や玉川のことを知ることができた」「地域のことを理解し人とのつながりを学ぶことができた」「鈍川地区を活性化したいと本気で思うようになった」「不便な生活の中でどう生きていくのか、住民の声を聞いて学生が事業提案をして、地域の人たちをどう呼び込むかを考えていけるようになった」「玉川に住む人たち、自然、ビジネスなど様々な素晴らしさに気づくことができた」などと感じている。さらに「フットケア活動を通して自分自身がリラックスできた」などの意見があった。

Ⅳ．考察

1）玉川町鈍川地区におけるフットケア活動の意義と課題

　厚生労働省は、2025（平成 37）年をめどに、重度な要介護状態になっても住み慣れた地域で自分らしい暮らしを継続できるよう、地域包括ケアシステムの構築を推進している。これを踏まえ、今治市社会福祉協議会では地域福祉活動を推進すべく日々活動を重ねている。2007（平成 19）年には第Ⅰ期地域福祉活動計画策定のための住民座談会が実施された。特に 2009（平成 21）年から 25 年まで、地域の住民が主体的に活動し、住民自らの問題発見や具体的な助け合い活動を実施しながら、住民の参加と地域福祉活動の推進を目指した地域福祉活動計画を策定し、実践が積み重ねられてきた。中山間地域である玉川町は、社会資源に乏しく、過疎地特有の「地域のつながりや支え合い活動」が根強い。しかしその強みを活かしながら解決に向けた仕組み作りを続けてきた。そのような過程の中で、地域住民の「発見力」が高まり、計画への「参加力」につながり、人々との交流により「福祉感」の醸成につながり、新たなサービスを開発する「創造力」を発揮し、今「予防力」の向上に目が向けられてきていると島崎は述べている。[13] 2014（平成 26）年度から、地域の方々の「住み慣れた鈍川地区で元気に活動したい」という願いに対して、「ふれ愛茶屋」「今治市社会福祉協議会玉川支部」「聖カタリナ大学」の協働事業活動としてフットケア活動（介護予防事業）の取組みが提案され、今回手さぐりではあるが実施した。

以下鈍川地区におけるフットケア活動の意義について考察を述べる。まず、フットケア活動以前に実施されてきた「今治市社会福祉協議会玉川支部」「ふれ愛茶屋」「聖カタリナ大学」の協働による事業に焦点をあてる。当大学の社会福祉学科では、2014（平成26）年度、2015（平成27）年度おける学科の事業計画として「地域との連携と情報発信の拡充」を目的に掲げてきた。その一つの取り組みとして「ふれ愛茶屋」の一室を借りて「サテライトラボ」を開設し、本学の教員や学生が定期的に訪問し、地域住民と学生（「民」「学」）が協働して、地域を元気にする取り組みを行ってきた。具体的には協働による事業計画を策定し、地域に周知・啓発するフォーラムやイベントの開催、さらには他学科も交えた介護予防事業などである。これらは主に限られた教員のゼミ活動を起点とした社会福祉学科の活動であったが、大学として地域貢献・社会貢献につながるだけでなく、学生が主体的に学び、学生がもつ専門性を地域に還元できるというメリットにつながった。また地域の側においても学生が入ることにより地域の力と学生の力が融合し、行政主体ではない「新たな支え合い」の姿になりつつあるといえる。

　次に今回のフットケア活動について述べる。フットケアというツールを用いて介護予防につなぐ活動としてスタートした。学生のアンケート結果で、学生はフットケア活動の体験を通して、地域住民の健康維持・増進につながる、世代の異なる地域住民間の交流や高齢者の閉じこもり予防につながる、地域住民における生活の楽しみやニーズの掘り起こしや積極的な行動につながると感じ、これらのことから地域の活性化につながっていくと考えている。また地域住民と充実したコミュニケーションを図ることができ、コミュニケーションスキルが上達したと感じた学生が多い（これは、フットケアそのものがもたらす効果ともいえるが、詳細は後述する）。また、喜んでもらえてうれしいという思いや地域の人の役に立っていると感じるなど、自己効力感や自尊感情につながっている学生も多い。特徴的な内容は、「継続的活動をしたい」「これからもフットケアを引き継いで実施してほしい」「玉川地区の魅力をもっと知りたくなった」「今治の歴史や玉川のことを知ることができた」「地域のことを理解し人とのつながりをもっと学びたい」「鈍川地区を活性化したいと本気で思うようになった」「不便な生活の中でどう生きていくのか、住民の声を聞いて学生が事業提案をして、地域の人たちをどう呼び込むかを考えていけるようになった」「玉川に住む人たち、自然、ビジネスなど様々な素晴らしさに気づくことができた」など、体験を通して地域や地域住民とさらに関係性を高めていきたい、地域にもっと貢献したい、視野を広げていきたいと願っていることが感じ取れる。

　「民」「学」の連携による事業が継続的につながっていくためには、お互いのニーズが満たされることが重要である。そのためには双方の話し合いはもちろんであるが、学生が地域に出て学習を最大限に活かすためには、運営体制を整えることが欠かせない。現在教育において注目され、実践されているサービス・ラーニングは、従来の個人的で競争的な、

受動的で静的な学校学習の閉塞感を打開するものとして、米国において積極的に取り組まれた。米国での定義は、「教室での学習を意味あるコミュニティ・サービスと結びつける教授／学習法であり、学生はサービスを通じてアカデミック・スキルを高める。さらに、社会参加と市民的要素を高め、コミュニティを強化する（Learn and Serve America）。また「サービス・ラーニングは、意味あるコミュニティ・サービスに指導とふりかえりを結びつけた教授／学習法であり、学習経験を高め、市民的責任を教え、地域社会を強化することを目的としている（National Service-Learning Clearinghouse）[14]とされ、我が国においてもサービス・ラーニングに取り組む大学が多くなってきている。当大学では単位化を含んだ組織的な取り組みには至っていないが、サービス・ラーニングに類似した実践を行っているといえる。カリキュラムの中に組み込み制度化して行くには時間がかかるが、今後は学習過程の体系化を充実させていく必要がある。特に、「目的や課題の明確化」、「事前学習」「体験」「振り返り」のプロセスの「振り返り」に焦点を当てる必要がある。体験のやりっぱなしや学習と体験がかけ離れたものにならないように、体験から振り返らせ、体験の意味を深める作業を行うことの必要性が今回明らかになった。[15]

2）足浴・マッサージとコミュニケーション（会話）の関係

アンケート結果では、学生全員が「地域住民とコミュニケーションを図ることができた」「コミュニケーションスキルが上達した」と感じている。今回のフットケア活動において、ほとんどの地域住民と学生は初対面であるにもかかわらず、コミュニケーションに対する満足度が高い。ここではコミュニケーション（会話）とフットケア活動との関係を考察する。

フットケア活動中、地域住民と学生は一対一で向かい合い、時間を共有する。足浴中、地域住民と学生が親しげに話している様子を見ることができた。初対面の者たちは、しばしば共通の話題を見つけることが難しいといわれているが、学生は挨拶や自己紹介から始まり、共通するニュースや自分自身のことなどを話題としながら関係をつなぐ努力をしていた。マッサージにおいては、足浴時とは若干雰囲気が異なっていた。学生は順番を間違えないように一生懸命マッサージに専念するために、自分の手や地域住民の足に目を向ける。会話が交わされているがキャッチボールのように言葉が行き来しているわけではない。コミュニケーションの基本とするところの、相手に視線を合わすことはしていないにもかかわらず、いい雰囲気の中で進行していた。これはなぜだろうか。

注目すべき活動として、「足湯」がある。震災以降さまざまなボランティア活動が被災地で行われた中で、1995（平成7）年の阪神淡路大震災における避難所での足湯ボランティアを皮切りに、2004（平成16）年新潟県中越地震、2007（平成19）年能登半島地震、2011（平成23）年東日本大震災など数多くの場において行われた。特に西阪らは、福島県で「足湯活動」を行った。「足湯活動」とは、ボランティアが足湯を提供し、被災者の

両手と両腕をマッサージしながら、その被災者と会話を行うという複合的な活動である[16]。今回取り組んだフットケア活動と比較して、目的、対象者やマッサージ部位などの違いがあるにせよ、その場で起こる現象には類似したものがあると思われる。フットケア活動において、マッサージと会話という2つの異なる活動が並行して進んでいる。マッサージは地域住民と学生を結びつける手段であり、その上に会話が展開される。フットケア活動において、会話が無くても、あるいは会話が途切れてもマッサージは継続される。会話のためにマッサージの手を止めることもほとんどない。西阪らは、「足湯活動」において、会話が途切れても、マッサージが続いている限り、「足湯活動」における相互行為そのものが途切れるわけではない。マッサージが行われている限り気まずい雰囲気にはならないと述べている[17]。

　二者間の対話において、言語によるコミュニケーションは内容全体の25％、残りの75％は別の手段によるといわれている[18]。いわゆる非言語的コミュニケーションであるが、人体、動作、目、周辺言語、沈黙、身体接触、対人空間、時間、色彩などがある[19]。マッサージは学生の手が地域住民の足に触れることで成り立つ「触れるケア」である。「触れるケア」はコミュニケーションそのものであり、「フットケアというスキンシップを用いることにより、心を開いていただきニーズを聞き取ることができた」「フットケア活動で多くの人の笑顔に出会うことができた」などの学生の意見にもみられるように、マッサージを通したふれあいの役割は大きいといえる。今回のフットケア活動において、学生は地域住民に深い関心を寄せ、相手のニーズに合わせて力加減、リズムなどを意識して調節し、説明と同意を得ることを丁寧に実施した[20]。このことが「触れるケア」の効果を高め、延いては満足度の高いコミュニケーションの達成につながったと推測できる。

結論及び今後の課題

　本研究の目的は、フットケア活動における学生の学びを明らかにすること、さらに今後のフットケア活動の課題を見出すことである。アンケート調査では、フットケア活動に参加した学生が少人数であったが貴重な意見を得ることができた。しかしながらアンケート調査内容において、「フットケア活動で何を学んだか」の問いについて選択肢が少なすぎ、意図的に回答を誘導してしまった可能性がある。さらに地域住民側からみたフットケア活動の意義や価値に対する意見を聞くことができておらず、学生側の一方向的な見方になっている可能性があることが考えられた。以上のような研究の限界を踏まえながら、以下の結論を得た。

　学生はフットケア活動に対して、地域住民の健康維持・増進につながる、世代の異なる地域住民間の交流や高齢者の閉じこもり予防につながる、地域住民における生活の楽しみ

やニーズの掘り起しや積極的な行動につながると感じ、これらのことから地域の活性化につながっていくと考えている。また地域住民に喜んでもらえてうれしいという思いや地域の人の役に立っていると感じるなど、自己効力感や自尊感情につながっている学生も多い。

さらに体験を通して地域や地域住民と関係性を高めていきたい、地域にもっと貢献したい、視野を広げていきたいと考えていることが明らかになった。加えて地域住民と学生の二者間において行われた「触れるケア」の実践により、満足度の高いコミュニケーションの達成につながった。

「民」「学」の連携による事業が継続的につながっていくためには、お互いのニーズが満たされることが重要であり、学生が地域に出て学習を最大限に活かすために、学習過程の体系化を充実させていく必要がある。特に「振り返り」に焦点を当て、体験のやりっぱなしや学習と体験がかけ離れたものにならないように、体験から振り返らせ、体験の意味を深める作業を行うことの必要性が示唆された。

引用文献
1） 島崎義弘,2015,「住民の力で地域を支える―地域支援における社会福祉士の役割―」公益社団法人日本社会福祉士会、公益社団法人日本精神保健福祉士協会他共編『社会保障制度改革とソーシャルワーク―躍進するソーシャルワーク活動Ⅱ―』,中央法規出版株式会社,p59-65.
2） 堀川涼子,2015,「城東"じ・ば・子のおうちプロジェクト"活動報告」『美作大学・美作大学短期大学部紀要』(60)：p125-129.
3） 水野晶夫,2015,「"地域が学生を育て、学生が地域を元気にする"地域連携活動の試み：名古屋学院大学の事例から（特集　地域連携による教育の取り組み）」『大学教育と情報』10（2）：p12-15.
4） 前掲1） p60.
5） 前掲1） p60.
6） 前掲1） p62
7） 西田壽代,2009,「序章　ナースに求められるフットケア」日本フットケア学会編『はじめようフットケア第2版』,日本看護協会出版会,p2-3.
8） 池永恵子,2014,「介護職に期待される予防的フットケアとその効果」『Community care』16（3）：p30-33.
9） フットケアのあり方に関する研究委員会編,2000.「平成12年度　老人保険健康増進等事業　フットケアのあり方に関する調査研究報告書」厚生労働省.
10） 秋山昌江,2006,「高齢者の足の問題と転倒との関係」『聖カタリナ大学研究紀要』(18)：p149-157.
11） 岡村絹代,秋山昌江他,2013,「地域住民の足に関する意識とフットケアの現状」『聖カタリナ大学研究紀要』(25)：p195-207.
12） 秋山昌江,2008,「在宅高齢者におけるフットケアの効果に関する基礎的研究」『聖カタリナ大学研究紀要』(20)：p141-154.
13） 前掲1） p64-65.
14） 岩槻健,2007,「大学と地域をつなぐサービス・ラーニング」『甲子園大学紀要』(35)：p21-28.
15） 開浩一,藤崎亮一他,2003,「大学におけるサービス・ラーニングの開発に関する研究：概念と取り組みの状況」『長崎ウエスレヤン大学地域総合研究所研究紀要』1（1）：p9-11.
16） 西阪仰,2013,「第1章　二つで一つ　複合活動としての足湯活動」西阪仰,早野薫,須永将史,黒嶋智美,岩田夏穂『共感の技法　福島県における足湯ボランティアの会話分析』,勁草書房,p13.
17） 前掲15） p28.

18) 安藤節子,2005,「コミュニケーション・マナーを身につける」,大竹榮監修『―福祉と医療に携わる人のための―コミュニケーション・マナーの基本』,中央法規出版株式会社,p82.
19) 前掲17) p85.
20) 山本裕子,2014,「触れるケアの効果」『千里金襴大学紀要』(11):p75-85.

松山市の「ふれあい・いきいきサロン」の意義と効果

稲田　俊治

　高齢化の進展、平均寿命の延伸、要介護者の増大、医療費の増大などとの関連から、介護予防の一環としての高齢者のサロンが全国的に広がっている。このサロン活動が、参加者にどのように実感されているのか、生きがい・健康づくりにつながっているのかを検証することは重要である。参加者の自主性、援助体制、仲間づくり、地域とのつながり、トータルな健康づくりの学習などが、参加者の意義や効果に好ましい影響を与えていることを明らかにした。

はじめに

　2014（平成26）年の日本人の平均寿命は女性86.83歳、男性80.50歳で、いずれも過去最高を更新し、医療の進歩と相俟って今後も伸びると言われている。2013（平成25）年度から取り組まれている「健康日本21（第2次）」では、健康寿命の延伸と健康格差の縮小が全体目標に位置づけられている。健康寿命は、「健康上の問題で日常生活が制限されることなく生活できる期間」とされるが、2010（平成22）年時点での平均寿命・健康寿命は男性79.55年・70.42年、女性86.30年・73.62年となっている。平均寿命と健康寿命の差は、生活していくうえで何らかの支援を要する期間であり、男性9.13年、女性12.68年である。高齢者が幸福感に満ちて生活していくためにはこの差の縮小が喫緊の課題といえる。

　健康格差は、「地域や社会経済状況の違いによる集団における健康状態の差」と定義される。この格差是正は、地域として取り組んでいくことが重要である。地域に暮らす高齢者の幸福感の実感、地域の健康水準の向上、医療費・介護給付費負担の軽減、さらには地域の活性化、人々の連帯感の醸成等にもつながる。

　このような高齢化の進展、平均寿命の延伸、要介護および要支援者数の増加、医療費の増大などとの関連から、介護予防の取り組みが全国で進められるようになっている。介護が必要になった要因として、生活習慣病が3割、認知症や高齢による衰弱、関節疾患、骨折、転倒で5割、その他2割とされているが、その多くが日常生活の工夫で予防ないし発症を遅らせることができるものである。

　介護予防のポイントとしていくつかあげられている。①運動器の機能の維持・向上をは

かる。②食事を大切にし、低栄養を防ぐ。③口腔の清潔、機能の向上をはかる。噛むことで脳が活性化し、認知症の予防にもつながる。口腔体操やおしゃべり、歌をうたうことも効果がある。④閉じこもらず、役割を持って地域での活動を行う。閉じこもりは要介護状態になるのを促進する。地域で気軽に集まり、友人と楽しい活動を行う「居場所」の存在は大切である。⑤認知症を予防する。認知症は今後ますます増加していく。病気であること、予防できること、早期発見や対処により進行を抑えることや回復も可能であることを認識する。⑥うつ症状に早めに気づき適切な治療を受ける。などである。

　高齢者の健康はトータルに捉え、その維持・向上をはかっていくことが必要である。適切な情報の提供、個々人の状態に対応した活動、他者との交流を通した社会参加などが求められる。高齢者が利用しやすい場（サロン）をつくり、楽しい活動、学習、地域の文化活動を通した交流や生きがいを醸成する社会環境の整備は重要かつ効果的であろう。

　高齢者のサロン活動の意義や効果について多くの指摘がある。坂本[1]はその効果について、サロン参加者はもちろんのこと、担い手にもその効果が大きいことを指摘している。参加者の身体的効果として健康意識を高める効果、精神的効果として心にハリを持たせ、生きる意欲を高める効果、社会的効果としては人間関係を広げ、社会参加の機会を拡大する効果を持っていると述べている。担い手に対する効果として、仲間や近所づきあいの増加、健康意識の高まり、地域課題に対する意識の変化、自発的な地域福祉活動を始める契機となることをあげている。

　近藤[2]はサロン参加者の健康観が高いだけでなく、その波及効果として、町内会、スポーツ団体、趣味の団体、ボランティア団体などの地域組織への参加が増加することを指摘している。地域組織にまったく参加していないサロン参加者と非参加者で、2年後に1つ以上の地域組織に参加するようになった者の割合は、参加者64.8％、非参加者28.8％であったと報告している。

　本稿では、全国的にみてもその取り組みが進んでいる松山市の「ふれあい・いきいきサロン」参加者を対象として、参加者の側からみたサロン活動についての意義や効果についての意識を明らかにすることを目的とする。主な視点は、活動の意義や効果についての認識、介護予防についての認識、認知症についての認識、近所の高齢者への思い、地域との関わりの認識である。参加者の意識調査と松山市の「ふれあい・いきいきサロン事業」を関連させて明らかにしたい。

Ⅰ．松山市におけるふれあい・いきいきサロン事業の概要

1）事業の経緯

　ふれあい・いきいきサロンは、1994（平成6）年に全国社会福祉協議会が「住民である

ボランティアと地域の利用者が主体となって、お互いがつながりを持てる場」として提案したのが始まりとされる。松山市では、1999（平成11）年に市がモデル事業を受託し番町地区で始め、2002（平成14）年には味酒地区も加え、2地区で実施するようになった。2005（平成17）年からは、市の一般会計から「ふれあい・いきいきサロン事業」として松山市社会福祉協議会への委託が開始され、全市的な広がりのある事業となっていった。2006（平成18）年よりこの事業は地域支援事業の主旨に合致することから、市は地域支援事業での予算措置をとった。2009（平成21）年には所管が高齢福祉課から介護保険課へと変わっている。

2）事業の対象、目的、場所、内容（プログラム）

松山市内に居住するひとり暮らしや家の中で過ごしがちな高齢者（60歳以上）、地域住民のボランティア等を対象としている。主な目的は地域の介護予防の拠点づくり、生きがいづくり・仲間づくりである。場所は、参加者が自宅から歩いて行ける近隣の公民館、集会所、参加者の自宅、公園などである。内容（プログラム）は参加者の意見によって決められる。健康体操、脳活トレーニング、読み聞かせ（仲間、幼児）、レクリエーション、料理教室、カラオケ、音楽鑑賞、子どもとの交流、しめ縄づくり、木工、フォークダンス、折り紙、囲碁・将棋、クラフト、歌声、野菜づくりなど多種多様であり、地域の特色がいかされている。

3）サロンの運営主体、機関

実施主体は町内会・自治会等の小地域である。この範囲から集まった参加者の話し合いによって具体的な内容や場所等が決められる。協働機関としての各地区社会福祉協議会、松山市から受託した事業の運営機関としての松山市社会福祉協議会（具体的には地域福祉活動コーディネーター）が実施主体の側面支援を行っている。

4）サロンの規模、回数、時間、運営費、会費、代表者

会員の人数によって3種に区分される。「小規模型サロン」10～14名、「中規模型サロン」15～29名、「大規模型サロン」30名以上。開催回数は1サロンあたり週2回まで開催が可能であるが、地区社会福祉協議会の調整により決まる。開催時間は1回3時間以上となっている。各サロンには、半年ごとに運営費（規模・回数により額が異なる）が支給される。参加者の会費（昼食代、入場料等実費負担）は、参加者の話し合いで決まる。参加者の話し合いによって各サロンの代表者1名を置く。

5）サロン援助スタッフ
①ボランティアの参加者

　　各サロンには、正規の参加者ではないがサロンの趣旨に賛同するボランティアの参加

者がおり、高齢者の自主性を尊重しながら各自の得意な分野で援助活動を行っている。
②活動援助員
　サロンの活動を円滑に進めるために、各サロンに活動援助員（有償）を置いている。小規模型には2名、中規模型には3名、大規模型には3名が配置されている。
③地域福祉活動コーディネーター
　松山市社会福祉協議会に地域福祉活動コーディネーターを配置して、サロン運営の側面支援を行っている。その主な役割は、新規サロン立ち上げ援助、サロン運営に関する相談・情報提供、レクリエーション機材等の紹介・貸し出し、世話人連絡会の企画・開催、講習会・研修会の企画・開催、各サロンの報告書の集計・会計確認・データ入力、広報活動（サロン通信・各種ちらしの作成・配布など）である。
④登録講師
　2014（平成26）年度の登録者は593名でり、介護予防、高齢者問題、趣味講座など多様な分野の専門家が登録されている。各サロンの要望に応じて、講習会・研修会の講師を務める。

6）サロンの現状
①拠点数・登録者数
2005（平成17）年度：214拠点・6,121人
2008（平成20）年度：238拠点・7,588人
2011（平成23）年度：245拠点・7,973人
2014（平成26）年度：250拠点・8,318人
拠点数、登録者数ともに増加している。
②規模別拠点数
　2014（平成26）年度においては、小規模132（52.8％）、中規模112（44.8％）、大規模6（2.4％）となっている。
③活動回数別拠点数（基幹型2サロンを除く）
　週2回9サロン（3.6％）、週1回28サロン（11.3％）、月3回26サロン（10.5％）、月2回78サロン（31.5％）、月1回107サロン（43.1％）となっており、月に1～2回が185サロン（74.6％）と圧倒的に多い。

Ⅱ．ふれあい・いきいきサロン参加者への意識調査の概要

1）調査の目的
高齢化がピークを迎えるとされる2025年を見据え、医療・介護制度の一体的な改革が

すすめられているが、介護保険制度については市区町村が行う地域支援事業の重要度が増し、「住民主体の多様なサービス」への期待が高まっている。松山市社会福祉協議会・地区社会福祉協議会においても、既存事業の見直しとともに地域の高齢者に寄り添った新たな事業展開に向けて検討することが必要となっている。当事者である元気高齢者の意識調査によって、検討のための基礎資料を得ることを目的とする。

2）調査の内容
- 健康に関する事項
- 介護予防に関する事項
- 日常生活に関する事項
- 社会参加に関する事項

3）調査対象
ふれあい・いきいきサロンに参加している60歳以上の元気高齢者

4）調査時期
2015（平成27）年1月～2月

5）回収数および回答者の属性（年齢・性・地域）

男性550（60歳代95、70歳代272、80歳代172、90歳代11）、女性3814（60歳代665、70歳代1843、80歳代1206、90歳代100）となっており、全体で4364人から回答を得た。性別構成比は男性12.6％、女性87.4％である。

表1 回答者の属性

地域	年代性別	60歳代 男性	60歳代 女性	60歳代 小計	70歳代 男性	70歳代 女性	70歳代 小計	80歳代 男性	80歳代 女性	80歳代 小計	90歳代 男性	90歳代 女性	90歳代 小計	総計
1．松山市街地	人数	7	27	34	14	82	96	14	50	64	1	4	5	199
	％	3.5%	13.6%	17.1%	7.0%	41.2%	48.2%	7.0%	25.1%	32.2%	0.5%	2.0%	2.5%	100%
2．松山市その他	人数	55	488	543	159	1317	1476	87	818	905	8	64	72	2996
	％	1.8%	16.3%	18.1%	5.3%	44.0%	49.3%	2.9%	27.3%	30.2%	0.3%	2.1%	2.4%	100%
3．北条	人数	26	100	126	85	282	367	54	236	290	2	26	28	811
	％	3.2%	12.3%	15.5%	10.5%	34.8%	45.3%	6.7%	29.1%	35.8%	0.2%	3.2%	3.5%	100%
4．中島・興居島	人数	7	50	57	14	162	176	17	102	119	0	6	6	358
	％	2.0%	14.0%	15.9%	3.9%	45.3%	49.2%	4.7%	28.5%	33.2%	0%	1.7%	1.7%	100%
総計	人数	95	665	760	272	1843	2115	172	1206	1378	11	100	111	4364
	％	2.2%	15.2%	17.4%	6.2%	42.2%	48.5%	3.9%	27.6%	31.6%	0.3%	2.3%	2.5%	100%

1015（平成27）年1～2月調査．以下の表も同じ

Ⅲ．調査結果の概要

ここでは、調査項目の中からとくにサロン活動の意義や効果に関わる項目について見ていく。

1）現在、誰と住んでいるか

男性の参加者は、圧倒的に「夫婦二人」（64.2％）が多く、「ひとり暮らし」（9.4％）、「自分と子と孫」（6.3％）、「自分と子」（6.0％）となっている。女性では「夫婦二人」（40.4％）、「ひとり暮らし」（27.0％）、「自分と子」（11.9％）、「自分と子と孫」（9.9％）と多様である。「自分と親」はわずかであった。

「ひとり暮らし」の参加者は、男性70歳代6.9％、80歳代12.3％であるが、女性では70歳代26.9％、80歳代42.8％であり、3倍以上の顕著な差異が見られる。男性は夫婦二人で参加、女性は夫婦でも、ひとり暮らしでも参加している傾向が明らかとなった。男性の独居高齢者への働きかけがとくに重要であるといえる。

表2 誰と住んでいるか

			1. ひとり暮らし	2. 夫婦二人	3. 自分と親	4. 自分と子	5. 自分と子と孫	6. その他	小計
男性	60歳代	人数	9	63	2	4	3	14	95
		％	9.5%	66.3%	2.1%	4.2%	3.2%	14.7%	100%
	70歳代	人数	19	181	1	19	11	45	276
		％	6.9%	65.6%	0.4%	6.9%	4.0%	16.3%	100%
	80歳代	人数	21	106	0	10	18	16	171
		％	12.3%	62.0%	0.0%	5.8%	10.5%	9.4%	100%
	90歳代	人数	3	5	0	0	3	0	11
		％	27.3%	45.5%	0.0%	0.0%	27.3%	0.0%	100%
	小計	人数	52	355	3	33	35	75	553
		％	9.4%	64.2%	0.5%	6.0%	6.3%	13.6%	100%
女性	60歳代	人数	81	370	10	34	26	148	669
		％	12.1%	55.3%	1.5%	5.1%	3.9%	22.1%	100%
	70歳代	人数	495	802	8	205	173	156	1839
		％	26.9%	43.6%	0.4%	11.1%	9.4%	8.5%	100%
	80歳代	人数	513	228	5	217	180	56	1199
		％	42.8%	19.0%	0.4%	18.1%	15.0%	4.7%	100%
	90歳代	人数	38	7	0	30	18	6	99
		％	38.4%	7.1%	0.0%	30.3%	18.2%	6.1%	100%
	小計	人数	1127	1407	23	486	397	366	3806
		％	29.6%	37.0%	0.6%	12.8%	10.4%	9.6%	100%
全体		人数	1179	1762	26	519	432	441	4359
		％	27.%	40.4%	0.6%	11.9%	9.9%	10.1%	100%

2）現在の健康状態

「健康」＋「まあ健康」と答えた者の割合は、男性では全体83.2％、60歳代89.6％、70歳代84.4％、80歳代77.9％、90歳代81.8％であり、女性では全体84.9％、60歳代92.8％、70歳代86.9％、80歳代78.3％、90歳代85.9％となっている。男性女性ともに、80歳代で健康状態がやや悪くなっており、回答者数（調査日の参加者数）が80歳代でやや減少していることと関連があると考えられる。

表3 現在の健康状態

			1．健康	2．まあ健康	3．あまり健康でない	4．健康でない	小計
男性	60歳代	人数	26	60	9	1	96
		％	27.1%	62.5%	9.4%	1.0%	100%
	70歳代	人数	87	141	35	7	270
		％	32.2%	52.2%	13.0%	2.6%	100%
	80歳代	人数	27	107	32	6	172
		％	15.7%	62.2%	18.6%	3.5%	100%
	90歳代	人数	3	6	1	1	11
		％	27.3%	54.5%	9.1%	9.1%	100%
	小計	人数	143	314	77	15	549
		％	26.0%	57.2%	14.0%	2.7%	100%
女性	60歳代	人数	235	379	37	11	662
		％	35.5%	57.3%	5.6%	1.7%	100%
	70歳代	人数	437	1159	203	38	1837
		％	23.8%	63.1%	11.1%	2.1%	100%
	80歳代	人数	244	692	204	56	1196
		％	20.4%	57.9%	17.1%	4.7%	100%
	90歳代	人数	26	59	10	4	99
		％	26.3%	59.6%	10.1%	4.0%	100%
	小計	人数	942	2289	454	109	3794
		％	24.8%	60.3%	12.0%	2.9%	100%
全体		人数	1085	2603	531	124	4343
		％	25.0%	59.9%	12.2%	2.9%	100%

3）サロンが認知症の予防になっているか

サロンでの活動が認知症の予防に「なっている」とする者は、全体73.3％、男性65.8％、女性74.3であり高い割合を示している。また、「なっている」＋「少しなっている」と答えた者の割合は、全体で94.2％、男性94.5％、女性94.1％ときわめて高い。サロンでの活動を肯定的に捉えていると考えられる。

表4 サロンが認知症の予防になっているか

			1. なっている	2. 少しなっている	3. あまりなっていない	4. なっていない	小計
男性	60歳代	人数	58	31	4	1	94
		%	61.7%	33.0%	4.3%	1.1%	100%
	70歳代	人数	162	84	6	8	260
		%	62.3%	32.3%	2.3%	3.1%	100%
	80歳代	人数	122	35	3	5	165
		%	73.9%	21.2%	1.8%	3.0%	100%
	90歳代	人数	7	2	0	2	11
		%	63.6%	18.2%	0.0%	18.2%	100%
	小計	人数	349	152	13	16	530
		%	65.8%	28.7%	2.5%	3.0%	100%
女性	60歳代	人数	459	168	10	16	653
		%	70.3%	25.7%	1.5%	2.5%	100%
	70歳代	人数	1302	376	35	71	1784
		%	73.0%	21.1%	2.0%	4.0%	100%
	80歳代	人数	902	176	24	57	1159
		%	77.8%	15.2%	2.1%	4.9%	100%
	90歳代	人数	80	11	1	2	94
		%	85.1%	11.7%	1.1%	2.1%	100%
	小計	人数	2743	731	70	146	3690
		%	74.3%	19.8%	1.9%	4.0%	100%
全体		人数	3092	883	83	162	4220
		%	73.3%	20.9%	2.0%	3.8%	100%

4）サロンに参加して知り合いが増えたか

　サロンでの活動を通して、知り合いが「増えた」＋「少し増えた」と答えた者の割合は、全体で92.8％、男性91.6％、女性93.8％ときわめて高くなっている。年齢別にみても同様である。サロンでの活動は参加者の交流を促進するものとなっているといえる。

表5 サロンに参加して知り合いが増えたか

			1. 増えた	2. 少し増えた	3. 変わらない	4. 減った	小計
男性	60歳代	人数	64	27	4	0	95
		%	67.4%	28.4%	4.2%	0%	100%
	70歳代	人数	185	55	23	0	263
		%	70.3%	20.9%	8.7%	0%	100%
	80歳代	人数	116	35	16	0	167
		%	69.5%	21.0%	9.6%	0%	100%
	90歳代	人数	8	1	2	0	11
		%	72.7%	9.1%	18.2%	0%	100%
	小計	人数	373	118	45	0	536
		%	69.6%	22.0%	8.4%	0%	100%

女性	60歳代	人数	481	149	30	0	660
		%	72.9%	22.6%	4.5%	0%	100%
	70歳代	人数	1295	386	124	4	1809
		%	71.6%	21.3%	6.9%	0.2%	100%
	80歳代	人数	831	237	92	3	1163
		%	71.5%	20.4%	7.9%	0.3%	100%
	90歳代	人数	71	12	11	1	95
		%	74.7%	12.6%	11.6%	1.1%	100%
	小計	人数	2678	784	257	8	3727
		%	72.6%	21.2%	7.0%	0.2%	100%
全体		人数	3051	902	302	8	4263
		%	71.6%	21.2%	7.1%	0.2%	100%

5）介護保険サービスを利用したいと思ったことがあるか

　介護保険サービスを利用したいと思ったことが「ない」＋「あまりない」と答えた者の割合は、全体で80.1％、男性80.0％、女性80.1％である。参加者の8割の人が、可能な限り介護保険サービスを利用しないで生活したいと努力していると考えられる。一方、介護保険サービスを利用したいと思ったことが「よくある」＋「時々ある」と答えた者は全体で2割存在する。加齢とともにその割合は増えていっているが、今後、その人たちへの対応についても考えていかなければならない。

表6　介護保険サービスを利用したいと思ったことがあるか

			1．ない	2．あまりない	3．時々ある	4．よくある	小計
男性	60歳代	人数	61	25	7	2	95
		%	64.2%	26.3%	7.4%	2%	100%
	70歳代	人数	146	74	32	9	261
		%	55.9%	28.4%	12.3%	3.4%	100%
	80歳代	人数	68	43	38	15	164
		%	41.5%	26.2%	23.2%	9.1%	100%
	90歳代	人数	4	3	1	2	10
		%	40.0%	30.0%	10.0%	20.0%	100%
	小計	人数	279	145	78	28	530
		%	52.6%	27.4%	14.7%	5.3%	100%
女性	60歳代	人数	484	117	42	8	651
		%	74.3%	18.0%	6.5%	1.2%	100%
	70歳代	人数	1103	375	226	49	1753
		%	62.9%	21.4%	12.9%	2.8%	100%
	80歳代	人数	502	260	262	92	1116
		%	45.0%	23.3%	23.5%	8.2%	100%
	90歳代	人数	35	14	25	14	88
		%	39.8%	15.9%	28.4%	15.9%	100%
	小計	人数	2124	766	555	163	3608
		%	58.9%	21.2%	15.4%	4.5%	100%
全体		人数	2403	911	633	191	4138
		%	58.1%	22.0%	15.3%	4.6%	100%

6）サロンへの参加希望頻度と健康状態の関連

サロンへの参加希望頻度（参加意欲）と健康状態には、きわめて有意な関連があることが明らかになった。サロンの活動に積極的、意欲的に取り組んでいる人ほど健康状態がよい、健康状態がよい人ほどサロンの活動に積極的、意欲的に関わっている。

表7 サロン参加希望頻度と健康状態の関連

		1．健康	2．まあ健康	3．あまり健康でない	4．健康でない	合計
1．毎回参加したい	人数	775	1547	251	53	2626
	全体の%	17.9%	35.6%	5.8%	1.2%	60.5%
2．なるべく毎回参加したい	人数	271	916	219	50	1456
	全体の%	6.2%	21.1%	5.0%	1.2%	33.5%
3．時々参加したい	人数	53	135	49	11	248
	全体の%	1.2%	3.1%	1.1%	0.3%	5.7%
4．あまり参加したくない	人数	3	4	0	3	10
	全体の%	0.1%	0.1%	0.0%	0.1%	0.2%
合計	人数	1102	2602	519	117	4340
	全体の%	25.4%	60.0%	12.0%	2.7%	100%

$\chi^2(9)=125.99, p<0.00$

7）サロン参加前と現在の病院に行く回数の関連

サロン活動に参加する前の病院に行く回数と現在の通院の回数の関連についてみると、有意な関連は見られなかった。参加前に比べると、現在の通院頻度は微増している。加齢とともに病院に行く回数が増えるのはごく自然であり、通院において有意な関連がないことは、サロン活動の効果も影響しているとみることもできよう。

表8 サロン参加前 - 現在と病院に行く回数の関連

		1．ほぼ毎日	2．週4〜5日程度	3．週2〜3日程度	4．週1回程度	5．月に2〜3回程度	6．月に1回程度	7．年に4〜5日程度	8．通院していない	合計
サロン参加前	人数	41	53	224	237	658	1809	497	687	4206
	全体の%	0.5%	0.6%	2.7%	2.8%	7.9%	21.7%	6.0%	8.2%	50.4%
現在	人数	46	56	249	233	625	1862	497	571	4139
	全体の%	0.6%	0.7%	3.0%	2.8%	7.5%	22.3%	6.0%	6.8%	49.6%
合計	人数	87	109	473	470	1283	3671	994	1258	8345
	全体の%	1.0%	1.3%	5.7%	5.6%	15.4%	44.0%	11.9%	15.1%	100%

$\chi^2(7)=13.50, n.s.$

8）サロン参加前と現在の外出回数の関連

サロン活動に参加する前と現在の外出回数における関連についてみると、きわめ

て有意な関連が見られた。参加前には週に半数以上（週4日以上）外出する人は50.4％であったが、現在は56.8％となっている。サロンへの参加以外にも外出する機会をつくっていると考えられる。

表9 サロン参加前 - 現在と外出回数の関連

		1．ほぼ毎日	2．週4〜5回	3．週2〜3回	4．週1回以下	合計
サロン参加前	人数	1142	930	1425	585	4082
	全体の％	13.9%	11.3%	17.4%	7.1%	49.7%
現在	人数	1239	1088	1287	514	4128
	全体の％	15.1%	13.3%	15.7%	6.3%	50.3%
合計	人数	2381	2018	2712	1099	8210
	全体の％	29.0%	24.6%	33.0%	13.4%	100%

$\chi^2(3)=27.67, p<0.00$

9）サロン参加前と現在の身体活動頻度の関連

サロン活動に参加する前と現在の身体活動における関連についてみると、きわめて有意な関連が明らかとなった。週2回以上（「ほぼ毎日」＋「週4・5日」＋「週2・3日」）の身体活動を行っている者は、参加前は62.8％であったが、現在は69.0％となっている。

表10 サロン参加前 - 現在と身体活動頻度の関連

		1．ほぼ毎日	2．週4〜5回程度	3．週2〜3回程度	4．週1回程度	5．月に2〜3回程度	6．月に1回程度	7．年に4〜5日程度	8．していない	合計
サロン参加前	人数	1025	634	895	490	268	213	44	503	4072
	全体の％	12.6%	7.8%	11.0%	6.0%	3.3%	2.6%	0.5%	6.2%	49.9%
現在	人数	1160	758	901	422	280	182	40	344	4087
	全体の％	14.2%	9.3%	11.0%	5.2%	3.4%	2.2%	0.5%	4.2%	50.1%
合計	人数	2185	1392	1796	912	548	395	84	847	8159
	全体の％	26.8%	17.1%	22.0%	11.2%	6.7%	4.8%	1.0%	10.4%	100%

$\chi^2(7)=57.18, p<0.00$

10）サロン参加前と現在の寂しさや不安の関連

サロン活動に参加する前と現在の寂しさや不安の存在の関連についてみると、きわめて有意な関連が見られた。サロン参加前には寂しさ・不安があった（「あった」＋「少しあった」）と答えた者は32.6％であったが、現在ある（「ある」＋「少しある」）とする者は24.8％となっている。サロンでの活動を通して寂しさや不安が和らいでいると考えられる。

表11 サロン参加前 - 現在と寂しさや不安の関連

		1. ある あった	2. 少しある 少しあった	3. あまりない あまりなかった	4. ない なかった	合計
サロン参加前	人数	299	1058	1219	1592	4168
	全体の%	3.6%	12.7%	14.6%	19.1%	50.0%
現在	人数	192	845	1384	1740	4161
	全体の%	2.3%	10.1%	16.6%	20.9%	50.0%
合計	人数	491	1903	2603	3332	8329
	全体の%	5.9%	22.8%	31.3%	40.0%	100%

$\chi^2(3)=64.19, p<0.00$

11）介護予防や健康について気をつけていること（複数回答）

　　全体では「転ばない」69.5％、「食事に気をつける」50.5％、「身の回りのことは自分でする」46.3％、「運動不足にならない」42.0％、「なるべく頭をつかう」34.5％、「趣味や特技をもつ」29.7％、「外出を心がける」28.3％が主な項目である。男性・女性間で差が見られた項目は、「転ばない」（男性50.9％、女性72.2％）、「食事に気をつける」（男性36.0％、女性52.6％）、「運動不足にならない」（男性53.6％、女性40.4％）、「酒・たばこを控える」（男性16.0％、女性4.0％）であった。

12）困った時に手伝ってもらいたいこと（複数回答）

　　全体では「声かけや見守り」27.4％、「買い物」22.3％、「話し相手」21.6％、「草取りや庭の掃除」18.7％、「電球交換」18.4％、「食事づくり」16.6％が主なこととなっている。性別での相違が見られる。男性では「声かけや見守り」28.2％、「話し相手」24.4％、「食事づくり」19.8％、「買い物」13.1％、「草取りや庭の掃除」12.0％、女性では「声かけや見守り」27.3％、「買い物」23.7％、「話し相手」21.2％、「電球交換」19.9％、「草取りや庭の掃除」19.7％の順となっている。男性は「食事づくり」、女性は「買い物」と「電球交換」が高い割合となっている。

13）近所の困っている人にお手伝いできること（複数回答）

　　全体では「声かけや見守り」53.3％、「話し相手」48.2％、「ごみ出し」24.7％、「買い物」21.7％、
「散歩の付き添い」12.3％、「草取りや庭の掃除」11.5％が主なこととなっている。男性では「声かけや見守り」54.4％、「話し相手」40.9％、「ごみ出し」22.4％、「草取りや庭の掃除」19.8％、「電球交換」18.0％、「買い物」16.2％、「散歩の付き添い」12.7％、女性では「声かけや見守り」53.2％、「話し相手」49.3％、「ごみ出し」24.9％、「買い物」22.5％、「散歩の付き添い」12.3％、「草取りや庭の掃除」10.3％

の順となっている。

14）サロンに参加している理由（複数回答）

全体では「友達（仲間）づくり」54.0％、「認知症予防」43.7％、「地域とのつながりづくり」41.0％、「心の健康」40.6％、「体力維持・向上」33.6％、「趣味づくり」21.2％などとなっている。男性では「友達（仲間）づくり」53.5％、「地域とのつながりづくり」50.0％、「体力維持・向上」40.4％、「認知症予防」36.2％、「不安の解消」32.9％が主な理由となっている。

女性では「友達（仲間）づくり」54.0％、「不安の解消」45.2％、「認知症予防」41.2％、「地域とのつながりづくり」39.7％、「体力維持・向上」32.6％、「趣味づくり」22.1％の順となっている。年齢別でもほぼ同様であり、高齢化社会に生きる高齢者として、サロン参加者の共通な参加理由が読み取れる。

まとめ

今後さらに進展していく高齢化社会において、高齢者の生きがい・健康づくりは一層重要な喫緊の課題となっている。本稿では、松山市のふれあい・いきいきサロンを対象として、参加している高齢者がサロンの活動を通してどのように生きて行こうと考えているのか、どのような効果を実感しているか等について調査を実施して検討してきた。ここでは、明らかとなったいくつかの事項についてまとめておきたい。

（1）サロンの場所が高齢者の身近なところにあり、その活動が参加者の自主性を基本としており、参加者の話し合いによってプログラムが決められている。参加者が講師を務めるプログラムも組み込まれている。強制や行政主導ではないので気軽に参加できるようになっており、この自主性が活動の効果をもたらしていると言える。サロンの規模も一律ではなく、開催もサロンの実情に応じて月1回～週2回まで多様である。

（2）サロンは1回3時間以上となっており、昼食・おやつは参加者の実費負担や持ち寄りである。料理教室がそのまま昼食づくり、おやつづくりと繋がっている。野菜づくりなど、みんなで作って食するダブルでの楽しみをもたらすプログラムも多数用意されている。

（3）参加者から見たサロン活動の効果については、ほとんどの項目で効果があると認識されていることが明らかとなった。「健康状態」は、参加意欲ときわめて有意な関連があった。「認知症の予防になっているか」については、9割以上の者が肯定的に捉えていた。「知り合いが増えたか」については、9割以上の者が増えたと答え

ている。「サロン参加前と現在の外出回数」「サロン参加前と現在の身体活動頻度」「サロン参加前と現在の寂しさや不安」については、きわめて有意な関連がみられた。「サロン参加前と現在の病院に行く回数」については、現在がやや増えているものの有意な関連はみられなかった。

（4）「介護予防や健康について気をつけていること」では、参加者の回答はほぼ国や県が提唱している項目と一致していた。日頃から研修・講習・会話等を通して情報を共有できていると考えられる。また、「介護保険サービスを利用したいと思ったことがあるか」については、8割の者が思ったことがないと答えている。可能な限りサービスを利用しないで生活するよう努めている姿勢が窺える。

（5）開催が月1～2回のサロンが74.6％となっている。少ない開催回数でその効果を上げるためには、サロンでの活動を充実させるだけでなく、活動内容を簡素化するなどして、家庭等でも継続して行っていくようにすることが大切である。多くのサロンではそれが自主的に行われていると推察できる。参加者から「孫から、おばあちゃん今日は脳トレやらないの、と言われてあわててやりました」「孫から、ぬり絵一緒にやろう、と言われています」「家でもサロンのストレッチやっています」などの声が多数聞かれた。

（6）「困った時に手伝ってもらいたいこと」では、声かけや見守り27.4％が最も多く、話し相手21.6％となっている。それに対し「近所の困っている人にお手伝いできること」では、声かけや見守り53.3％、話し相手48.2％と倍増している。自分のできることであれば、何かをしてあげたいとの強い思いをみることができる。

（7）「サロンに参加している理由」として、友達づくり54.0％、認知症予防43.7％、地域とのつながりづくり41.0％、心の健康40.6％が上位となっている。サロンで集うことによって可能となる事柄である。最近強く言われるようになってきたソーシャルキャピタルの向上（地域のつながりの強化）と軌を一にしている。地域の保育園と連携・協力して、サロンの高齢者が幼児に絵本の読み聞かせを行うなどの実践も行われている。世代を超えた交流も生きがい・健康づくりには必要である。

（8）ふれあい・いきいきサロン事業が参加者にとって大きな意義と効果を有しているのは、参加者の自主的運営を大切にしながら手厚い援助体制がつくられていることと無縁ではない。ボランティア参加者、活動援助員、地域福祉コーディネーター、登録講師、地区社会福祉協議会、松山市社会福祉協議会、そして松山市の連携・協力のもとに実施されている。

（付記）本稿は、2015年1月～2月に松山市社会福祉協議会が実施した「元気高齢者介護予防等についての意識調査」（筆者も参加）のデータに基づいている。論文へのデー

タの使用、各種資料の提供など全面的な協力を得た。ここに、関係者のみなさまに心より御礼を申しあげます。

引用文献・参考文献
1) 坂本俊彦「ふれあい・いきいきサロン活動の評価研究」
www.nihonseimei-zaidan.or.jp/kourei/pdf/sakamoto.pdf
2) 近藤克則「ソーシャル・キャピタルと健康」『行動計量学』37 巻（1）、2010.
3) 厚生労働省編『平成 26 年版厚生労働白書 - 健康長寿社会の実現に向けて -』2014 年.
4) 新野直明「日本の高齢者の健康状態の推移」『老年社会科学』第 36 巻、第 1 号、2014 年.
5) 公益財団法人社会教育教会　日野社会教育センター「介護予防実践運動指導員養成講座テキスト」2013 年.
6) 松下育夫、守弘仁志編『社会理論と社会システム第 2 版』学文社、2013 年.
7) 近藤克典『健康格差社会を生き抜く』朝日新聞出版、2010.
8) 渡邊裕也、山田陽介、三宅基子、木村みさか、石井直方「高齢者向けの運動教室が参加者の身体機能と医療費に及ぼす効果」『厚生の指標』第 60 巻、第 11 号、2013 年.
9) 山登一輝「『生きがい研究』にみる高齢者の生きがい健康づくり事業の動向」『生きがい研究』第 19 号、2013 年.
10) 松山市社会福祉協議会地域支援課「ふれあい・いきいきサロン事業についての資料」2014 年.
11) 高知県社会福祉協議会「シニア世代のセカンドライフ実態調査結果」2013 年.

離島在住高齢者の生活状況について
―地方都市との比較を通して―

丸山　裕司

　愛媛県の離島及び都市部在住の高齢者の生活状況について調査を行い、高齢期におけるQOL（生活の質）を保持、向上させる手がかりについて検討した。アンケート調査の結果、離島在住高齢者は、介護を要するまで農作業に従事する者が多いと推察された。インタビュー調査の結果、介護が必要になると離島在住高齢者は、外出する場所や手段が限られるため、閉じこもりの割合が高くなるものと考えられた。特に農作業従事者には、要介護状態になる以前から、人とのつながりや体操の実践により高齢期に備える必要性が示唆された。

はじめに

　我が国の高齢人口は、「団塊の世代」が75歳以上となる2025年には3,657万人に達すると見込まれ、2035年には高齢化率が33.4％で3人に1人となると予測されている[1]。高齢人口が増える中、65歳以上の要介護者数も増え、2009年度末で469.6万人となっている。要介護者は、2001年度末から181.9万人増加しており、第1号被保険者の16.2％を占めている。

　本研究は、離島在住の高齢者をテーマとしている。1965年以降、我が国の離島地域においては人口総数が減少し続け、2001年から2005年までの5年間も-8.2％と高水準で人口減少が進行するなど、厳しい現状に直面している。また、高齢化率も33.0％と全国平均はもとより、過疎地域の平均を上回るなど過疎化及び高齢化が顕著となっている[2]。離島地域は、「環海性」、「狭小性」、「隔絶性」により、一部の大規模離島を除いて基礎自治体の行政基盤が脆弱である。さらに、交通環境や人口規模などの面から、効率性及び採算性を重視する民間事業者の参入は乏しい。このように離島地域は、他の地域を先行する形で高齢化が進展しているものの、利用できるサービスが限定的な状況にある。そのため、離島の住民は島内での在宅生活の継続が困難になると、島外の家族や施設、病院に身を寄せるなど島を離れざるを得ないのが実状である。しかし、先行調査の結果から、離島に住む住民の多くが、介護が必要になっても住み慣れた離島に最期まで住み続けることを希望していることが指摘されている[3]。このように、海洋により他の地域と分断され、従来の生活環境や生活習慣、地域の人間関係が断ち切られ、住民に多大な負担を強いることになる。

離島では医療施設及び医療施設等従事者も少なく、受診機会の確保が難しい。公共サービスは行き届きにくく、買い物をする場所が限定される地域もあるため、離島で暮らす高齢者の生活の質は、満足いくものとは考えにくい。一方で、離島や過疎地域の高齢者に焦点をあてた研究結果からは、離島の高齢者は、都市部の高齢者に比べて生きがい感が高いことが報告されている[4]。また、超高齢過疎地区の高齢者は、「健康を気づかい、伝統を守り、豊かさと不便さを分かち合い、覚悟して限りある自分たちと島の歴史を全うしようとしている」ことも報告されている[5]。これらの研究では、離島で暮らす高齢者は不自由な環境の中でも都市部の高齢者よりいきいき暮らしているように思われると述べられている[4]。

Ⅰ. 離島と都市部の高齢者を対象とした生活状況に関する実態調査

1) 調査対象地域について

　本研究対象地の離島（旧中島町）は6つの有人島（中島、津和地島、怒和島、野忽那島、二神島、睦月島）とその他の無人島から成る。旧中島町は、2005年に旧松山市、旧北条市と合併されて現在は松山市中島となった。（以下、松山市中島を「中島」、松山市雄郡地区を「松山」とする。）中島（旧中島町）の人口は、4104人（2016年4月1日現在）で高齢化率は、63.3％と極めて高い。中島本島は、周囲31.2km、面積37.28km²である。高齢化の進んだ地域である中島は、国の過疎地域にも指定されている。中島は離島であるが松山市に近接しており、他の中山間過疎地域に比べると地理的に良好といえる。しかし、中島全体の高齢化状況及び家族構造をみると高齢者夫婦世帯や高齢者単身世帯が多く、地方都市近郊といっても中山間過疎地域の特徴を十分に有しているといえる[6]。

　中島における医療施設は、病院が1ヶ所、歯科が1ヶ所のみである。それ以外の病院へは、松山まで船で行かなければならない環境である。1日約3時間おきに5便のフェリーと、朝2便、昼1便、夕方2便の高速船がある。船に乗ることが難しい高齢者は、通院が必要になった場合、何らかの交通手段を確保して島内の病院に通院しなければならない。また、島内には、総合文化センターが1ヶ所あり、月に1回運動教室が開催されているが、参加しているのは一部の高齢者である。一方、松山は、病院は40ヶ所、診療所を併せると500近く存在する。松山市内は、路面電車も走っており、交通の便が良く、通院しやすい環境である。また、松山市内には、公共の運動施設に加え、大手民間スポーツクラブが10ヶ所以上あり、運動する環境が身近に存在している。

　中島に住む高齢者の要介護認定率は27.9％（松山市介護保険課データ：2016年4月1日現在）であり、同市内の市街地（愛媛県旧松山市）に居住する高齢者の要介護認定率21.0％よりも高い値となっている。また、中島は松山と比較して要支援1の割合が高くなっている（表1-1）。瀬戸内海に面する島々はみかん栽培が盛んである。筆者は、2011年に

中島において高齢者を対象とした運動教室の介入研究を実施した。[7] 運動教室の対象者とのコミュニケーションを通じて、中島在住の高齢者は、日頃から農作業に従事する者が多く、農作業による腰痛や膝痛などの整形外科的疾患を生じている高齢者が多いことを知った。離島と市街地における農作業などの生活状況の違いが要介護認定率の高さに影響を及ぼしていると考えられる。

　第一次産業に従事する者は、中島62.7％、松山2.3％であり、第三次産業に従事する者は、中島30.4％、松山75.6％と大きな違いがある。本研究は、松山市の中心地である松山市駅周辺の雄郡地区を都市部の対象地とし、そこに在住する高齢者を都市部の対象者とした。雄郡地区の人口は32,647名（2012年4月1日現在）で、高齢化率は18.8％と中島の3分の1である。松山市の介護サービス状況は、中核都市であることから医療サービス、福祉サービスともに充実し、施設や業者の選択も保証されている。一方、中島の介護サービス状況は、本島に特別養護老人ホームが2ヶ所あるのみである。そこで、離島の中島と地方都市の松山に在住する高齢者の生活環境の違いと要介護化の関連について調査を行うことにより、離島における課題を明らかにすることができると考えた。

表1-1 中島と松山の要支援・要介護率

(％)

	要支援1	要支援2	要介護1	要介護2	要介護3	要介護4	要介護5
中島	5.76	3.77	4.25	3.16	2.67	2.86	3.54
松山	3.83	3.10	4.17	2.81	2.24	2.30	2.66

2）アンケート調査の実施

i　調査対象者

　愛媛県松山市に在住する65歳以上の1,567名である。表1-2に対象者の内訳、表1-3に対象者の年齢をそれぞれ居住地域別（以下、中島：離島、以下松山：都市部）及び要介護認定別に示す。

表1-2 対象者の内訳

(n)

		非該当	要支援1	要支援2	要介護1	要介護2	合計
中島	男性	52	14	9	16	15	106
	女性	262	60	29	32	22	405
	合計	314	74	38	48	37	511
松山	男性	282	11	21	37	13	364
	女性	491	52	39	73	37	692
	合計	773	63	60	110	50	1056

表 1-3 対象者の年齢

平均値±標準偏差

	非該当	要支援1	要支援2	要介護1	要介護2	全体
中島	75.0±5.8	81.8±5.4	82.9±5.0	83.6±5.7	83.9±7.4	78.0±6.9
松山	76.5±5.9	82.4±4.2	82.8±6.2	82.0±6.6	84.6±7.8	78.2±6.6

ii 調査内容

調査方法は、自記式質問紙調査である。調査期間は、2012年8月中旬から2013年2月であった。

質問紙は生活環境に関するものであり、質問項目は以下の通りである。

（1）対象者の特性に関する質問項目

項目は、年齢、性別、要介護認定の有無、職業歴、同居者の種類、子の最寄りの居住場所、主観的健康観、痛みの部位についてである。

（2）社会との関わりに関する質問項目

項目は、日常生活の役割、外出頻度、出かける場所、外出先への交通手段、外出時の自宅周辺の坂や階段の有無、地域活動参加の状況、運動実施頻度についてである。

iii 分析方法

アンケートの結果は、自立した生活を送る高齢者を「非該当」、要支援1と要支援2を併せて「要支援」、要介護1と要介護2を併せて「要介護」として分析を行った。

アンケート調査の中島及び松山の回答と各質問項目についてのクロス集計を行った。選択が択一の質問については、χ二乗検定を行った。また、「痛みの部位」については、同一カテゴリーの地域間における各選択肢の割合の差についてχ二乗検定を行った。分析には、IBM SPSS Statistics21を使用した。

3）インタビュー調査の実施

i 調査対象者

対象者は、愛媛県松山市に在宅の自立～要介護3の高齢者19名である。内訳は中島が10名、松山が9名であった。対象者のプロフィールを表1-4、表1-5に示す。

中島在住高齢者には松山市社会福祉協議会中島支所の職員を通して、松山在住高齢者には地区社会福祉協議会会長を通して調査を依頼した。

表1-4 インタビュー対象者の属性（中島）

	氏名	性別	年齢	介護度	職業歴	家族形態
1	A	男	75	自立	会社員	夫婦
2	B	女	75	自立	農家、主婦	夫婦
3	C	男	91	要支援1	農家	独居
4	D	女	78	要支援1	主婦	独居
5	E	男	80	要支援2	農家	夫婦（妻入院中）
6	F	女	85	要支援2	会社員	夫婦
7	G	男	87	要介護1	農家	夫婦
8	H	女	82	要介護1	主婦	夫婦
9	I	男	84	要介護2	農家	夫婦
10	J	女	87	要介護2	海運業	夫婦

表1-5 インタビュー対象者の属性（松山）

	氏名	性別	年齢	介護度	職業歴	家族形態
1	K	男	83	自立	自営業	独居
2	L	女	70	自立	主婦	夫婦（母介護）
3	M	男	85	要支援1	自営業	夫婦
4	N	女	82	要支援1	下宿経営	夫婦
5	O	女	84	要支援1	主婦	独居
6	P	女	91	要支援2	自営業手伝い	独居
7	Q	男	83	要介護2	会社員	夫婦
8	R	女	88	要介護2	華道、茶道師範	独居
9	S	男	92	要介護3	公務員	夫婦

ii　調査内容

　中島と松山の生活状況の具体を比較するため、個別に半構造化インタビューを実施した。インタビューガイドをもとに、①家での役割について、②家族関係について、③家以外での役割について（社会的役割）、④本人の性格について（外出好き、家にいる時間長い）、⑤生活の張り、生きがい、満足感についての聞き取りを行った。対象者に了承を得てインタビューでの発言をICレコーダーに記録した。インタビュー時間は一人あたり平均31分、面接期間は2013年5月から同年7月までであった。

iii　分析方法

　分析方法は、以下の通り、グランデッド・セオリー・アプローチの手順に従って行った。

　1．インタビュー内容をICレコーダーに録音したものを逐語録に起こした。
　2．逐語録を幾度も読み直し、内容を忠実に要約した。

3．さらに要約した文章について再検討し、テーマとして記述した。
4．テーマから浮かび上がってくる意味を研究者の視点から中心的意味を抽出した。
5．抽出した意味を総合して、構造的意味（＝サブカテゴリー）を抽出した。
6．全ての対象者の構造的意味（サブカテゴリー）について対象地（中島と松山）の比較を繰り返し、内容や特性の類似性からカテゴリー化を進めた。

4）倫理的配慮
本研究は、国際医療福祉大学の研究倫理審査委員会の承認を得ている（承認番号 12-52）。

Ⅱ．離島と都市部の高齢者を対象とした生活状況に関する実態調査の結果

1）アンケート調査の結果
中島と松山に在住する要支援、要介護を受けていない非該当～要介護2までの高齢者の生活環境に関するアンケート調査結果について、以下に示す。

ⅰ．対象者の特性に関する質問項目
対象者の職業歴についての結果を表2-1に示す。

表2-1 対象者の主な職業歴（複数回答）

		会社員	公務員	自営業	農家	漁師	家事・手伝い	パート	その他	合計 %（n）
非該当	中島	5.1 (16)	6.7 (21)	11.8 (37)	59.7 (187)	4.8 (15)	12.5 (39)	3.5 (11)	8.0 (25)	(313)
	松山	38.4 (295)	11.8 (91)	20.2 (155)	4.6 (35)	0.0 (0)	21.5 (165)	10.0 (77)	5.7 (44)	(768)
要支援	中島	1.8 (2)	4.4 (5)	13.3 (15)	56.6 (64)	10.6 (12)	14.2 (16)	2.7 (3)	5.3 (6)	(113)
	松山	37.5 (45)	14.2 (17)	15.0 (18)	11.7 (14)	0.8 (1)	22.5 (27)	4.2 (5)	7.5 (9)	(120)
要介護	中島	5.9 (5)	2.4 (2)	11.8 (10)	60.0 (51)	5.9 (5)	9.4 (8)	4.7 (4)	8.2 (7)	(85)
	松山	21.4 (50)	7.5 (12)	18.2 (29)	8.2 (13)	0.0 (0)	25.8 (41)	10.7 (17)	6.9 (11)	(159)
全体	中島	4.5 (23)	5.5 (28)	12.1 (62)	59.1 (302)	6.3 (32)	12.3 (63)	3.5 (18)	7.4 (38)	(511)
	松山	37.2 (390)	11.5 (120)	19.3 (202)	5.9 (62)	0.1 (1)	22.3 (233)	9.5 (99)	6.1 (64)	(1047)

同居者の種類についての結果を表 2-2 に示す。

表 2-2 同居者の種類

% (n)

		独居	夫婦のみ世帯	子との同居世帯	兄弟・姉妹と同居	父母と同居	その他	合計	χ²
非該当	中島	26.5 (82)	48.7 (151)	19.0 (59)	1.0 (3)	2.6 (8)	2.3 (7)	100.0 (310)	19.94*
	松山	22.2 (171)	42.0 (324)	31.3 (242)	0.8 (6)	1.0 (8)	2.7 (21)	100.0 (772)	
要支援	中島	63.7 (72)	8.8 (10)	25.7 (29)	0.9 (1)	0.0 (0)	0.9 (1)	100.0 (113)	19.19*
	松山	41.5 (51)	30.1 (37)	26.0 (32)	0.8 (1)	0.0 (0)	1.6 (2)	100.0 (123)	
要介護	中島	38.8 (33)	25.9 (22)	35.3 (30)	0.0 (0)	0.0 (0)	0.0 (0)	100.0 (85)	10.60*
	松山	21.9 (35)	28.1 (45)	46.3 (74)	0.6 (1)	0.0 (0)	3.1 (5)	100.0 (160)	
全体	中島	36.8 (187)	36.0 (183)	232.2 (118)	0.8 (4)	1.8 (8)	1.6 (8)	100.0 (508)	34.18*
	松山	24.4 (257)	38.5 (406)	33.0 (348)	0.8 (8)	0.8 (8)	2.7 (28)	100.0 (1055)	

*p < .05

子の最寄りの居住場所についての結果を表 2-3 に示す。

表 2-3 子の最寄居住場所

% (n)

		一緒に居住	同じ敷地内	近くに居住	同一地区	松山市内	その他の地域	子はいない	合計	χ²
非該当	中島	14.1 (44)	9.3 (29)	2.3 (7)	2.9 (9)	48.2 (150)	18.3 (58)	4.8 (15)	100.0 (311)	89.59*
	松山	27.6 (213)	8.9 (69)	11.7 (90)	2.9 (22)	22.6 (174)	19.2 (148)	7.1 (55)	100.0 (771)	
要支援	中島	21.4 (24)	6.3 (7)	3.6 (4)	3.6 (4)	40.2 (45)	17.9 (20)	7.1 (8)	100.0 (112)	12.16
	松山	25.2 (31)	7.3 (9)	10.6 (13)	4.9 (6)	22.0 (27)	18.7 (23)	11.4 (14)	100.0 (123)	
要介護	中島	25.9 (22)	8.2 (7)	8.2 (7)	5.9 (5)	34.1 (29)	8.2 (7)	9.4 (8)	100.0 (85)	15.46*
	松山	47.2 (75)	6.9 (11)	8.8 (14)	2.5 (4)	18.9 (30)	10.7 (17)	5.0 (8)	100.0 (159)	
全体	中島	17.7 (90)	8.5 (43)	3.5 (18)	3.5 (18)	44.1 (224)	16.5 (84)	6.1 (31)	100.0 (508)	102.44*
	松山	30.3 (319)	8.5 (89)	11.1 (117)	3.0 (32)	21.9 (231)	17.9 (188)	7.3 (77)	100.0 (1055)	

*p < .05

主観的健康観についての結果を表 2-4 に示す。

表 2-4 主観的健康観

% (n)

		非常に健康である	まあ健康である	どちらともえない	あまり健康でない	まったく健康でない	合計	χ²
非該当	中島	9.0 (28)	63.5 (197)	12.9 (40)	13.9 (43)	0.6 (2)	100.0 (310)	7.66*
	松山	6.5 (50)	58.4 (451)	16.7 (129)	16.8 (130)	1.6 (12)	100.0 (772)	
要支援	中島	2.7 (3)	32.4 (36)	21.6 (24)	38.7 (43)	4.5 (5)	100.0 (111)	.71
	松山	2.4 (3)	29.3 (36)	25.2 (31)	37.4 (46)	5.7 (7)	100.0 (123)	
要介護	中島	2.4 (2)	29.4 (25)	24.7 (21)	35.3 (30)	8.2 (7)	100.0 (85)	15.46*
	松山	2.5 (4)	40.9 (65)	17.6 (28)	32.1 (51)	6.9 (11)	100.0 (159)	
全体	中島	6.5 (33)	51.0 (258)	16.8 (85)	22.9 (116)	2.8 (14)	100.0 (506)	102.44*
	松山	5.4 (57)	52.4 (552)	17.8 (188)	21.5 (227)	2.8 (30)	100.0 (1055)	

*p < .05

痛みの部位についての結果を表2-5に示す。

表2-5 痛みの部位（複数回答）

(n)

		手	肘	肩	腰	股関節	膝	足部	特に無い	合計
非該当	中島	14.8 (44)	2.0 (6)	28.6 (85)	46.1(137)	10.1 (30)	32.3 (96)	30.3 (90)	14.5 (43)	(297)
	松山	7.3 (55)	1.7 (13)	22.3(172)	41.3(313)	6.9 (52)	29.7(225)	20.3(154)	28.1(213)	(757)
要支援	中島	19.1 (21)	4.5 (5)	21.8 (24)	60.0 (66)	10.9 (12)	47.3 (52)	40.0 (44)	11.8 (13)	(110)
	松山	17.2 (21)	8.2 (10)	34.4 (42)	61.5 (75)	23.0 (28)	48.4 (59)	48.4 (59)	8.2 (10)	(122)
要介護	中島	15.9 (13)	4.9 (4)	20.7 (17)	50.0 (41)	19.5 (16)	32.9 (27)	43.9 (36)	19.5 (16)	(82)
	松山	13.5 (21)	4.5 (7)	20.5 (32)	53.8 (84)	12.8 (20)	39.7 (62)	32.1 (50)	22.4 (35)	(156)
全体	中島	16.0 (78)	2.9 (15)	25.8(126)	49.9(244)	11.9 (58)	35.8(175)	34.8(170)	14.7 (72)	(489)
	松山	9.4 (97)	2.8 (30)	23.7(246)	45.5(472)	9.6 (100)	33.3(346)	25.3(263)	24.9(258)	(1035)

痛みの部位と地域間のΧ二乗検定の結果を表2-6に示す。

表2-6 痛みの部位（Χ二乗検定の結果）

χ^2値

		手	肘	肩	腰	股関節	膝	足部	特に無い
非該当	中島 松山	14.29*	.07	2.97	0.99	2.61	0.26	9.98*	23.61
要支援	中島 松山	.14	1.36	4.87*	.16	6.17*	.09	1.95	.76
要介護	中島 松山	.27	.01	.00	.40	1.77	1.17	3.00	.31
全体	中島 松山	14.9*	.01	.35	1.29	1.34	.34	12.04	22.16*

*p＜.05

ii 社会との関わりに関する質問項目

日常生活の役割についての結果を表2-7に示す。

表2-7 日常生活の役割（複数回答）

(n)

		農作業	家事	その他	特に何もしていない	合計
非該当	中島	49.5(146)	57.3(169)	9.8(29)	9.2(27)	(295)
	松山	6.7(50)	61.9(459)	8.2(61)	26.9(199)	(741)
要支援	中島	13.9(15)	58.3(63)	3.7(4)	32.4(35)	(108)
	松山	1.8(2)	57.5(65)	5.3(6)	37.2(42)	(113)
要介護	中島	4.8(4)	26.2(22)	5.7(9)	67.9(57)	(84)
	松山	1.3(2)	33.1(52)	5.7(9)	61.8(97)	(157)
全体	中島	33.9(165)	52.2(254)	7.0(34)	24.4(119)	(487)
	松山	5.3(54)	57.0(576)	7.5(76)	33.4(33.4)	(1011)

外出頻度についての結果を表 2-8 に示す。

表 2-8 外出頻度

% (n)

		週5日以上	週3～4日	週1～2日	週1日未満	合計	χ2
非該当	中島	42.9(120)	25.4(71)	25.0(70)	6.8(19)	100.0(280)	17.58*
	松山	35.1(264)	37.3(281)	18.5(139)	9.2(69)	100.0(753)	
要支援	中島	27.7(28)	23.8(24)	33.7(34)	14.9(15)	100.0(101)	7.09
	松山	13.8(16)	31.0(36)	41.4(48)	13.8(16)	100.0(116)	
要介護	中島	15.2(12)	16.5(13)	35.4(28)	32.9(26)	100.0(79)	16.60*
	松山	21.7(34)	35.7(56)	27.4(43)	15.3(24)	100.0(157)	
全体	中島	34.8(160)	23.5(108)	28.7(132)	13.0(60)	100.0(460)	24.78*
	松山	30.6(314)	36.4(373)	22.4(230)	10.6(109)	100.0(1026)	

* $p<.05$

出かける場所についての結果を表 2-9、もっとも多い外出先への交通手段についての結果を表 2-10 に示す。

表 2-9 出かける回数の多い場所 （複数回答：3つまで）

% (n)

		買い物	職場	農作業	会合	病院	飲食店	散歩	宅訪問
非該当	中島	75.6(226)	5.4(16)	56.5(169)	20.4(61)	48.5(145)	1.7(5)	36.5(109)	14.0(42)
	松山	86.0(651)	5.3(40)	7.9(60)	39.8(301)	49.8(377)	8.5(64)	44.1(334)	5.9(45)
要支援	中島	63.9(69)	0.0(0)	14.8(16)	10.2(11)	75.0(81)	0.0(0)	49.1(53)	15.7(17)
	松山	72.3(86)	1.7(2)	0.8(1)	24.4(29)	83.2(99)	10.1(12)	30.3(36)	1.7(2)
要介護	中島	22.8(23)	1.3(1)	10.0(8)	3.8(3)	67.5(54)	0.0(0)	42.5(34)	6.3(5)
	松山	51.3(81)	0.6(1)	1.9(3)	8.2(13)	75.6(121)	7.0(11)	31.0(49)	1.9(3)
全体	中島	65.3(318)	3.5(17)	39.6(193)	15.4(75)	57.5(280)	1.0(5)	40.2(196)	13.1(64)
	松山	79.1(818)	4.2(43)	6.2(64)	33.2(343)	57.7(597)	8.4(87)	40.5(419)	4.8(50)

% (n)

		文化	行楽地	スポーツ	宗教	デイ	なし	合計
非該当	中島	6.4(19)	1.7(5)	6.0(18)	4.0(12)	0.7(2)	1.3(4)	(299)
	松山	10.6(80)	10.6(80)	12.2(92)	3.6(27)	0.1(1)	2.0(15)	(757)
要支援	中島	2.8(3)	0.0(0)	0.9(1)	6.5(7)	16.7(18)	0.9(1)	(108)
	松山	5.9(7)	1.7(2)	5.0(6)	4.2(5)	31.1(37)	4.2(5)	(119)
要介護	中島	5.0(4)	0.0(0)	2.5(2)	2.5(2)	26.3(21)	6.3(5)	(80)
	松山	1.9(3)	0.6(1)	1.3(2)	0.6(1)	57.0(90)	2.5(4)	(158)
全体	中島	5.3(26)	1.0(5)	4.3(21)	4.3(21)	8.4(41)	2.1(10)	(487)
	松山	8.7(90)	4.3(44)	9.3(96)	3.3(34)	12.4(128)	2.3(24)	(1034)

表2-10 もっとも多い外出先への交通手段 （複数回答）

% (n)

		自分自動車	家族自動車	友・知自動車	二輪車バイク	自転車	電車	バス
非該当	中島	18.8(58)	10.7(33)	1.9(6)	22.1(68)	33.4(103)	8.1(25)	4.5(14)
	松山	24.6(189)	15.0(115)	1.8(14)	4.3(33)	37.5(288)	15.5(119)	6.6(51)
要支援	中島	1.9(2)	10.2(11)	5.6(6)	5.6(6)	6.5(7)	3.7(4)	9.3(10)
	松山	6.5(8)	30.9(38)	6.5(8)	0.8(1)	6.5(8)	13.8(17)	11.4(14)
要介護	中島	1.3(1)	21.3(17)	10.0(8)	1.3(1)	5.0(4)	0.0(0)	2.5(14)
	松山	0.6(1)	27.6(43)	36.5(57)	0.0(0)	3.8(6)	4.5(7)	1.9(3)
全体	中島	12.3(61)	12.3(61)	4.0(20)	15.1(75)	23.0(114)	5.8(29)	5.2(26)
	松山	18.9(198)	18.7(196)	7.5(79)	3.2(34)	28.8(302)	13.7(143)	6.5(68)

% (n)

		タクシー	徒歩	フェリー	電動車椅子	合計
非該当	中島	2.6(8)	20.8(64)	22.4(69)	0.0(0)	(308)
	松山	8.2(63)	27.5(211)	0.0(0)	0.0(0)	(768)
要支援	中島	11.1(12)	46.3(50)	10.2(11)	7.4(8)	(108)
	松山	31.7(39)	23.6(29)	0.0(0)	1.6(2)	(123)
要介護	中島	11.3(9)	35.0(28)	10.8(8)	12.5(10)	(80)
	松山	19.2(30)	17.3(27)	0.0(0)	0.0(0)	(156)
全体	中島	5.8(29)	28.6(142)	17.7(88)	3.6(18)	(496)
	松山	12.6(132)	25.5(267)	0.0(0)	0.2(2)	(1047)

自宅周辺の坂や階段の有無についての結果を表2-11に示す。

表2-11 自宅周辺の坂や階段の有無

% (n)

		あり	なし	合計	χ2
非該当	中島	38.7(120)	61.3(190)	100.0(310)	58.11*
	松山	17.0(130)	83.0(634)	100.0(764)	
要支援	中島	42.7(47)	57.3(63)	100.0(110)	11.03*
	松山	22.3(27)	77.7(94)	100.0(121)	
要介護	中島	34.9(29)	65.1(54)	100.0(83)	.78
	松山	40.8(64)	59.2(93)	100.0(157)	
全体	中島	39.0(196)	61.0(307)	100.0(503)	54.28*
	松山	21.2(221)	78.8(821)	100.0(1042)	

* p <.05

地域活動参加の状況についての結果を表 2-12 に示す。

表 2-12 地域活動参加の状況　（複数回答）

% (n)

		ボランティア	老人クラブ	趣味のグループ	サロン	地区での行事	その他	していない	合計
非該当	中島	17.4(54)	52.9(164)	15.2(47)	73.2(227)	40.0(124)	2.9(9)	8.1(25)	(310)
	松山	10.2(77)	49.2(372)	24.7(187)	25.5(193)	26.1(197)	2.6(20)	28.0(212)	(756)
要支援	中島	3.7(4)	28.0(30)	5.6(6)	25.2(27)	5.6(6)	2.8(3)	56.1(60)	(107)
	松山	3.3(4)	32.2(39)	12.4(15)	23.1(28)	11.6(14)	3.3(4)	50.4(61)	(121)
要介護	中島	1.2(1)	8.6(7)	2.5(2)	7.4(6)	3.7(3)	2.5(2)	85.2(69)	(81)
	松山	0.0(0)	12.9(20)	4.5(7)	5.2(8)	5.2(8)	2.6(4)	77.4(120)	(155)
全体	中島	11.8(59)	40.4(201)	11.0(55)	52.2(260)	26.7(133)	2.8(14)	30.9(154)	(498)
	松山	7.8(81)	41.8(431)	20.3(209)	22.2(229)	21.2(219)	2.7(28)	38.1(393)	(1032)

運動実施頻度についての結果を表 2-13 に示す。

表 2-13 運動実施頻度

% (n)

		週5日以上	週3～4日	週1～2日	していない	合計	χ2
非該当	中島	20.0(59)	18.0(53)	14.2(42)	47.8(141)	100.0(295)	3.16
	松山	18.8(141)	17.2(129)	18.9(142)	45.2(340)	100.0(752)	
要支援	中島	25.0(19)	10.2(11)	13.9(15)	50.9(55)	100.0(108)	7.12
	松山	16.7(19)	11.4(13)	27.2(31)	44.7(51)	100.0(114)	
要介護	中島	11.9(10)	8.3(7)	8.3(7)	71.4(60)	100.0(84)	10.54*
	松山	15.4(24)	14.7(23)	19.2(30)	50.6(79)	100.0(156)	
全体	中島	34.8(160)	23.5(108)	28.7(132)	13.0(60)	100.0(460)	24.78*
	松山	30.6(314)	36.4(373)	22.4(230)	10.6(109)	100.0(1026)	

* p <.05

2）インタビュー調査の結果

中島在住高齢者と松山在住高齢者のインタビュー調査の結果、《下肢機能》、《家での役割》、《地域活動》、《外出》、《人とのかかわり》、《生きがい》、《大切にしていること》、《満足であると感じること》の8の分類が抽出された。抽出された分類ごとに結果を記載する（表 2-14 ～表 2-21）。

i 下肢機能（表2-14）

表2-14 下肢機能

中島		分類	松山	
サブカテゴリー	カテゴリー		カテゴリー	サブカテゴリー
脚悪化による転倒恐怖 移動手段としての歩行能力低下 脚悪化のため杖を使用しての歩行	脚悪化に起因する悪化	下肢機能	脚悪化に起因する悪化	脚が悪い（10年位前から） 宅内での歩行による移動制限 杖での歩行 脚痛いため家の中は伝い歩行
農作業中の脚の怪我から脚悪化	怪我に起因する悪化		怪我に起因する悪化	5年前骨折して脚が痛い 何回か今までに転倒 転倒して病院通い（高頻度） 以前転倒による骨折複数回経験
農作業のため膝、腰悪化 農家はみな重労働で体悪くなる みかん作りによる腰痛 農作業による脚悪化	農作業に起因する悪化			

ii 家での役割（表2-15）

表2-15．家での役割

中島		分類	松山	
サブカテゴリー	カテゴリー		カテゴリー	サブカテゴリー
現在もみかんづくり	農作業	家での役割		
農作業手伝いと家事 家庭内役割としての家事手伝い 義務としての家事 助けを得ながらも行う家事、介護の実践	家事		家事	生きがいとしての家事 週1ヘルパーに掃除依頼以外の家事担当 ヘルパー利用せずできる限り家事実施 義務としての家事
家での役割なし（妻が実施） 家での役割なし	役割なし		役割なし	家での役割なし

iii 地域活動（表2-16）

表2-16 地域活動

中島		分類	松山	
サブカテゴリー	カテゴリー		カテゴリー	サブカテゴリー
老人会など地域活動に参加するが役割なし 多くを担う地域の役割	地域活動参加あり	地域活動	地域活動参加あり	サロンなど地域活動に参加するが役割なし 多くの地域での役職経験
参加したいが拒まれる地域活動悪化 した脚のため地域活動不参加 歩行能力低下に伴い減少した地域との関わり	地域活動参加僅少		以前は 地域活動参加有り	介護前は非常に意欲的な地域活動参加 以前は地域での役割担う
大人数が苦手のため地域活動不参加 地域活動参加なし（以前から）	地域活動参加なし		地域活動参加なし	脚悪化により地域活動なし世話になるのを好まず地域活動不参加

iv 外出（表 2-17）

表 2-17 外出

中島		分類	松山	
サブカテゴリー	カテゴリー		カテゴリー	サブカテゴリー
元気の秘訣のための外出 家にじっとしていられない性分	外出好き	外出	外出好き	人との交流ができる場所に出かけるのが好き 家にいるより出かけるのが好き
日課としての毎日の散歩 毎日家の前の畑や宅訪問	外出頻度		外出頻度	毎日屋外を散歩 毎日職場に外出
外出時電動車椅子	外出手段		外出手段	シルバーカーで家の周り少し散歩
毎日屋外での歩行練習（歩行器使用） 外出好きであるが健康面が理由で外出減少	外出希望あるが困難		外出希望あるが困難	外に出られるなら出たい 今まで外出好きだが脚痛により外出頻度減少 出かけたい場所を想像
脚悪化による行動範囲狭小化 歩行による外出困難 体調不良により閉じこもり気味	外出困難な要因		外出好まない	家にいるのが好き（昔から） 家で寝ている時間長い 元々外に出るのが好きではない
以前から自宅にいるのを好む 社交的でないため家にいるのを好む	外出好まない			

v 人とのかかわり（表 2-18）

表 2-18 人とのかかわり

中島		分類	松山	
サブカテゴリー	カテゴリー		カテゴリー	サブカテゴリー
同級生宅訪問希望 強い同級生との絆	友人（同級生）との深いかかわり	人とのかかわり（地域、友人、家族）	地域住民との深いかかわり	しがらみなく、頼んだら助けてくれる良い関係 自分のことを大切にしてくれる近所の人
信仰を通しての人との交流	地域住民とのかかわり		友人とのかかわり	ストレス解消としての同級生との会
脚悪化により友人、知人との交流希薄 友人との交友希薄	友人とのかかわり減少		地域住民・友人とのかかわり減少	日頃同年代との交流少ない 周りも体弱くなり昔の友達と疎遠
大切にしてくれる家族 交流が少なくなっても大切にしてくれる親戚 家族との良好な人間関係	家族との深いかかわり		家族との深いかかわり	自分のことを大切にしてくれる家族 干渉しない良好な夫婦関係 自慢の子供、孫
あまり帰らない一人息子 頼りにならない遠方の子供	家族とのかかわり減少		大切にされていると感じない	家族は自分のことを大切に感じること特になし
夫への不満を我慢に成り立つ夫婦生活	家族への不満			

vi 生きがい（表2-19）

表2-19 生きがい

中島		分類	松山	
サブカテゴリー	カテゴリー		カテゴリー	サブカテゴリー
孫の成長が生きがい 妻との会話が生きがい	家族に関係すること	生きがい	家族に関係すること	孫・曾孫の成長が楽しみ 生きがいは仕事と家族 母の介護できる喜び
人と話して交流するのが生きがい 生きがいとしての同級生とのコミュニケーション	知人・友人とのコミュニケーション		知人・友人とのコミュニケーション	人が来るのが楽しみ 生きがいはカラオケ、友達との交流 デイサービスの活動が生きがい
健康で生きることが楽しみ（生きがい）	健康であること			
生きがいとしてのみかんづくり	労働、役割		労働、役割	家事全般は生活の張り
生きがいとしての手鞠作り	趣味		趣味	ボケ防止としての手芸（楽しみ） 毎日の散歩が生きがい
生きがい特になし	生きがいなし		生きがいなし	生きがいは思い浮かばない

vii 大切にしていること（表2-20）

表2-20 大切にしていること

中島		分類	松山	
サブカテゴリー	カテゴリー		カテゴリー	サブカテゴリー
大切にしている先祖の供養、地域・近所の関わり、世帯主としての責任遂行 大切にしている残る息子への財産管理	家族・近隣とのかかわり	大切にしていること	家族と自分の健康管理	大切なことは夫の健康 大切にしていることは転ばないことが第一 健康を普段から大切にしている
健康が一番大切 自分の脚で動けることが大切	健康管理			
大切にしている信心	信仰心		信仰心	神をおがむことが大切、生活の張り
大切にしている娘との毎日の電話 大切にしている家族、友人、知人との絆	家族とのコミュニケーション		外出によるリフレッシュ	大切にしていることは外出によるリフレッシュ

ⅷ 満足であると感じること（表 2-21）

表 2-21 満足

中島		分類	松山	
サブカテゴリー	カテゴリー		カテゴリー	サブカテゴリー
健康で生活できることが満足 手助けを必要としない状態への満足感	健康であること	満足であると感じること	健康であること	自由な生活に満足感 今の生活に満足 美味しく食べられることに満足 皆から気を遣てもらえて満足
周りの人との支え合いの生活に満足	周りの人との支え合い		十分に満足とは感じない	もう少し歩けたら満足 美味しいものばかり食べられない不満
良いみかんが出来たときの満足感	仕事の充実感			
息子が世帯をもったことに一番の満足	家族の幸せ			
一人での行動、生活に苦労と不自由感	十分に満足とは感じない			

Ⅲ．離島と都市部の高齢者の生活状況に関する比較

1）アンケート調査に基づく比較

ⅰ 対象者の特性に関する質問項目

　対象者の主な職業歴について、中島は「農家」、松山は「会社員」の割合が一番高く、第一次産業が盛んな中島と第三次産業が盛んな松山の各地域の特性を表わしている。愛媛県におけるみかん農業は、1968 年にはみかん生産量が 38 万トン（年間）と静岡県をぬいて日本一となり、都道府県別みかん栽培面積では、愛媛県が 9,060ha と最大であった（2000 年）[8]。離島の中島は、県下でも主要なみかん生産地であったことが、アンケート結果の職業歴からも読み取れる。

　同居者の種類について、中島の「独居」率は男女とも全国の 2 倍程度の高さとなっている。「夫婦のみ世帯」は、男女全体で中島、松山とも全国と同程度の割合であるが、「子との同居世帯」は、男女全体で中島 23.2％、松山 33.0％であり、全国 42.2％[1]よりもかなり低い割合である。中島は、みかん農家の収入減少、農家を継ぐ子の減少に伴い、島外に出て行く人が多くなったことから、子との同居世帯が減少していると考えられる。

　子の最寄りの居住場所について、「一緒に居住」は、松山で「要介護」が 47.2％と高い割合であるのが特徴であった。中島の子の「松山市内」に居住の割合は、「非該当」から「要介護」までどのカテゴリーでも一番高い割合である。中島の子どもは中学卒業後、松山市内に移住して松山市内の高校に通う者が多いが、その後、中島に戻る者は非常に少なく、結果、中島での高齢化が進行して過疎化が進んでいる。

　主観的健康観について、「非該当」から「要介護」までの全体の回答では、「まあ健康で

ある」と回答した者の割合は、中島 51.0％、松山 52.4％と一番高かった。一方、「まったく健康でない」と回答した者は、自立度が低くなるにつれ割合が高くなる傾向にあった。国民生活基礎調査の 60 歳〜 85 歳以上を対象とした「健康状態に関する意識」について「よい」「まあよい」「ふつう」「あまりよくない」「よくない」「不詳」の選択肢による回答では、どの年代も「ふつう」と回答した割合が一番高かったと報告されている[1]。年齢が上がるにつれ「まあよい」と回答した割合は低くなっていることや、どの年代も「よい」よりも「まあよい」と回答する者の割合が高い報告結果の傾向から見ると、本研究対象者の主観的健康観は比較的高いものと推測される。

痛みについては、 X 二乗検定の結果、「腰」及び「膝」には「非該当」から「要介護」までどのカテゴリーにおいても地域間に統計的有意な差はみられなかった。「腰」の痛みについては、福原らは[9]、70 歳以上の 423 名を対象とした腰痛に関する全国調査で、35.8％の高齢者が過去 1 ヶ月間に腰痛を有していると報告している。本研究対象者（中島 49.9％、松山 45.5％）は先行調査よりも高い割合を示している。「膝」の痛みについて酒井らは[10]、農村、山間地域に居住する 65 〜 74 歳の 1,415 名を対象とした調査で、35.1％の高齢者が膝関節痛有症者であると報告している。本研究対象者数の全体の「膝」の痛みは、中島 35.8％、松山 33.3％であることからほぼ同じ割合であった。また、平野部と山間部に居住する 2,375 名を対象とした膝痛の有訴者率について宮村らは[11]、地域による差はなかったと報告している。本研究においても、「膝」の有訴率は、山間部の中島と平野部の松山で 2.5％とほとんど差はなかった。筆者は、主な職業歴に「農家」が多い中島在住高齢者の方が「腰」や「膝」に痛みを抱える者が多いとの仮説を立てたが、仮説とは異なる結果であった。

ⅱ 社会との関わりに関する質問項目

日常生活の役割について、「農作業」と回答した者の割合は、「非該当」から「要介護」まで松山より中島の方が非常に高く、中島の主な職業歴が日常生活の役割に大きな影響を及ぼしていると考えられる。中島も松山も「非該当」から「要介護」へと自立度が低下するに伴い、「特に何もしていない」と回答した者の割合は高くなる傾向にあった。一般的に高齢期は、身体機能、立場や役割、人間関係などの喪失を経験する時期であると言われている[12]。また、家庭内の役割は、生活活動力や精神的活力といった QOL と有意に関連していると報告されている[13]。田中らの[14] 70 歳以上の地域住民 428 名を対象として身体活動レベルと身体、心理、社会的要因との関係を検討した研究では、家の中での「役割」がある方が、ないよりも身体活動レベルが高いと報告されている。自立した生活を送るためには、「特になにもしていない」という状態を少しでも減らすことが大切であると考えられる。

外出頻度の結果、中島と松山の「非該当」と「要介護」に有意な差がみられた（X 二乗検定、

p<.05)。外出頻度の特徴として「非該当」は、中島が松山より高く、「要介護」は松山が中島より高い傾向にあった。これは、中島の「主な職業歴」及び「日常生活の役割」において「農作業」が非常に高いことと関連があると考えられる。中島は、「非該当」においては49.5％の者が日常的に農作業を行っていることから外出する機会が多い。しかし、「要支援」で13.9％、「要介護」で4.8％と低下する。役割としての「農作業」の割合の低下が外出頻度の低下に影響を及ぼしていると推測される。

　外出せずに閉じこもりになる高齢者は、寝たきりの原因の一つとされ、2006年に改正された介護保険制度では、閉じこもり予防が介護予防事業の一つとして盛り込まれた。高齢者の閉じこもりは、1984年に竹内が提唱した概念である[15]。先行研究では、外出頻度が「週1回未満」または「週1回程度以下」の者を閉じこもりとされている[16-17]。自立した在宅生活を送る146名の高齢者を対象とした閉じこもりの出現率は、8.2％と報告されている[18]。また、閉じこもりの定義を「週1回未満」の外出頻度とし、都市部在住の自立高齢者3,592名を対象とした閉じこもりの出現率は、8.0％と報告されている[19]。本研究対象者の「非該当」の閉じこもりに該当する割合は、中島6.8％、松山9.2％であることから、本研究「非該当」の閉じこもり出現率は、先行研究と同じ程度であった。

　出かける場所について、「非該当」の出かける場所で一番多いのは中島も松山も「買い物」であった。自立した生活を送る515名の65歳以上の高齢者を対象にした外出場所についての調査[20]では、「買い物をする場所」が94.6％と圧倒的に多く、これに続く「会合・サークル活動・学習のための施設」、「病院、診療所」、「飲食店」は60％台であった。本研究の「買い物」の順位は、中島も松山も先行研究と同様であった。松山や先行研究と比較すると、中島の高齢者「非該当」の2位が「農作業」（56.5％）であったのが特徴的である。「病院」は、中島も松山も半数近い割合である。「会合・サークル活動・学習のための施設」及び「飲食店」は、先行研究と比較すると大分低く、中島は特に低い割合となっている。中島では農作業に長時間従事している者が多く、習い事をする機会や飲食店が少ないことが関係していると推察される。

　要支援から要介護2の248名を対象とした外出目的の調査[21]では、「通院・通所」（81.0％）が群を抜いており、「散歩」（41.1％）、「買い物」（35.5％）と続く。本研究対象の要支援と要介護（中島、松山）も先行研究と同じく「病院」の順位が一番高かった。中島も松山も「病院」の次に続く共通の場所として「買い物」、「散歩」、「デイサービス」であった。中島の「要介護」は、「買い物」が22.8％と松山の半分以下であり、「買い物」する場が限定されることと「買い物」する場までの外出手段が限られているのではないかと考えられる。

　もっとも多い外出先への交通手段についての結果、「非該当」では、中島は「自転車」、「フェリー」、「二輪車（バイク）」、「自分が運転する自動車」の順であった。一方、松山は「自

転車」、「徒歩」、「自分が運転する自動車」の順であった。中島と松山は共通して「自転車」の割合が一番高かった。中島から松山への交通手段は、「フェリー」のみのため割合が高くなっていると考えられる。先述の515名の65歳以上の高齢者を対象にした調査では、移動手段（複数回答）については、「電車・地下鉄」（59.8％）、「バス」（48.0％）、「家族が運転する自動車」（37.7％）の順に高かった。また、離島における71〜95歳までの自立した高齢者50名を対象にした外出手段（複数回答）については、「定期船」（66.7％）、「徒歩」（64.4％）の順であった。先行研究では、自立した高齢者の外出手段は、地域によってそれぞれ異なっているが、離島において「船」は重要な移動手段であると考えられる。

　中島も松山も「要支援」、「要介護」では「自転車」の割合が「非該当」と比較すると大分低くなる。中島は、「要支援」、「要介護」では「自転車」の代わりに「徒歩」及び「電動車椅子」を交通手段として用いることが多くなると考えられ、介護が必要となっても比較的自分で移動手段を確保しなければならない生活環境と推察される。一方、松山は自立度が低下すると「家族が運転する自動車」、「友人・知人が運転する自動車」、「タクシー」の割合が増える傾向にあった。先述の要支援から要介護2の248名を対象にした調査では、移動手段（複数回答）については、「家族などが運転する自動車」（53.8％）が最も高く、次に「タクシー」（32.3％）となっており、他の人が運転する自動車が主な移動手段という点では、松山の「要支援」、「要介護」と同様の結果である。

　自宅周辺の坂や階段の有無について、「非該当」、「要支援」、「全体」において、中島は松山に比べて自宅周辺の坂や階段の有無に有意な差がみられた（χ二乗検定、p<.05）。なお、先行研究では、閉じこもりは外出環境の障害に関連していると報告されているが、本研究においては、閉じこもりと自宅周辺の坂や階段の有無との関連はないものと考えられる。

　地域活動参加の状況について、中島の「非該当」はサロンが73.2％と非常に高い割合となっている。また、「非該当」の老人クラブは、中島52.4％、松山49.1％と高い割合である。これは、本研究が社会福祉協議会を通してのアンケート調査であることが関連していると考えられる。全国60歳以上の男女を対象とした「高齢者の経済生活に関する意識調査」（内閣府）による地域活動・ボランティア活動の活動内容別参加状況（複数回答）では、「自治会等の役員・事務局活動」が男性32.9％、女性24.0％で一番多い。本研究の選択肢で類似する「地区での行事」は、「非該当」の中島40.0％、松山26.0％と高い割合で、同様の結果であった。「要支援」、「要介護」では、中島、松山とも50％以上が地域活動参加を「していない」と回答し、自立度が低下するに伴い地域活動の機会が減少することが判明した。

　運動実施頻度についての結果、「要介護」にのみ居住地域と運動実施頻度に有意な差がみられた（X二乗検定、p<.05）。文部科学省により、スポーツ基本法（2011年施行）に

基づいて「スポーツ基本計画」（2012年）が策定された。その中で、「できるかぎり早期に、成人の週1回以上のスポーツ実施率が3人に2人（65％程度）、週3回以上のスポーツ実施率が3人に1人（30％程度）となることを目標とする。」と計画された[23]。週1回以上のスポーツ実施率は、60～69歳54.7％、70歳以上52.1％で他の年代より高いと報告されている。本研究対象者の「していない」を除いた回答者を週1回以上のスポーツ実施率と捉えると、中島と松山の「非該当」は、先の報告とほぼ同じ割合である。本研究の結果、自立度が低下しても松山は週1回以上のスポーツを「していない」高齢者の割合にあまり変化はなく、中島は増える傾向にあった。

2）インタビュー調査に基づく比較

本項目は、インタビュー調査結果の考察であるが、質的な先行研究のみを参考にしての考察では不十分と考えたため、アンケート調査の先行研究も含めて考証を行った。

i 下肢機能

中島と松山における「非該当」から「要介護」までを対象としたアンケート調査では、「膝」の痛みには地域間に有意な差がみられなかった。「足部」に関する痛みの割合は「非該当」のみ中島と松山に有意な差がみられた。インタビュー調査では、《下肢機能》における痛みの要因として、中島の【農作業に起因する悪化】が顕著であった。中島はみかんづくりが非常に盛んな土地であり、中島の「非該当」高齢者の約半数が、役割としての「農作業」を行っている。みかんづくりは、15kg～20kgのコンテナを持ち上げたり、キャリーで農作物を運んだり、傾斜での作業等の重労働が多いことから下肢に負担がかかる。一般的に、農村部居住者及び第一次産業従事者で膝関節痛が多いことが報告されている[25-26]ことからも、農作業が盛んな中島の高齢者は、下肢に何らかの問題を抱えている者が多いと推察される。

ii 家での役割

《家での役割》について、中島と松山での特徴的な違いは【農作業】であった。中島のみ《家での役割》として【農作業】を実施しており、〔現在もみかんづくり〕を行っていることが、アンケート結果だけではなくインタビュー調査からも明らかとなった。中島の非該当の高齢者の半数は、《家での役割》として【農作業】を行っており、これは中島の農業の歴史と関係が深いと考えられる。中島は、古くは牧畜の島であったが、明治時代以降みかんの生産が盛んになり、愛媛県は1970年以降しばらく全国一の出荷を誇った[27]。中島の多くの高齢者にとって、農作業は生活の一部になっているものと考えられる。

【家事】については、中島も松山も身体が動ける範囲で行っている様子が伺えた。両地域とも要支援、要介護であっても家族の助けやヘルパーの利用などによって日常生活を送っ

ている。「非該当」中島Aの男性は、妻の【家事】の手伝いをしており、松山Kの独身男性は、すべて【家事】を自分で行っている。一方、「非該当」の中島Bの女性は、みかんづくりを手伝いながら【家事】をすべて行っており、松山Lは母の介護をしながらも【家事】をすべて行っている。【家事】の有無は、男女とも地域差によるものではなく、同居している家族との生活環境によるところが大きいと考えられる。しかし、中島における家族関係は、一家の大黒柱が男性であるという固定概念が非常に強いように思われる。I「要介護2」は、妻が家のことをすべて行ってくれるので、【役割なし】〔家での役割なし（妻が実施）〕、R「要介護2」は、リウマチにより手が悪いためにヘルパーを利用して【役割なし】〔家での役割なし〕と今後も家事を行う意思はみられない。【役割なし】に共通している状況は、妻が家のことを全部行っている男性か、自立度が低いために家のことを行えない健康状態などであると考えられる。一方で、Aのように妻の【家事】を手伝う男性もいることから、高齢になり仕事を退職した後は、家族関係に変化がみられることがあると推察される。

　アンケート調査の「日常生活の役割」では、要介護では「特になにもしていない」は中島67.9％、松山61.8％と両地域に大きな差はないが、職業歴が農家の人々にとっては、要介護になっても農作業に関わりたいという思いが強いと考えられる。

ⅲ　地域活動

　《地域活動》についてインタビュー調査の結果、中島、松山とも【地域活動参加有り】は「非該当」の者が多く、地域で意欲的に活動している。アンケート調査の結果、地域活動に参加している者の割合は松山の「非該当」より中島の「非該当」の方が高かった。森田は、島嶼部では長く住み続ける住民が多いことにより、特有のコミュニティが成立していると述べている[28]。インタビューでは、中島の高齢者は、老人クラブで行われる墓掃除の《地域活動》に参加していると答えた者が多く、松山のインタビューでは聞かれない内容であった。中島の高齢者の多くは、長年その土地に住んでいる者が多いことから、その土地特有の地域活動が形成されている可能性があると考えられる。

　中島の【地域活動参加僅少】は、G「要介護2」、E「要支援2」のように農作業により脚が悪化して〔参加したいが拒まれる地域活動〕、〔歩行能力低下に伴い減少した地域との関わり〕など、地域活動に参加したいが困難な状況がうかがえる。中島の農作業従事者は、体が動かなくなるまで農作業を行う者が多く、脚の悪化により農作業を行えない状況になると地域との関わりも薄れていく傾向にあった。

　【地域活動参加なし】は、〔大人数が苦手のため地域活動不参加〕や島の交流は表面的といった人間関係から地域活動に参加していない高齢者もいる。長年、離島に住み続けている高齢者であっても、内向的な性格の高齢者や、幼少期から島内で地区間の交流が全くなかった高齢者は地域活動に参加しない傾向がうかがえた。

一方、松山のL「非該当」は、〔介護前は非常に意欲的な地域活動参加〕であったが、母の介護をするようになり減少、Q「要介護2」は、〔以前は地域での役割担う〕が体調の悪化により減少し、【以前は地域活動参加有り】となっている。また、P「要支援2」は、〔脚悪化により地域活動なし〕、〔世話になるのを好まず地域活動不参加〕と脚悪化と人間関係から【地域活動参加なし】となっている。【以前は地域活動参加有り】、【地域活動参加なし】の主な理由として、脚の悪化と人間関係が中島と松山に共通している。中島は農作業に従事する高齢者が多いことから《下肢機能》【農作業に起因する悪化】が地域活動の参加状況に影響を及ぼしている可能性が考えられる。

ⅳ　外出
　中島と松山に共通する点は、外出好きか否かの【外出好き】と【外出好まない】の両カテゴリーが抽出されたが、【外出好き】と答えた高齢者が大半であった。多くの回答として〔元気の秘訣のための外出〕、〔人との交流ができる場所に出かけるのが好き〕ということから〔日課としての毎日の散歩〕、〔毎日屋外を散歩〕など健康に配慮した《外出》がみられた。一方で、【外出希望あるが困難】のカテゴリーにも共通する点が多く、〔外出好きであるが健康面が理由で外出減少〕、〔外に出られるなら出たい〕、〔今まで外出好きだが脚痛により外出頻度減少〕など健康面に起因して外出頻度が減少していることが明らかとなった。脚の悪化により、外出が困難な状態にある高齢者がいる点は共通している。交通利便地域と交通不便地域に在住する550名の高齢者における外出頻度と主観的健康感について検討した先行研究では、主観的健康感の良い人が「毎日外出」する割合が高かった[29]（p<.001）。また、藤田らの[30]65歳以上の高齢者1,673名（第三次産業が盛んな地域在住）を対象とした外出頻度別にみた身体・心理・社会的特徴に関する調査では、歩行障害（1km連続歩行を難儀する・できない）が外出頻度「週1回程度以下」であることの独立した関連要因であったと報告されている。このように、先行調査の報告や本インタビュー調査の回答から、地域に関わらず、高齢者の下肢機能を中心とした健康状態の悪化と外出頻度には関連があるものと推察される。

ⅴ　人とのかかわり
　中島における《人とのかかわり》では、インタビュー調査において、「同級生」という言葉が多くの高齢者から聞かれ、〔強い同級生との絆〕が明らかとなった。離島、過疎地の人とのかかわりに関する先行研究において、同級生とのつながりが強いという報告は見あたらない。中島在住高齢者の学生時分は、上京の学校へ行く者はほとんどなく、中島在住高齢者にとっては、同級生が一番大切であるという価値観が強いものと推察される。中島は松山に比べて人口が少なく、同じ年に生まれた者同士が長期間同じ時を過ごしていく

環境に関係しているものと考えられる。

　一方、松山における《人とのかかわり》は、友人、知人よりも【地域住民との深いかかわり】により、〔しがらみなく、頼んだら助けてくれる良い関係〕を築き、〔自分のことを大切にしてくれる近所の人〕との交流を大切にしている。松山の高齢者は、とても住みやすい地域であると答える者が多く、周りの住民とのしがらみがない都市化した生活を快適と感じている者が多いようである。

　このように中島と松山の交流関係の違いが明らかとなる一方で、両地域に共通する点は、【友人とのかかわり減少】であった。それは、〔脚悪化により友人、知人との交流希薄〕、〔周りも体弱くなり昔の友達と疎遠〕など、高齢化による健康悪化に起因するものであった。松山における【友人とのかかわり】では、〔ストレス解消としての同級生との会〕を定期的に行うことで生活への張りにもつながっている。これらのことから、身体的健康の悪化は、友人との交流の減少につながり、精神的健康の悪化にもつながる恐れがあると推察される。

　中島と松山における【家族との深いかかわり】では、同居していないが〔大切にしてくれる家族〕や〔家族との良好な人間関係〕という点で共通している。子どもや孫が大切にしてくれるという回答が両地域の高齢者から聞かれた。

　アンケート調査では、中島に住む高齢者の「子の最寄りの居住場所」は、松山市内の割合が高く、「一緒に居住」、「近くに居住」する子の割合は松山に比べておよそ半数であった。中島でのインタビュー調査からも【家族とのかかわり減少】がみられ、〔あまり帰らない一人息子〕や〔頼りにならない遠方の子ども〕をもつ高齢者もあり、中島在住高齢者の家族とのかかわりは二極化している。現在、中島には若者が働く場所は少なく、子どもも中学校の卒業と同時に松山に移り住む者が多いことから、今後も【家族とのかかわり減少】は増加する可能性がある。

ⅵ　生きがい

　インタビュー調査では、中島と松山の高齢者から《生きがい》の対象は【家族に関係すること】の〔孫の成長が生きがい〕、〔孫・曾孫の成長が楽しみ〕など、家族の健康と幸せを願う言葉が多く聞かれた。中村らは、孫のいる高齢者160名（72.2 ± 6.7歳）を対象に、[31]高齢者の孫に対する感情と主観的幸福感の関連について検討した。その結果、孫に対する情緒的感情が高齢者の主観的幸福感を高める要因であると述べている。両地域の高齢者ともインタビューで、孫との交流についての話をするときは、表情が和らぎ自然な笑顔が見られた。高齢者にとって孫との関わりは、先行研究のように高齢者の主観的幸福感を高めているものと考えられる。

　中島では、〔生きがいとしてのみかんづくり〕、松山では〔母の介護できる喜び〕、〔家事

全般は生活の張り〕といった労働や家族一員としての役割に《生きがい》を感じている高齢者もいる。植村[32]は、愛媛県の岩城島を対象とした柑橘農業の実態調査において、高齢者は農業を「いきがい」といった非経済的な目的で行う特徴があると述べている。農業は一般的に力仕事、重労働と大変な労力を伴う作業であるイメージがあるが、行っている本人たちにとっては、本研究対象者Bの発言のように農業そのものが《生きがい》となっている高齢者も多いことが明らかとなった。

《生きがい》についての問いに戸惑う高齢者もいた。中島H「要介護1」は、いつ死んでもいいと思っていると言い、〔生きがい特になし〕。Hは自身に子どもがいないことから孫との交流も存在しないことが少なからず影響していると推察された。子どもがいないことから親戚との交流も少ない。脚の状態も良くなく、思うように外出することが出来ず、夫以外とのかかわりが少ない日々を過ごしていることも〔生きがい特になし〕という応えに影響していると考えらえる。また、松山S「要介護3」のように〔生きがいは思い浮かばない〕と回答した高齢者もいた。

〔生きがいとしてのみかんづくり〕は、地域特有の《生きがい》であるが、その他のサブカテゴリーでは、家族構成や健康状態などにより、それぞれ異なることが示唆された。

ⅶ　大切にしていること

中島と松山で共通する《大切にしていること》は、【健康管理】であり、多くの高齢者から聞かれた言葉である。中でも〔健康が一番大切〕であり、子どもたちに迷惑をかけることを避けたい思いと、〔自分の脚で動けることが大切〕、〔大切にしていることは転ばないことが第一〕という歩行の大切さを意識している点で共通していた。谷村ら[33]は、65歳以上の79名の農作業従事高齢者を対象に生活体力（機能的に自立して日常生活を支障なく過ごせるための身体的動作能力）の関連要因を検討した結果、生活体力のもっとも大きな関連要因は年齢であると報告している。本研究の中島在住高齢者において、自分はもう高齢だから〔健康が一番大切〕、〔自分の脚で動けることが大切〕といった回答からも先行研究との関連が読み取れる。

信仰心についても中島と松山の高齢者から《大切にしていること》として挙げられた。山本[34]は、無作為に抽出した65〜79歳までの男女552名を対象とした、生き甲斐に関するアンケート調査の結果、後期高齢者は「信仰」に生き甲斐を感じていたと報告している。また、土田ら[35]は、地方小都市の独居高齢者を対象としたインタビュー調査の結果、『寛ぎと主体性のある生活を幸せに思う』高齢者は、【支えとなる信仰】という宗教を通しての人との関わりや精神的な安定感が、今の生活を肯定的に受け止めていることに影響していると推測している。

松山では聞かれなかった中島在住高齢者の回答は、〔大切にしている娘との毎日の電話〕、

〔大切にしている家族、友人、知人との絆〕といった【家族とのコミュニケーション】の意識が強く、子どもが島外で暮らす離島の独居高齢者は、離島の地理的環境により、松山在住の独居高齢者よりも子どもとのつながりを大切にしているように推察される。

　松山のL「非該当」は、【外出によるリフレッシュ】を大切に心がけ、松山城まで散歩したり、デパートで友達と会食したりすることによって精神が落ち着くように《外出》を心がけている。Lは、身体的に自立しており、普段から《外出》を心がけることによって精神的にも良好な状態を維持できていると考えられる。劉らは[36]、都市在宅高齢者6,865名を対象に精神的健康と身体的健康の因果関係をアンケート調査により検討した結果、精神的要因から身体的要因へは一方的な因果関係が存在する可能性が示されたと報告している。

　本研究対象者において、《大切にしていること》は、対象者の健康状態によるところが大きいと推定された。

ⅷ　満足であると感じること

　中島、松山ともに【健康であること】がもっとも多い回答であった。〔健康で生活できることが満足〕、〔美味しく食べられることに満足〕、〔手助けを必要としない状態への満足感〕といった回答から、自立した生活と健康で食事ができることは普通のことではなく、貴重なことであると感じていると推察される。須貝らは[37]、75～80歳の高齢者を対象に、生活全体に対する満足度を規定する要因を検討するため聞き取り調査を行い、次のように報告している。外出が可能で活動の範囲が家庭外に及ぶ屋外活動群498名と日常生活の大半が家庭内やその周辺に留まる屋内活動群33名に分けて分析を行った結果、両群とも健康度自己評価が生活全体に対する満足度と有意に関連していた。また、秋月らは[38]、健康度自己評価に関連する因子を明らかにするため、健康な高齢者897名（77.5±6.5歳）を対象に質問紙調査を行った。結果、健康度自己評価が高いことに関連する因子として、「病気や障害がない」、「日常動作に困難を感じない」、「痛みによる生活への影響がない」、「自分は若いと感じている」、「生活に満足している」、「付き合いがある」、「趣味がある」、「熟睡感がある」、「毎日運動を行っている」ことがあげられたと報告している。地域に関わらず、高齢な者ほど介護を要する割合が増え、生活を送るうえで【健康であること】が満足であると感じられるようになると考えられる。一方で、〔一人での行動、生活に苦労と不自由感〕を感じ、〔もう少し歩けたら満足〕など健康面で【十分に満足とは感じない】高齢者もみられた。これらの結果から、高齢な者ほど【健康であること】が生活の満足度が高く、QOLの高い生活を送ることができるものと推測される。

　中島では、みかんづくりを行っている高齢者は、〔良いみかんが出来たときの満足感〕が【仕事の充実感】となり、みかんづくりそのものが生活の満足度を左右する対象になっているものと考えられる。

おわりに

　本研究において、中島（離島）在住高齢者は、松山市（都市部）在住高齢者と比較して農作業に従事する者の割合が非常に高いことから、農作業従事者に特徴的な膝の痛みに関して都市部と違いがあるものと推察されたが、アンケート調査の結果からは、中島在住高齢者と松山在住高齢者に特に差はみられなかった。その一方、インタビュー調査の結果から、農作業従事者の体調の悪化の要因の多くは農作業によるものであることがうかがえた。

　中島在住の要介護者は、松山在住の要介護者と比較して閉じこもり率が非常に高く、島内での交通手段や通いの高齢者施設の少なさが影響していると考えられた。なお、人とのかかわりにおいて、中島在住高齢者は、同級生との強いつながりがある一方、松山在住高齢者は、地域住民とのかかわりを大切にして生活を送っている。両地域の高齢者とも、健康管理を大切にし、健康で生きていけることが満足という点では共通していた。

　中島在住高齢者は、介護を要するまで農作業に従事する者が多いことから、自立した生活を送る離島の高齢者は都市部在住高齢者より元気であると捉えることができる。一方で、一旦介護が必要な状態になると、中島の高齢者は、外出する場所や手段が限られるため閉じこもりの割合が高くなるものと考えられた。

　中島在住高齢者を対象に運動介入を実施した筆者の先行研究において、体力及び精神機能は保持、向上され、体力テストにおいては歩行に関する結果も向上した。定期的な運動実施が下肢機能の改善に有効であることから、日頃から運動を行える機会を設けることが必要である。しかし、中島の農作業従事者は、下肢に痛みを抱えながらも要介護状態になるまでみかんづくりを行う者が多い。また、下肢に痛みが発生して初めて病院に行き、運動の重要性を認識する高齢者が多いのが現状である。膝関節痛など下肢疼痛の予防には、50歳頃からの早期の筋力強化が重要であることを島民全体に認識してもらうことも必要である。現在、中島では、高齢者が定期的に運動できる場は一部に限られており、定期的な運動教室を実施したとしても日中は農作業で忙しく参加困難な高齢者が多いことなどから、島民が早い年代から運動の大切さを意識することへの働きかけと日常生活の中で長期的に行える運動プログラムの提案が必要であると考えられる。

　　〈引用文献〉
　1）内閣府．平成25年版高齢社会白書：印刷通販 2013：2-3
　2）河藤佳彦．離島振興における産業政策の役割に関する考察：島根県隠岐郡海士町を事例として．高崎経済大学附属研究所紀要 2009,45（1）：13-30
　3）萩原潤, 小笠原梢, 佐々木久美子．離島における高齢者の介護保険制度認識状況とその要因．大学

看護学部紀要 2007, 10（1）：55-61
4） 岩本テルヨ．在宅老人の生きがい感：離島と都市部の比較．Quality Nursing 1998,4（1）：43-49
5） 稲垣絹代．超高齢過疎地区で高齢者が生きる意味：瀬戸内島嶼部での民族看護学的アプローチ．老年看護学 2000,5（1）：124-130
6） 野本ひさ．家族介護の在り方に関する中山間地域と都市部の比較研究：愛媛県中島町と松山市を事例として．林業経済研究 2005, 51（2）：30-38
7） 丸山裕司．運動教室参加による離島在住高齢者の心身の変化について：地方都市在住高齢者と比較して．自立支援介護学 2012,5（2）：118-124
8） 清水徹朗．みかんの需給動向とみかん農業の課題．農林金融 2002,55（8）：2－23
9） 福原俊一，鈴鴨よしみ，森田智視ら．腰痛に関する全国調査 報告書．株式会社日本リサーチセンター 2003：13
10） 酒井優，永田智子，渡邊麻衣子ら．農村・山間地域に居住する前期高齢者の膝関節痛に対する保健行動：膝関節痛の有無と性差に焦点を当てて．日本公衆衛生雑誌 2012,59（1）：19-30
11） 宮村季浩，山縣然太朗，飯島純夫．膝痛の有訴者率およびその危険因子．日本公衆衛生雑誌 2012,45（11）：1078-1082
12） 趙弱花．高齢者のQuality of Life に関する研究：実証研究に向けての課題の整理．政策科学 2000,8（1）：117-132
13） 佐藤美由紀，齊藤恭平，芳賀博．地域高齢者の家庭内役割とQOLの関連．日本保健福祉学会誌 2011,17（2）：11-19
14） 田中千晶，吉田裕人，天野秀紀ら．地域高齢者における身体活動量と身体，心理，社会的要因との関連．日本公衆衛生雑誌 2006,53（9）：671-680
15） 竹内孝仁．通所ケア学．東京：医歯薬出版株式会社 1996：15-37
16） 新開省二．「閉じこもり」アセスメント表の作成とその活用方法：ヘルスアセスメントマニュアル，生活習慣病・要介護状態予防のために（ヘルスアセスメント検討委員会監修）．東京：厚生科学研究所 2000：113-141
17） 安村誠司．「閉じこもり」高齢者のスクリーニング尺度の作成と介入プログラムの開発．平成14年度研究報告書厚生科学研究費補助金 2003,14-20
18） 平田直美，平佐田和代，下吹越貴子ら．介護保険の利用がない在宅高齢者における閉じこもりの特徴．鹿児島県純心女子大学看護栄養学部紀要 2006,10：13-25
19） 山崎幸子，橋本美芽，繭牟田洋美ら．都市部在住高齢者における閉じこもりの出現率および住環境を主とした関連要因．老年社会科学 2008,30（1）：58-68
20） 水野映子．高齢者の外出の現状・意向と外出支援策．Life Design REPORT 2004,9：4-15
21） 水野映子．要介護者等の屋外・屋内移動の現状：要介護者等を対象とするアンケート調査の結果から．Life Design REPORT 2004,1：16-23
22） 金田すみれ，奥山清美，倉田美恵ら．アクティブシニアのライフスタイルの現状：その4. 岡山県笠岡諸島真鍋島の漁村地域の場合．福山市立女子短期大学研究教育公開センター年報 2008,5：55-64
23） 加藤剛平，田中奈菜子，柏木聖代ら．地域在住要介護者等の外出頻度に関連する環境因子：通所リハビリテーション利用者に着目して．理学療法学 2011,38（1）：17-26
24） 文部科学省ホームページ：
http://www.mext.go.jp/component/a_menu/sports/detail/__icsFiles/afieldfile/2012/10/16/1319399_4.pdf （2013.6.20 閲覧）
25） Muraki S, Oka H, Akune T, et al. Prevalence of radiographic knee osteoarthritis and its association with knee pain in the elderly of Japanese population-based cohorts. the ROAD study. Osteoarthritis Cartilage 2009,17（9）：1137–1143

26) Muraki S, Akune T, Oka H, et al. Association of occupational activity with radiographic knee osteoarthritis and lumbar spondylosis in elderly patients of populationbased cohorts. a large-scale population-based study. Arthritis Rheum 2009,61（6）：779–786
27) 森武麿．瀬戸内海歴史民族調査と中島ミカン．非文字資料研究 News Letter 2011,25： 30-32
28) 森田枝里子．島嶼部における高齢者サポートに関する一考察：愛媛県松山市睦月地区を事例に．お茶の水地理 2009,49：66-78
29) 有田広美，堀江富士子，交野好子．地域在住高齢者の外出の実態とその関連要因：自動車免許の有無に焦点を当てて．福井県立大学論集 2013,40：15-26
30) 藤田幸司，藤原佳典，熊谷修ら．地域在宅高齢者の外出頻度別にみた身体・心理・社会的特徴．日本公衆衛生雑誌 2006,51（3）：168-180
31) 中村辰哉，浜翔太郎，後藤正幸．孫との関係に着目した高齢者の主観的幸福感に関する研究．武蔵工業大学環境情報学部情報メディアセンタージャーナル 2007,8：75-86
32) 植村円香．高齢期離職就農者による柑橘農業の実態とその意義：愛媛県岩城島を事例として．経済地理学年報 2013, 59：136-153
33) 谷村千華，松尾ミヨ子．農業従事高齢者の体力に影響を及ぼす関連要因．日本老年看護学会誌： journal of Japan Academy of Gerontological Nursing 2008,12（2）：35-43
34) 山本百合子．自立した高齢者の生き甲斐と衣生活：福山市在住高齢者の場合．福山市立女子短期大学研究教育公開センター年報 2005,2：75-84
35) 土田ゆり，関戸好子，菅原京子．地方小都市で暮らす高齢者が一人暮らしをしている理由．山形保健医療研究 2010,13：19-43
36) 劉新宇，星旦二，高橋俊彦．都市在宅高齢者における精神的健康と身体的健康の経年変化とその因果関係．社会医学研究 2007,25：51-59
37) 須貝孝一，安村誠司，藤田雅美ら．地域高齢者の生活全体に対する満足度とその関連要因．日本公衆衛生雑誌 1996,43（5）：374-389
38) 秋月仁美，坂本奈穂，西あずさら．地域の健康な高齢者の健康度自己評価と病気・障害の有無に関連する因子の検討．日本老年看護学会誌 2006,11（1）：79-85

看護教育のあり方　―本学が目指すもの―

愛媛県における看護大学教育

関谷　由香里

　愛媛県における看護大学教育の歴史は、平成6年の愛媛大学医学部看護学科の設置に始まり、次いで平成16年、愛媛県立医療技術大学保健科学部看護学科が開設された。今日まで順次、看護大学出身の看護専門職が輩出されてきたが、そのうち愛媛県内で活躍している看護専門職は、毎年、卒業生の半数以下である。このことが、愛媛県内の看護専門職確保を考えるとき、課題の一つとなっている。今後、地元の私立の看護大学教育に期待が寄せられると考えられる。

はじめに

　平成29年4月、聖カタリナ大学人間健康福祉学部に看護学科が開設される運びとなった。平成28年度に、聖カタリナ短期大学は50周年、聖カタリナ大学は30周年を迎えた。このメモリアルイヤーの翌年に、聖カタリナ大学人間健康福祉学部に看護学科が加わり、人間社会学科、社会福祉学科、健康スポーツ学科の既存学科とともに、学部名に標榜している人間・健康・福祉に関する資格を有する人材を育成する大学として、新たなスタートをきるものと考えている。また、愛媛県内の私立の大学において、初めて看護学科が開設されることになる。

　そこで、本稿は、「愛媛県における看護大学教育」と題して、看護基礎教育及び看護大学教育について、わが国ならびに愛媛県の歴史を遡り、特に、愛媛県の看護専門職をめぐる課題等も踏まえて、本学に開設予定の看護学科の、私立大学としての看護大学教育について述べる。

Ⅰ．わが国における看護大学教育

1）わが国における看護師（婦）養成の歴史

　わが国における看護師（婦）養成の歴史は、1874年（明治7年）の「医制」の制定以降から第二次世界大戦前と、第二次世界大戦後から現在までに大きく分けられる。ここでは、医療と看護師（婦）養成に関わる法制度の変遷とともにその歴史について概観する。なお、現行の保健師助産師看護師法の名称に則り、以後、時代の変遷と共に看護婦あるい

は、看護師の用語を用いる。

　1874年（明治7年）に明治政府は、現在の医療法、医師法、薬剤師法、産婆規則等に相当する総合医療政策の指針として「医制」を制定した。この「医制」の第3条には、看護職として産婆についての規定があった。当時、看護は家人によってなされていて、江戸時代に女性の職業として認められていた産婆に関する規定のみが設けられた。1899年（明治32年）、政府により産婆規則が制定され、全国で産婆の試験、免許、業務、養成教育などが統一された。

　看護師の歴史としては、明治初期の戦争による負傷者や自然災害の被害者の救護や看護は、看護人と呼ばれる男性が担っていた。しかし、都市部で病院が増えるとともに、女性が患者の世話をするようになった。その当時は、看護の教育や訓練を受けないで働くものが多く、名称もさまざまであった。明治の半ば、看護婦学校や看護婦講習所が開設されるようになり、病院で働く女性の中には専門的な教育を受けたものが増え始めた。これらの教育を受けた者の中には、患者個人との契約により、自宅や病院に赴いて看護を行うという派出看護に従事する者もいた。わが国初の看護婦派出所は、1891年（明治24年）に、鈴木雅によって創設された。日清戦争、日露戦争、第一次世界大戦において負傷者の看護を行ったのもこれらの養成所で教育を受けた看護婦であった。政府は、1915年（大正4年）に「看護婦規則」を定め、看護婦の試験、免許、業務等に関する諸規定を全国で統一した。第二次世界大戦前まで、この規則に則って看護婦養成がなされた。

　保健婦のはじまりは、大正期に入り、一部の産婆や看護婦が地域を巡回して、相談や指導を行うようになっていた。また、関東大震災の際は看護婦が巡回して被災者の看護にあたった。その後、東京や大阪の病院等を中心に、看護婦が訪問事業によって公衆衛生看護を実施するようになった。1935年（昭和10年）、東京市京橋区に特別衛生地区保健館が設立され、保健婦による地域住民への保健事業が開始された。その後相次いで保健所が設立され、政府は、1937年（昭和12年）に保健所法、1941年（昭和16年）に保健婦規則を制定した。

　第二次世界大戦中は、看護婦の急激な不足に対応するために、軍の病院で1年間という速成的な看護婦が養成された。政府は、「看護婦規則」を改定して、看護婦免許の取得可能な年齢を満18歳以上から17歳以上に、そして、16歳以上までに引き下げた。終戦直前には、看護学生や女学校生までが、動員された。

　第二次世界大戦後は、GHQ公衆衛生部に看護課が設置され、初代と2代目のアメリカ人の看護課長による看護改革の指導が行われた。一方、厚生省では医務局に看護課が設立され、看護職者が看護課長となって、GHQの看護課と協働した。GHQの看護課がこの改革の基本としたのは、病者のみならず、すべての人の健康の保持増進に向けて看護を行うという総合看護の考え方で、新しい看護教育・看護行政・看護管理が徐々に定着すること

になった。看護専門職の資質を向上させるために看護教育も改められた。GHQ の看護課と厚生省の看護課はそのモデルとして、聖路加女子専門学校と日赤看護婦養成所を統合して「東京看護教育模範学院」を開設し、GHQ と厚生省の主要な人たちによる独自の看護教育が行われ、全国の視察者に開放して、そのモデルを示した。また、看護教育の質を向上させるために看護教員に対する講習会も開催されるようになった。更に、看護管理者に対する研修や継続教育も実施されるようになった。

これらの看護改革を受けて政府は、1947 年（昭和 22 年）に「保健婦助産婦看護婦令」を制定したが、この政令は戦時下の国民医療法体制に基づいており、同法の廃止に伴って廃止された。そして、1948 年（昭和 23 年）、「保健婦助産婦看護婦法」（現「保健師助産師看護師法」）が制定された。この「保健婦助産婦看護婦法」では、高等学校卒業後に 3 年の看護教育を受けて、国家試験に合格した看護婦を甲種看護婦、中学校を卒業後に 2 年の看護教育を受けて、乙種看護婦試験に合格した看護婦を乙種看護婦と定められていた。戦前の「看護婦規則」に基づく看護婦は甲種看護婦と同じ業務に従事することはできたが、甲種看護婦になるには、国家試験に合格する必要があった。また、乙種看護婦は、業務の制限があり、この制度の運用には問題や反対があった。

そこで、1951 年（昭和 26 年）に同法が改正され、甲種と乙種の区別をなくして看護婦は一つとされた。しかし、准看護婦という別の資格が新設され、医師、歯科医師または看護婦の指示を受けて看護業務を行うという准看護婦制度が確立した。1957 年（昭和 32 年）には看護婦 2 年課程が開設され、1964 年（昭和 39 年）には高等学校に衛生看護科が誕生した。この後、准看護婦学校養成所が急増し、1967 年（昭和 42 年）から 10 年間は、准看護婦の方が看護婦よりも就業者数が多かった。看護専門職はほとんど女性であったが、徐々に男性が増加して、看護人、准看護人等の呼称であったが、1968 年（昭和 43 年）に同法が改正され、男性の看護職者は看護士、准看護士の名称となった。

今日、以上のような複雑な看護教育制度のもとで、保健師助産師看護師法に基づき、看護専門職の養成が行われている。

2）わが国における看護大学教育の歴史

第二次世界大戦後、看護教育を行う学校養成所は、その施設・設備が整えられ、専修学校や短期大学へ、さらには大学へと移行するようになった。

わが国最初の短期大学は、1950 年（昭和 25 年）に誕生した天使女子短期大学と聖母女子短期大学であった。また、最初の看護系大学は、1952 年（昭和 27 年）に高知女子大学が誕生した。1953 年（昭和 28 年）には東京大学においても看護教育が開始された。その後、短期大学、大学と徐々に増設されていった。1979 年（昭和 54 年）には、千葉大学に最初の看護系大学院が誕生した。

3）わが国における看護大学教育の現状と課題

　2015年度（平成27年度）、わが国の看護系大学は、248校である。少子化の時代、高等学校卒業者数の減少する中、これらの看護大学が養成定員を満たすためには、社会人や大卒者等、応募の条件や入試方法、さらには、コース別カリキュラムなど、看護大学としての改革とその実行が課題の一つとなる。

　また、看護大学では、教育のみならず研究や社会貢献を求められるが、教育の質の維持とのバランスを取ることが困難な状況にある。また、一定の水準の教育と研究ができる看護教育者の確保も困難な状況にある。看護系大学院も増設されているが、的確な臨床判断に基づく看護が提供できる看護教育者の育成には、時間も機会も必要である。看護教員養成制度の立ち遅れもあり、現状において、大学における看護教育者の育成は喫緊の課題である。

　最後に、看護大学教育の根幹に関わる重要な課題は、看護大学卒業者の基礎的な看護実践能力の修得を促進することである。このことは、2001～2002年（平成13～14年）に文部科学省において、第1回「看護学教育の在り方に関する検討会」が開催され、『大学における看護実践能力の育成の充実に向けて』という検討会の報告がなされた。さらに2003～2004年（平成15～16年）に第2回「看護学教育の在り方に関する検討会」が開催され、その報告書として、看護大学卒業時の到達目標が明示された。また、厚生労働省からも、看護大学卒業時に修得しておくべき看護技術の項目が明示された。しかし、限られた臨地実習時間の中、一人の受け持ち患者を中心に看護過程を展開する現在の実習では、看護技術の見学も難しく、学生の積極性に任せているところがある。今後、これらの報告を基準にして、計画的に、看護技術の修得を促していく必要がある。

Ⅱ．愛媛県における看護大学教育

1）愛媛県における看護師養成の歴史

　本節では、愛媛県内の看護師養成にかかわる歴史の長い機関から順に、その変遷について述べる。

ⅰ　日本赤十字社愛媛県支部による看護師養成

　1889年（明治22年）に定められた日本赤十字社の「看護婦養成規則」に則り、1894年（明治27年）、愛媛県支部の「看護婦養成規則」を制定後、松山県立病院に「支部看護婦養成所」を設置し、修学期間6ヶ月の看護師養成が始まった。日清戦争時は速成看護婦の養成も行った。しかし、その後、本部の養成規則に基づき、修学期間が二か年、三か年と変遷し、

1906年（明治39年）から、修学期間三か年となって、二か年は支部で養成、残り一か年は本社病院に委託入学となった。1909年（明治42年）には、救護員養成規則が定められ、甲種は高等女学校卒業、乙種は高等小学校卒業の女子を養成することとなった。

その後、1913年（大正2年）に松山赤十字病院附属の救護員養成所が開設され、第二次世界大戦中も救護員の養成は継続され、戦後、1948年（昭和23年）に制定された「保健婦助産婦看護婦法」に基づく看護師養成が始まり、名称を松山赤十字高等看護学院に改称、1977年（昭和52年）、専修学校制度により、松山赤十字看護専門学校に改称し、今日に至っている。

ii 医師会による看護師養成

愛媛県内では、各市医師会が附属看護師養成所を開設して、看護師を養成していた。松山市医師会では、「医制」に基づき、1901年（明治34年）に「私立松山産婆看護婦養成所」を創設し、1909年（明治43年）に「松山医師会附属産婆看護婦養成所」に切り替えを行った。第二次世界大戦後、1952年（昭和27年）、「社団法人松山市医師会附属松山准看婦学校」を設立し、准看護師の養成を始めた。1974年（昭和49年）には、夜間定時制の松山高等看護学院を設置した。1977年（昭和52年）、専修学校の認可を受け、松山看護専門学校専門課程看護科と松山看護専門学校高等課程准看護科に改称した。2007年（平成19年）、新たに松山看護専門学校医療専門課程第1看護科を開設し、松山看護専門学校医療専門課程第2看護科と松山看護専門学校医療高等課程准看護科に名称変更し、今日に至っている。

今治市医師会では、1915年（大正4年）の「看護婦規則」に基づき、1940年（昭和15年）に「今治産婆看護婦養成所」を開設し、産婆ならびに看護師の養成を始めた。第二次世界大戦後、松山市医師会と同様に、「今治市医師会附属准看護婦学校」を開設し、准看護師の養成を始めた。1971年（昭和46年）、今治高等看護学院（修業年限3年・定時制）を開設した。1977年（昭和52年）、専修学校の認可を受け、専門課程看護学科（修業年限3年）と高等課程准看護学科（修業年限2年）の2課程とし、今治看護専門学校に改称した。

iii 国による看護師養成

「医制」以後の看護師養成は、医学校の附属病院又は各地の公私立病院の看護婦養成所で行われていたが、愛媛県には医学校がなかったため、前述したように、後者の私立病院の養成所が看護師養成を担っていた。ようやく、1939年（昭和14年）、国立傷痍軍人愛媛療養所附属看護婦養成所が設置されて、現在の独立行政法人国立病院機構愛媛医療センター附属看護学校に至っている。

愛媛大学に医学部を誘致する際に、愛媛県には、その附属病院の看護職員の確保を要請

されたが、県医師会からの抵抗もあって、当時の看護師養成所からの確保や、すでに就業している看護師の異動は困難であった。そこで、1970年（昭和45年）には、国立病院附属高等看護学院が開設され、1977年（昭和52年）、専修学校の認可を受け、1979年（昭和54年）国立病院四国がんセンター附属看護専門学校に改称したが、2002年（平成14年）3月に、国立病院の独立行政法人化を前に閉校となった。

iv 県による看護師養成

1959年（昭和34年）に、愛媛県立高等看護学院が開設され、二年課程の進学コースのみによる看護師養成が行われていた。その後、愛媛県内の看護師不足に対応するために、1971年（昭和46年）、愛媛県立公衆衛生専門学校に改称し、一般高卒者が入学する三年課程を併設した。

さらに、愛媛県東予地域の看護師不足に対応するために、1997年（平成9年）、愛媛県立看護専門学校を開設し、三年課程で看護師の養成がなされていたが、2014年（平成26年）3月に、私的機関に譲渡された。

v 高等学校による看護師養成

1965年（昭和40年）以降、厚生省による看護師不足の対策として、全国的に高等学校看護学科の設置が促進された。愛媛県医務課では公立高等学校に設置を期待したが、大学への進学率が高まる中で設置を断念し、私立高等学校に衛生看護科の設置を強力に働きかけた。

学校教育の中に女子専門教育をいかにして組み込むかということで、私立高等学校にも逡巡がみられたが、県当局の説得と各市医師会の支援もあって、次の4校の私立高等学校に、既設の学科に衛生看護学科が併設された。1967年（昭和42年）、今治精華高等学校（定員：1学年1クラス40名）、松山女子商業高等学校（現在の聖カタリナ学園高等学校、定員：1学年2クラス80名）、帝京第五高等学校（定員：1学年1クラス40名）、宇和島女子高校（定員：1学年1クラス40名、愛媛女子高校に改称後、1978年度（昭和53年度）募集停止）の4校に一斉に併設された。この中で、途中2年課程の専攻科を併設後、現在、中学卒業後の5年一貫校として、看護師を養成しているのは、聖カタリナ学園高等学校と帝京第五高等学校の2校である。

1976年（昭和51年）に、松山城南高等学校（定員：1学年1クラス40名）に看護科が開設され、1982年（昭和57年）には、2年課程の専攻科（定員：1学年1クラス40名）が併設された。現在は、上記2校と同様に中学卒業後の5年一貫校として、看護師を養成している。

次に、各市医師会等による地域的な要請により、次の県立高等学校3校に定時制として、

看護科が発足した。1970年度（昭和45年度）は、八幡浜高等学校と宇和島南高等学校（定員：1学年1クラス40名）に、1971年度（昭和46年度）は今治西高等学校（定員：1学年1クラス40名）に、四か年で、高等学校普通科目の学習と、それぞれの市にある医師会附属の施設で看護の専門科目を学習して、取得した総単位数をもって高等学校卒業とする制度であった。

その後、全国の公私立高等学校の看護科が女性の新しい職業学科として注目されるようになり、県内では私立高等学校の看護科が軌道に乗り始めたのをうけて、1972年（昭和47年）に西条高等学校、東温高等学校、宇和島南高等学校（それぞれ定員：1学年1クラス40名）に、全日制の看護科が設置された。現在は、すべて廃止されている。松山市内では、愛媛県立松山中央高等学校に医療系看護コースが設けられている。

vi　財団法人による看護師養成

現在、看護師養成所として、財団法人により設置・運営されている養成所は次の4校である。

まず、1958年（昭和33年）に財団法人新居浜精神衛生研究所附属准看護人学校として発足、途中数度の改称後、1979年（昭和54年）東城高等看護学院、1981年（昭和56年）、専修学校の認可を受け、高等課程准看護科と専門課程看護科の2課程となった。1995年（平成7年）、東城看護専門学校に改称、2000年（平成12年）、高等課程准看護科を廃止し、2013年度（平成25年度）から、3年課程看護科に変更し、現在に至っている。

次に、1972年（昭和47年）、定時制の2年課程（定員：1クラス15名）で十全看護学院が発足した。その後、専修学校法制定に伴い十全看護専門学校に改称し、昭和60年3月には2年課程を廃止し、同4月から3年課程を開始し、2000年（平成12年）に、全日制で定員1クラス30名に増員し、養成を行っている。

次に、1995年（平成7年）、財団法人正光会（2013年（平成25年）に公益財団法人に移行）が設置主体の宇和島看護専門学校（定員：1クラス40名）が開設され養成された看護師は、南予医療圏で活躍している。

松山市内には、2007年（平成19年）、愛媛医療専門大学校（現河原医療大学校）に4年制の看護学科（定員：1クラス80名）が設置され、現在に至っている。

表1 愛媛県内の看護師等養成所一覧（平成26年度）

学校養成所名	課程	定員
愛媛大学医学部看護学科	大学（保・看）	60＋10（編）
愛媛県立医療技術大学	大学（保・看）	75
愛媛県立医療技術大学助産学専攻科	大学（助）	10
松山赤十字看護専門学校	看3全日制	40
松山看護専門学校第1看護科	看3全日制	40
愛媛医療センター附属看護学校	看3全日制	40
十全看護専門学校	看3全日制	30
今治看護専門学校第一看護学科	看3全日制	40
東城看護専門学校	看3全日制	40
宇和島看護専門学校	看3全日制	40
河原医療大学校	看4全日制	80
今治看護専門学校第二看護学科	看2全日制	40
松山看護専門学校第2看護科	看2定時制	40
聖カタリナ女子高等学校看護科※	5年一貫	80
松山城南高等学校看護科	5年一貫	40
帝京第五高等学校看護科	5年一貫	40
松山看護専門学校医療高等課程准看護科	准2	40
今治看護専門学校第一看護学科	准2	40

※（現）聖カタリナ学園高等学校看護科

2）愛媛県における看護大学教育の歴史と現状

愛媛県における看護大学教育は、1994年（平成6年）、愛媛大学医学部に看護学科が設置され、養成定員1学年60名で、4年制の看護学部教育が開始された。その後、1996年（平成10年）医学系研究科看護学専攻（修士課程）が設置され、愛媛県における看護学の高等教育を担っている。

次に、2004年（平成16年）、愛媛県立医療技術大学保健科学部看護学科が開設された。当該学科の前身は、1988年（昭和63年）に開学した、愛媛県立医療技術短期大学第一看護学科である。2014年（平成26年）には愛媛県立医療技術大学保健科学部大学院（修士課程）が開設された。

愛媛県内にある私立大学の看護学科としては、2017年（平成29年）4月に、聖カタリナ大学人間健康福祉学部看護学科（定員：1学年80名）が設置される予定である。

Ⅲ．愛媛県における看護大学教育の展望

1）わが国における看護大学教育の課題

ⅰ　わが国における看護師の需要と供給の見通し

厚生労働省が2010年（平成22年）に公表した「第七次看護職員需給見通しに関する

検討会」によると看護職員の需要は2011年（平成23年）の140万4千人から、2015年（平成27年）には150万1千人へと9万7千人の増加が見込まれている。一方、供給の見通しは2011年（平成23年）の134万人8千人から2015年（平成27年）には148万6千人へと13万8千人の増加が見込まれているが、看護職員の需要は2015年（平成27年）時点において供給を1万5千人上回ると予測されている。また、少子化による看護職員の養成数の減少等を踏まえた需要と供給の長期的な見通しにおいては、2025年（平成37年）の両者のバランスは、需要が供給を最低でも4万1千人上回ると予測されている[1]。このように長期的にみても日本における看護職員不足は明らかである。そして、このような現状を受けて2012年（平成24年）1月6日に政府・与党社会保障改革本部にて決定された「社会保障・一体改革素案」の中で厚生労働大臣が提出した資料「社会保障・税一体改革で目指す将来像～未来への投資（子ども・子育て支援）の強化と貧困・格差対策の強化～」においては、看護職員数を2011年度（平成23年度）の約141万人から2025年（平成37年）には約1.4倍の195万人～205万人とすることが示されている。これに応えるためにも、養成人数の多い看護大学における看護師養成に期待が寄せられている。

ⅱ　わが国における4年制の看護師養成の必要性

従来、看護職員の養成は看護専門学校や看護短期大学が担ってきた。しかし、医学・医療技術の高度化、複雑化に対応できる看護職員の確保が求められるようになり、2009年（平成21年）「助産師看護師法及び看護師等の人材確保の促進に関する法律」の一部が改正され、看護師の国家試験の受験資格の筆頭に「大学（短期大学を除く）」が明記された。この法律の改正は、保健師・助産師・看護師の基礎教育が、原則として「4年制大学」で行うことになったことを示すものとなった。また、日本看護協会は2010年（平成22年）に全国保健師教育機関協議会、全国助産師教育協議会とともに文部科学大臣に対し看護師教育の大学における4年制教育を骨子とした「看護基礎教育の充実に関する要望書」を提出した。そして日本の社会保障制度の将来像を示した「社会保障制度改革国民会議報告書」（2013年（平成25年）8月）では、看護職員についてその養成拡大や潜在看護職員の活用を図るために、看護大学の定員拡大及び大卒社会人経験者等を対象とした新たな養成制度の創設、看護師資格保持者の登録義務化等を推進していく必要について述べられた。このような動きの背景には、急激な少子高齢化の進行による医療ニーズの増大と多様化、療養の場の多様化等の変化に、迅速に対応することが求められる中、看護師の質と量が求められている現状があると考えられる。

2）愛媛県における看護大学教育の課題

i　愛媛県の保健医療福祉を取り巻く状況と課題

　全国の都道府県においては、当該自治体の保健医療の基本指針として、地域保健医療計画が策定されている。愛媛県では、2013年度（平成25年度）を初年度として、2017年度（29年度）までの5年間を対象として「第六次愛媛県地域保健医療計画」（以下、医療計画と略す）が策定されている。この医療計画では、人口減少及び高齢化の進行や、疾病構造の変化、医療技術の高度化・専門化といった環境の著しい変化に加え、医師・看護職員等医療従事者の不足・偏在が深刻化している現状が指摘され、それらの問題に対する対応策が示されている。そして看護職員の勤務環境を改善し、より質の高い医療サービスを安定的に供給するためには、さらなる看護師の確保が必要であると述べられている。また、医療の高度・専門化、高齢化の進展や疾病構造の変化、県民のニーズの多様化等により、在宅ケアや終末期医療、生活習慣病対策など、新しい需要に対応できる質の高い看護職員の養成や研修体制の充実等による資質の向上が課題となっていることが指摘されている。

　一方、公益社団法人日本看護協会が2011年度（平成23年度）に全国的に実施した調査によると、国家試験に合格して病院に就職した新卒看護師のうち7.5％が1年以内に離職をしていることが報告されている。残念なことに愛媛県の新卒看護師の1年以内の離職率は、2012年度（平成24年度）には11.2％で全国ワースト1位となっている。看護師の離職の原因としては、夜勤の負担などの労働環境が主な原因として指摘されているが、そのほかにも多忙を極める医療現場で看護師に求められる能力が高度になってきていることも考えられる。このように新卒看護師の離職の原因には、医療現場が新卒看護師に期待する看護実践能力とその実際とが乖離している影響も考えられる。これらの点から看護師養成には、これまでの専門学校を中心とした教育とともに、看護大学における看護学教育に対する十分な時間と吟味・研究された教育方法と内容が必要とされていると考えられる。

ii　愛媛県における大学進学の状況

　2014年度（平成26年度）学校基本調査によると、愛媛県内の高等学校の2014年（平成26年）3月卒業者の大学（短期大学を含む）進学率は50.9％（男性47.8％、女性54.1％）で、その実数は5,853名である。その内、愛媛県内の大学に進学した生徒は2,096名であり、愛媛県内の大学において地元出身者の占める割合は57.3％となっている。この割合は全国的にみても非常に高い水準（7番目）にある。

　文部科学省の学校基本調査によると看護学を学べる4年制大学への進学者数は、2013年度（平成25年度）は17,544名、2014年度（平成26年度）は19,312名と、1年間で1,768名増加している。2015年度（平成27年）4月現在、全国には看護学科を持つ4年制大学が248校あるが、愛媛県内には国立大学法人愛媛大学医学部看護学科、愛媛県立医療技術

大学保健科学部看護学科の 2 大学のみである。この 2 大学に入学する約半数の学生は県外出身者であり、卒業後に愛媛県内に残る者は数名に留まる。また、愛媛県内出身者も看護のキャリアアップのために県外に就職するため、愛媛県内の医療機関等に看護職として就職する者は、約半数から 1/3 しかいないのが現状であり、このことが重大な課題といえる。

また、愛媛県から比較的近い他県にある看護系学部・学科を有する私立大学としては、徳島県の四国大学・徳島文理大学の 2 大学と、広島県の日本赤十字広島看護大学・広島国際大学など 6 大学となっており、いずれもアクセスの面から愛媛県内からの通学は不可能で、これらの大学で学ぶためには県外への転出が不可避となっている。このことは、愛媛県内出身の看護師の県外流出につながると考えられる。県内の看護職不足に対応するためにも、今後、愛媛県内に私立の看護大学が設置されることに期待が寄せられている。

ⅲ 愛媛県内の看護職員のニーズ

愛媛県は全国的に見ても高齢化の進行が早く、2014 年（平成 26 年）現在の高齢化率（65 歳以上人口÷総人口× 100）が 29.8％（全国 7 位）であり（総務省「人口推計」より）、さらには 2040 年（平成 52 年）には高齢化率が 38.7％に達すると推計されている（国立社会保障・人口問題研究所「日本の地域別将来推計人口（2013 年（平成 25 年）3 月推計）」）。また、県庁所在地である松山都市圏を除く県域の多くは、過疎地域を多く含む中山間地域で占められている。表 2 に示されるように、看護師・保健師の従事者数において松山都市圏への偏在傾向が明らかである。市部は、郡部に比べ病院・診療所が多いため看護師・保健師の従事者は多いが、1 病院あたりの従事者数でみても郡部の病院の看護師・保健師の数は、市部に比べて低い傾向がある。愛媛県内の将来的な人口動態に鑑みるに、とりわけ地方部における医療・看護の人材不足が予想され、看護従事者の人材供給力の一層の強化が地域としての課題となっている。

表 2　愛媛県内の各圏域における看護師および保健師の数（平成 24 年末）

	看護師（准看護師を含む）		保健師	
	実数	割合	実数	割合
松山市	7,962	38%	171	26%
四国中央	950	5%	43	6%
西条	3,213	16%	84	13%
今治	2,468	12%	76	11%
中予	2,109	10%	94	14%
八幡浜	2,197	11%	117	18%
宇和島	1,807	9%	77	12%
総数	20,706	100%	662	100%

（出典：愛媛県保健統計年報 25 年度版）

2009年（平成21年）の「助産師看護師法及び看護師等の人材確保の促進に関する法律」の改正に見られるように看護師の教育は今後4年制大学が中心となって担っていく方向にある。看護大学教育による看護師養成の人数と、看護教育に対する十分な時間と吟味された教育内容による看護師養成に対して、さらに期待が寄せられている。

3）愛媛県における看護大学教育の展望

　愛媛県においては、特に南予地域において医師不足が叫ばれている中、今後ますます訪問看護を担う看護職の需要が高まることは想像に難くない。愛媛大学医学部では、寄付講座として「地域医療学講座」が設置され、地域医療を担う医師の養成を行っているが、医師が研修医期間を終えて独り立ちするまでに約8～10年を要する。そのため、現在も、医師不足は継続している。また、医師が最終的に選択する専門性にも偏りが見られ、緊急性が高く、リスクが高い救急医療を担う麻酔科医や、少子化の影響を受けて、産婦人科医、小児科医は全国的に減少傾向が見られる。したがって、南予地区の外科的手術を行う病院では、麻酔科医が非常勤で、手術件数は制限されており、救急医療は担当できない状況になっている。また、南予地域のみならず東予地域も、産婦人科医や小児科医の確保が難しく、総合病院を標榜できない状況になっている。

　上記でも述べたように、今後、さらに推進される在宅医療に不可欠な訪問看護師の裁量の範囲の拡大と医師不足もその背景となって、特定行為実践看護師が養成されているが、愛媛県内においても、愛媛県がその取り組みを支援せざるを得ない状況が近いと考えられる。恐らく、愛媛県看護協会の協力の下、いずれかの看護大学がその養成の実施機関となると考えられる。

　一方、看護高等教育としては、2016年度（平成28年度）から、愛媛大学大学院医学系研究科看護学専攻にＣＮＳ（老年看護）コースが新設された。愛媛県内の看護大学教育のリーダー的存在として、今後同大学院に博士課程が設置されることになれば、愛媛県内で看護高等教育が受けられるようになる。特に、愛媛大学には、看護高等教育機関としての役割と期待が寄せられている。

まとめ

　本稿では、わが国における社会の歴史、看護師養成に関わる法の変遷に基づく看護師養成の歴史と愛媛県の看護師養成の歴史について概観した。歴史を遡ることによって、今後、急激に変化するわが国の情勢や、世界の情勢を視野に入れつつ、常に時代に相応した看護師養成のあり方を考え、実践していくことの重要性を認識するに至った。

筆者に与えられたテーマは「愛媛県における看護大学教育」であったが、愛媛県における看護大学教育に寄せられる期待とともに課題も明確になった。愛媛県の今後の人口動態や保健・医療を考えると、看護師の質の確保と数の充足はもとより、愛媛県内に定着して、愛媛県内全域で活躍できる看護師を養成していく必要性を痛感するに至った。

注
1） 伏見清秀、地域の実状に応じた看護提供体制に関する研究、平成 21 年度総括・分担報告書：厚生労働科学研究費補助金地域医療開発推進事業総括・分担研究報告書、2009

文献
愛媛大学医学部 40 周年記念誌編集委員会、『愛媛大学医学部 40 周年記念誌』、2013
舟島なをみ著、『看護教育学研究』、医学書院、2002
http://www.nursing-ehime.or.jp/recruit/list.html （閲覧最終：2016/03/23）
http://ilove.manabi-ehime.jp/system/regional/index.asp?..... （閲覧最終：2016/03/23）
川島みどり , 草刈淳子 , 氏家幸子 , 高橋みや子監修、『日本の看護 120 年』、日本看護協会出版会、2008
小山眞理子編、『看護教育の原理と歴史』、医学書院、2003
日赤愛媛県支部百年史編纂委員会、『日赤愛媛県支部百年史』、1989
茂野香おる , 長谷川万希子 , 林千冬 , 平河勝美 , 中根薫 , 岩本里織 , 柳澤理子 , 大野かおり、『系統看護学講座 専門分野Ⅰ看護学概論』、医学書院、2012
杉森みど里 , 舟島なをみ著、『看護教育学』、医学書院、2012

日本赤十字社愛媛県支部・松山赤十字看護専門学校における救護員養成と赤十字看護師の「歩み」、そして「歩むべき道」

渡邉　八重子

　日本赤十字社愛媛県支部の救護員養成125年、松山赤十字看護専門学校105年にわたる救護員及び看護師養成と赤十字看護師の活動・実践について経過・経緯をまとめた。
　大きな影響を与えたと考察される時代背景、日本赤十字社本社・愛媛県支部や松山赤十字病院及び松山赤十字看護専門学校の状況などから年次区分を定め、その年次区分による活動のうち記録すべき重要事項を選定し、これを中心にまとめる方法をとった。7期に分け、年次区分各期における看護職の果たすべき、また期待された役割、看護教育、看護活動の実際を記述し、併せて、多くの先輩姉の記憶と想いを紡ぎ繋ぎ合わせることで「あゆみ」を辿った。
　ここから、現在、さらに将来に向けて、「歩むべき道」を想い描き、具体的な活動として、今後、実践されることを期待したい。

はじめに

　日本赤十字社愛媛県支部が救護員養成を始めて125年、また、松山赤十字看護専門学校は105年の幕を、平成31年3月末に閉じることが決まった。「地域社会の平和と一人ひとりの生命と暮らし、そして尊厳を守る」の理念と教育を、聖カタリナ大学人間健康福祉学部看護学科に継承し、さらなる発展を委ねることになった。
　ここに、聖カタリナ大学開学30周年記念・短期大学部開学50周年記念・看護学科設置記念「癒し 地域包括ケア研究」の発刊にあたり、日本赤十字社愛媛県支部における救護看護師養成125年の歩みとともに、赤十字看護師の活動を辿り紹介させていただく。大きな影響を与えたと考察される時代背景、日本赤十字社本社・愛媛県支部や松山赤十字病院の状況などから年次区分を定め、その年次区分による活動のうち記録すべき重要事項を選定し、これを中心にまとめる方法をとり7期に分けた。さらに年次区分各期における看護職の果たすべき、また期待された役割、看護教育、看護活動の実際を記述し、これを繋ぎ合わせることで「あゆみ」を辿ってみた。併せて、多くの先輩姉にお会いして記憶と想いを紡ぎ繋ぐ作業をさせていただいた。
　ここから、赤十字の看護師や救護員の養成が大きく変わっていこうとする現在、さらに、

これからの将来に向けて「歩むべき道」を、想い描くことが出来るのではないかと考える。

Ⅰ．松山赤十字病院開設前

1）明治期

ⅰ　松山赤十字病院開院前の日本赤十字社看護師養成

　日本赤十字社の誕生は1877（明治10）年、日本最後の国内戦争でありそれまでに例を見ない大量の武器を使った戦争であった西南の役で負傷した兵士たちの救護を行ったことに端を発した。

　日本赤十字社は、1880（明治13）年に熟練した看護者を得るため「看護補員規則」を制定し、看護人と看護手を平時から契約・確保、看護の方法を熟知することに着手した。1887（明治20）年の国際赤十字への加盟、欧州赤十字の実情視察を受け、それまで男子であった看護者は、婦人をもってこれに充てるのが有効であるとし、1889（明治22）年「看護婦養成規則」を制定した。この規則には「卒業後2年間病院に於いて看護婦の業務に服し、後20年間は国の有事に際し速やかに本社の召集に応じ、患者看護に尽力することを誓う」などが制定されている。1890（明治23）年3月に生徒を募集、25名の志願者から10名を選び4月から教育を開始し、9月さらに5名を採用する。この機に愛媛県支部は、後の松山赤十字病院初代看護婦長となる俊野イワ女史を委託生として派遣している。

ⅱ　愛媛県支部の看護師養成

　愛媛県支部は看護師の急需に即応するため1894（明治27）年県立松山病院において、支部看護師養成所を設置、規則を制定し就業期間6か月という看護師養成を開始した。本社養成規則に基づき、養成期間が2ヵ年、3ヵ年と変遷し、1906（明治39）年の入学生からは、3ヵ年の就学年限のうち2ヵ年は支部で養成し、最後の1ヵ年は本社病院に委託入学させた。1908（明治41）年入学生の4名は全員を本社病院に委託入学させ、卒業後支部に戻り任用している。

ⅲ　日清戦争・北清事変から日露戦争へ、そして救護活動

　1894（明治27）年日清戦争、1900（明治33）年北清事変、1904（明治37）年には日露戦争と時代が動く中、日本赤十字における救護活動は、先進国に劣らぬ立派な成果をあげる。戦時救護規則によって、軍関係の傷病者の6分の1にあたる約9万人を救護する。また、加えて特記すべき事柄として、救護システムの確立がある。まず戦場の第一線で衛生兵が手当をし、後方の集合地、野戦病院に運び、さらに戦地の兵站病院に輸送、船や鉄道で戦地の港につき、病院船で内地に還って、各地の陸軍病院で看護するというものである。

この時期にあって、現在の救護システムは既に確立していると考える。またこれは、救護が、一人ひとりに対するミクロな視点と、組織というマクロ視点で展開されているとも確認できる。

　愛媛県支部においても戦時救護の記録は多く存在する。日本赤十字社本社が日清戦争の勃発による救護計画で「陸軍予備病院」または各地への派遣を提示したことを受け、愛媛県支部は、1895（明治28）年1月10日に支部救護員25名を松山陸軍予備病院へ派遣、次いで1895（明治28）年3月には本社第2回軍用船での船内救護員への派遣、さらに日本赤十字社松山臨時救護活動、善通寺予備病院松山分院での捕虜救護と続いた。「松山捕虜収容所日誌」では、ロシア青年士官の体験記として「情け容赦なき血生臭い戦争を背景に、敵兵を献身的に世話する、優しく、柔和な、率直で勤勉な、そして誠実な日本女性、看護師として、何より日本人の名誉」として、愛媛県支部看護師を紹介している。

　ここで「篤志看護婦人会」の活動を合わせて紹介している。看護業務を軽んじている風潮を打破し、我が国婦女子の美風を養成助長するために、日本赤十字社監督の下に、貴婦人による篤志看護婦人会を設置した。1904（明治37）年6月2日篤志看護婦人会の会員10名による松山衛戍病院でのロシア人捕虜への看護は、赤十字人としての見事な行動であったとして今に伝えられ賞賛されている。

　救護活動は、戦時救護の平素からの備えとして整備され実践されたが、その救護力を持って、平時の遭難、災害罹災者に手を差し伸べることは当然であった。

　県内の平時救護として、1892（明治25）年軍艦千島号遭難救護、1896（明治29）年の三陸津波罹災者救護、さらに1897（明治30）年大阪商船三光丸遭難救護、宇摩郡別子山村暴風による罹災者救護などの貴重な記録が残る。

iv　支部救護員養成規則の制定

　1909（明治42）年、本社において「救護看護婦養成規則」が発布され、支部救護員養成規則もそれに準じて制定された。

　当支部でも、1909（明治42）年1月から支部内に支部救護員養成所を置き、養成所長は支部副長が兼務し、教頭には県立病院長、主事を常務幹事に、教員には県立松山病院医員を委嘱し、看護師生徒取締り兼教員助手に看護師今井ムメ女史を任命し、同年12月に8名が入学し、救護員養成が始まった。

　西南の役に際し、戦地の傷病者を救護する目的で創設された博愛社が、その後もいつ起こるか分からない戦いに備えて、平時にもその準備をするものとして日本赤十字社として組織を充実し拡充した。日清・日露戦争での日本赤十字社の、みごとな救護活動は世界の注目するところとなる。救護体制の整備・救援物資の備蓄、動員体制の確立はもちろん、1890（明治23）年に開始した救護看護師の養成と救護実践によるものとの記載が残る。

Ⅱ．松山赤十字病院の創立から終戦

1）大正期

i 日本赤十字社愛媛支部病院開設と「日本赤十字社愛媛支部病院看護婦養成所」による看護師養成

1913（大正2）年4月1日、県立松山病院を譲り受けて「日本赤十字社愛媛支部病院」を開院した。主な目的の一つに、救護看護師の養成が提示された。

これを受け支部病院の開院と同時に、1894（明治27）年1月30日以降、県立松山病院に開設していた日本赤十字社愛媛支部看護師養成所を、県立病院から支部病院に移管し、第1回生として5名を入学させた。

1914（大正3）年4月1日「日本赤十字社愛媛支部病院救護員養成所」と改称、さらに1916（大正5）年4月1日には「日本赤十字社愛媛支部病院看護婦養成所」と改称し、その呼称は、1949（昭和24）年まで続き、当院における救護活動の礎として看護師養成が伝承されることになる。また、救護看護師養成とは別に病院看護師要員補足のための養成規則を設け給費生養成も開始する。

さらに1917（大正6）年「日本赤十字社救護員養成規則」の改正により、生徒配属区分及び派遣に関する規定が制定され、1918（大正7）年から1924（大正13）年まで鹿児島県支部の委託生を、また、1924（大正13）年から1939（昭和14）年までは広島県支部委託生を受託するなど、他県の救護員養成事業にも尽力・貢献した。

ii 結核予防と母子保健へ

開院の翌年1914（大正3）年には、結核予防撲滅事業の協力としての全県に及ぶ巡回診療と巡回訪問看護を行い、また結核予防・対策として1919（大正8）年には病床数91床のうち隔離病舎9床、さらに1919（大正8）年11月8日結核病棟を増設「愛媛支部療養所」を設置した。

一方、本社産院開設と同年の1922（大正11）年3月20日に産婆養成所を付設、救護看護師生徒第2学年から兼習として助産師の養成に取りかかった。同時に、1922（大正11）年6月15日、松山市妊産婦保護所を院内に新築し、市の母子保健事業に積極的に協力をしてきた。1925（大正14）年「日本赤十字社愛媛支部病院附属産婆養成所」は、国の定める産婆養成所として内務省の指定を受ける。以後、事実上廃止となる1941（昭和16）年までの約19年間で589名を養成した。

また、1926（大正15）年「小児科」新設、1927（昭和2）年には支部内に「児童健康相談所」開設、1992（平成4）年には妊産婦と乳幼児保護事業に協力するなど、地域

における産科・小児医療、母子保健に継続して貢献してきた。さらに社会福祉活動の歴史は古く、現在の成育医療の基盤となる事業や、行政・地域からの期待に応え連携して社会福祉活動を行い、現在の地域医療支援病院の礎を成すものである。

iii　世界大戦の勃発と戦地救護への動き、そして平時救護

　時は、第一次世界大戦へと進む。

　1914（大正3）年に勃発した第一次世界大戦への日本国の参戦を受け、本社は英・仏・露三国へ救護班を派遣する。当支部からは、後の第2代看護婦長となる近藤トキ女史が派露班として派遣された。

　1923（大正12）年9月1日に発生した関東大震災へは、救護班3ヶ班医員以下12名が出動し、東京、横浜にて12月8日まで救護従事した貴重な記録が存在する。

iv　病院組織での看護婦長の登用

　日本赤十字社愛媛支部病院の初代看護婦長に、日本赤十字社中央病院における看護師養成課程第一回愛媛支部養成模範看護師の俊野イワ女史が就任し、看護婦長以下13名の看護師が看護にあたった。当支部では、1950（昭和25）年病院規則改定により看護科長が置かれるまで、22名の看護婦長が、その任を継承することになる。

　1913（大正2）年「日本赤十字社愛媛支部病院」を開院と同時に、1894（明治27）年1月30日以降、県立松山病院に開設していた日本赤十字社愛媛支部看護師養成所を支部病院に移管した。1914（大正3）年4月1日「日本赤十字社愛媛支部病院救護員養成所」と改称、さらに1916（大正5）年4月1日には「日本赤十字社愛媛支部病院看護婦養成所」と改称。当院は、戦時・平時の救護を担う日本赤十字救護看護師の養成機関・病院として機能し整備が進んでいった。

　そして、病院内では、初代看護科長が登用され、看護が専門職とし、独立・自立、そして組織化されていく。

2）昭和前期

i　保健衛生活動と看護活動

　1919（大正8）年、国際赤十字連盟の結成で、赤十字事業の目標に平時救護活動と保健衛生に加え、日常生活の保健衛生、児童養護及び公衆衛生に関する知識・技術の普及も重要目標となる。

　愛媛県支部においても、虚弱児はもとより健康児の相談に応じる「児童健康相談所」を病院内に新設、また夏季児童保養所を開設し、病院医師・看護師の派遣や参加があった。「学校看護婦」の派遣も重要な事業であった。児童の個人的な衛生と相まって、集団的な生活

の場における衛生上の良い習慣を体得させるとともに、学校の生活環境を整備することが大事とされ学校医の設置が法制化されていた。学校医を補佐し教師と力を合わせ、学校衛生について実務にあたる学校看護婦配置の声があがる。支部は1936（昭和11）年から、この事業を開始し、病院からは教育職員としての心構えを有し経験豊富な看護婦長などが派遣された。1944（昭和19）年には、文部省教育局は学校専属看護婦の必要性を認め、同年3月31日付けをもって、松山赤十字病院を国民学校養護訓練養成所として指定した。

　衛生思想については、妊婦の保護・出産、育児はもちろん、疾病予防や治療についての知識を欠き、間違った考えや習慣も横行していた。1926（大正15）年12月23日、本社において衛生講習会実施要領を定めた。支部は翌1927（昭和2）年、越智郡波止浜町での開催を皮切りに県下全域で巡回講習会を開催した。

　広範囲に離島と山間部を有する当支部には無医地区が多かった。1927（昭和2）年1月15日巡回診療班を新設し巡回診療を行った。病院の医師・看護師・薬剤師、支部職員・自動車運転の係員を配属した。

　病院看護師の看護活動は、保健衛生活動として全県下や教育の場までにわたる。医療社会活動を組織的に実践する風土・文化は、各種赤十字事業への参加・参画により赤十字看護師に受け継がれていった。

ⅱ　戦時救護に総力を注ぐ

　1931（昭和6）年9月18日満州事変の勃発。日本赤十字社は、陸軍大臣から救護班の派遣の命を受ける。

　本国が戦争へと動く渦中で、愛媛県支部救護看護師にも出動命令が届く。1931（昭和6）年9月、満州事変発生により軍患者激増の広島陸軍病院の応援に土手ユキエ看護師他2名を派遣、3月16日には上海事変による軍患者収容の上海兵站病院へ看護師が派遣される。さらに1937（昭和12）年7月7日の支那事変。当支部からは、第80班が編成され1937（昭和12）年8月19日午前7時30分高浜港を出発し任地に向かう。この救護班派遣が大東亜戦争における当支部最初の救護班となる。この救護班において救護師長であった梅本勝子女史は、1981（昭和56）年5月、第28回フローレンス・ナイチンゲール記章を受章される。その後も、大勢の赤十字看護師が内地、病院船や全戦地での看護に、身命賭し寝食を忘れ尽力を費やした。1941（昭和16）年12月8日、遂にアメリカとの武力戦争に突入する。当支部からも、第338救護班の出動を皮切りに、16個の救護班を順次出動させた。常備救護班は不足し、新編成の予備救護班までも出動した。さらに、長崎・広島での原爆救護も懸命に努めた。

　従軍し犠牲となった赤十字救護看護師も出た。御霊に手を合わせ弔いたい。

　戦争の経緯は、戦時救護の有様そのものである。救護看護師が記した報告書・体験記・

葉書など、筆舌に耐えがたい有り難く貴重な宝が多く残る。

iii 支部病院の変遷

戦火が治まることはなかった。このような中で1937（昭和12）年、病院は「松山陸軍病院赤十字病院」となり、陸軍患者188名を収容する。また1942（昭和17）年12月18日、海軍戦傷病者を収容「呉海軍病院愛媛赤十字病院」となり、約400名の海軍患者を収容する。戦火は松山市で猛威を振るい、1945（昭和20）年7月26日夜、米空軍の焼夷弾攻撃を受け、病院は全焼する。患者を避難させるに奔走する2名の看護師が火だるまとなったと記されている。

1945（昭和20）年8月15日、ポツダム宣言とともに終戦を迎える。

1945（昭和20）年12月20日、残務整理を終了したのち第896救護班の解散により、当支部における戦地救護を終了する。

iv 必要とする救護員養成への対応

このような戦火のなかでも1940（昭和15）年10月から、臨時救護看護師養成を開始し、翌1941（昭和16）年4月からは乙種救護看護師養成を実施する。3年生は1年短縮で卒業し出動。2年生以下の在校生が必死で実務を担当した。これらの事をみても、どのような時代にあっても、いや、動乱の時代だからこそ看護教育に尽力し、人々の死と苦痛に寄り添う看護師の養成に努めていることがよくわかる。またここで特筆すべきに、学ぶことが許されないこの当時に、看護を志す一人ひとりが、「学びたい」、「赤十字看護師になりたい」という強い想いがあったと、取材をした体験者の誰でもが語っていた。

救護看護師養成は、赤十字病院の開院から戦争という厳しい時代において、人道・博愛に裏づけされた教育、訓練された平時・戦時の国内外での救護活動、病院内外の看護実践から培われることとなる。

Ⅲ．戦後復興からの医療・看護

1）戦後復興期 （昭和中期）

i 戦後の力強い復興は、現在の看護の芽生え・創造

戦火で消失した病院は、1951（昭和26）年、戦争からの復興を象徴し現地に移転・新築された。また、看護も、戦後の混乱期から戦後復興期へと、日本国の復興に向けた全国民の尽力と各種制度の整備等に合わせ大きな変容を遂げる。

救護看護師の養成は、1949（昭和24）年4月1日「松山赤十字看護学院」、さらに1950（昭和25）年12月には「松山赤十字高等看護学院」と改称され継承される。

戦後の医療は「連合国軍総司令部公衆衛生福祉部」として、米進駐軍による行政指導を受け形づくられてきた。1947（昭和22）年7月「保健婦助産婦看護婦令」の公布、翌1948（昭和23）年「保健婦助産婦看護婦法」が制定された。この法律は、看護は医療の重要な担い手であり、自立・自律と、その責務を謳ったものである。
　それ以前に、1948（昭和23）年医療法の制定や皆保険制度整備に向けた動きが大きな意味を持つことは言うまでもない。診療報酬による支払い基準は、それまでの入院には鍋釜を持って家族が付き添うやり方から、「完全看護」制度として看護の専門職の手による専門的支援を推進することになる。3交代勤務の開始、1963（昭和38）年には、看護量の分析調査から看護方式を「機能別」から、看護師・准看護師・看護助手を看護要員とし、リーダーナースが看護チームを運営する「チームナーシング」を採用・確立、「看護記録」の整備、さらに、これまで日常で実践してきた患者のお世話等に関する方法をまとめた「覚書」を「基準」という形にまとめるなどの整備が進められた。

　戦後の力強い復興は、現在の看護の芽生え・創造の時期でもあった。看護は再び、地域へと活動を開始した。
　家庭・地域での看護法は、戦前、衛生講習会のなかで衛生教育・保健指導として、戦時中は救急看護訓練として実践されてきた。日本赤十字社本社は、1946（昭和21）年、米赤十字社から派遣された看護顧問の勧告と指導により家庭における病人の世話や育児、健康を保持するための生活改善等、実際の生活の中に役立つ知識や技術を指導する活動として、構想も新たに家庭看護法の普及に取り組んだ。特にこの講習にあたる教師は、特別に訓練された赤十字看護婦をもってあてるとし、各支部から推薦された者が養成課程を経て本社が認定し各支部に配置され普及活動に取り組んだ。
　当支部も、1948（昭和23）年に梅本勝子・辻信子両女史が家庭看護教師に認定され活動を開始する。普及事業の成果と共に、病院勤務の家庭看護教師も増員され、支部と協力しながら全県下隈なく普及活動に邁進した。
　人々の暮らしに寄り添う赤十字看護が、地域で遺憾なく発揮される活動である。
　赤十字病院規則の改定により、病院組織に看護科が設けられ、1958（昭和33）年10月1日には看護部が発足、看護に関する業務が診療業務から独立する。これにより看護組織は大きな躍進を遂げる。当院では、1954（昭和29）年4月から看護婦長に就任していた松影波子女史が、1958（昭和33）年10月1日、初代看護部長に任命され、27年間その責を全うされる。
　また1959（昭和34）年の本社看護課からの看護業務執務要領提示、看護管理業務等の研究により、松山赤十字病院看護部組織図を策定し、看護管理業務を成文化するなど、看護部としての組織化や病院組織内の位置づけの明確化、同時に医療専門職としての看護

師を確立する重要な時期であった。

ii 平時救護と災害救助法・災害対策基本法の制定

この時期・時代にあっても救護活動を継続し実践している。

1953（昭和28）年からの引揚救援の協力、1951（昭和26）年ルース台風救護など風水害に対する救護、火災・海難事故救護と貴重な救護活動の記録が残る。

1947（昭和22）年10月「災害救助法」の制定、1961（昭和36）年「災害対策基本法」の制定により、国・都道府県・市町村等に協力し総合的防災活動での役割発揮が求められた。

現在も続けられている石鎚山救護については、1963（昭和38）年頃の記録の中に、看護師2名の救護班が6月末より1ケ月間程、石鎚山の山小屋で必要な手当てをするなど現地救護をしていた記述がある。必要によっては、係が近くの医師に連絡し現地へ向かう、また、係と共に近くの病院へ下山運搬していたようである。1ケ月近い山の救護、生活はドラム缶のお風呂にやっと入ったと記録に残っている。

1966（昭和41）年11月13日、全日空機松山沖墜落における救護の記憶は新しい。21時05分、松山医師会から松山赤十字病院長に患者収容体制の依頼が入る。これを受け収容体制の整備はもちろん、救護班要員を非常招集する。松山西警察署からの派遣要請を受け、救護第一班が空港に向かう。その後、12月5日まで懸命な献身的な救護活動が実践される。看護部救護担当副部長が記した活動を締め括る、活動の反省・評価を綴った文章の一節に「看護婦寮を居としている者を中心に、第1班を編成・派遣したが、今回の救護実践こそが、救護看護婦の養成・育成、いや実践訓練であり『看護学生』の派遣が必要であったと考える」とあり、先人の「救護」と「救護看護師養成」に対する責務への覚悟と、当院が有する「救護」と「救護看護師養成」の責務が再確認された。

2）松山赤十字病院の昭和大改造 （昭和後期）

1951（昭和26）年に建築された松山赤十字病院1号館は、1972（昭和47）年に新たに竣工し、2号館・3号館の新築・増改築がなされ「昭和大改造」の時期を迎えた。病院は、その姿と機能を大きく変容・進化させた。

看護部組織を「松山赤十字病院看護部運営組織委員会」として整備、1981（昭和56）年、武田金子看護部長は、病床数800床で看護師447名のトップとして管理を担当し、1989（平成元）年からは、岡村サヨコ看護部長が、看護師540名の看護管理者として、この「昭和大改造」を「看護業務の確立」と「質の高い看護教育」に尽力した。さらに全国に先駆け、1962（昭和37）年10月1日に、24時間365日開設の院内託児所が開設され、安心して働くことが出来る「最良の職場づくり」を目指し看護職員を支えていった。

ⅰ　療養の世話から新たな看護に向けて

　松山市の中心地である松山市文京町 1 番に、南向きに堂々と建つ木造の病院正面が印象に残る。

　看護は、チームナーシングで責任と介助という業務に分業し協働する体制を採った。看護用具といっても、清拭はベースンにお湯を張り、ハンドタオルをウォッシュクロスとして蒸し器で蒸して、看護の手に心を込めて拭いていった。洗髪もバケツにお湯を入れてベッドサイドや洗面台で行った。氷枕は、氷販売店から氷を届けていただき、細かく砕いて使っていた。もちろん中央配管はない。酸素吸入にはネラトンカテーテルが重宝された。フラスコに似た容器に入れた蒸留水で加湿し酸素を投与していた。小児の点滴にはガラスのシリンジイルリガードルに薬液を入れ、手動で滴下を調整していた。現在のようなディスポーザブル製品や外部委託などは、到底考えられなかった。

　この当時の看護学生は、臨床実習で既に責任業務を経験し、入職 4 月にはチームリーダーを担当し夜勤も一人で働いた。結核病棟や内科病棟では一人夜勤であった。

　しかし医療も看護も大きく変化してきた。診療部では、それまで外科医自身が麻酔を、外科で脳外科の患者の手術執刀もしていた。外科という診療科で、全ての外科的治療を麻酔も含め担当していた。ここに麻酔科・脳外科医の赴任が実現し、外科という診療科が専門細分化された。これに伴い看護部門でも、それまでの療養の世話という看護に加え、専門的診療の補助という新たな看護を手に入れた。

　高度医療・専門医療が進む中、看護も専門性が問われる時代となってきた。

ⅱ　病院の拡張、医療の成長・成熟

　1977（昭和 52）年 2 号館の建築で、640 床（結核 40 床）の実働で、県下でも最大病床数を有する病院となった。診療部門においては、1977（昭和 52）年「精神科」、1978（昭和 53）年「循環器科」・「心臓外科」、さらに 1980（昭和 55）年には「理学療法科」「小児外科」の専門科が新設された。

　一方、看護においても、新たな診療科の誕生とともに、その診療科に必要とする専門的な看護を研究し実践することが求められた。また、医療の高度化・専門化は、多くの診断・治療などに使用される医療機器を病院の中へ運んできた。人工呼吸器、人工透析機器、高カロリー輸液等、これまで見たことも経験したことも、操作したことも無い機器で溢れていった。

　病床の増床に伴い、看護師数を、1976（昭和 51）年 263 名を、1977（昭和 52）年に 349 名（133％）、1981（昭和 56）年で 447 名（170％）、1986（昭和 61）年には 508 名と 10 年間で倍増させた。また、夜勤帯まで及ぶ手術や治療に対応し、外科系 3 人、内科系 2 人夜勤体制を整備していった。

現場の看護方式は、看護チームを2個に分けて編成し、病棟（病床）を東と西に分け、それぞれのチームが担当する「モジュール型を用いるチームナーシング」と改造していった。
　入院患者の中には、治療が終了しても自宅に帰れない状態の者もおり、家族や付添婦と一緒にケアをすることも少なくなかった。臥床患者も多く褥創や尖足予防のために、体位変換、良肢位の保持等ダンボール箱を利用し工夫した看護を実践していた。患者が重篤化すると人工呼吸器の装着も目立った。1975（昭和50）年頃には新しい処置に対応し、看護基準を「看護基準・基礎編」「看護基準・各科編」「看護基準・検査編」と分冊・整備した。看護記録は、「格変なし」の印鑑を用い、青ボールペンで別記していた。診療記録においては、年配の医師はドイツ語で、若い医師は英語で記載され混在していた。看護師も薬札にはドイツ語で記載していた時期もあった。重症患者の観察項目が多いことによって、看護記録2号紙に記載していたものを、重症看護記録として新しく作成し使用し始めた。
　2年に一度は、病院主催の体育祭が盛大に行われ、職員や家族も多く参加し親睦を深めた。体育祭の中でも、とりわけ仮装行列に力を注ぎ、各部署の応援にも熱が入り、皆が楽しんでいた。また1979（昭和54）年託児所が竣工した。それに伴い夜勤時に子供を安心して預けることができ、核家族化するなかでも、働き続けられやすい環境が整ってきた。

ⅲ　専門看護への細分化

　1981（昭和56）年3号館の建築で、640床から800床の実働病床となり、全国赤十字病院のなかで3番目に大きな病院となった。3号館開設に備え、1981（昭和56）年度には職員142名を採用しそのうち看護師は98名という大量新人看護師の入職となった。
　同年4月「呼吸器内科」や「心臓血管外科」が新設され、また「リウマチセンター」が設置された。翌1982（昭和57）年4月「呼吸器外科」の新設、12月1号館に手術室、撮影室が増築された。また、1983（昭和58）年4月循環器センター、脳神経センターの開設、「神経内科」や「ICU」が新設された。その年、心臓外科の手術が開始されるなど外科の細分化も進んだ。
　看護においても、新しい診療科の誕生に伴い専門医療・高度医療に対応すべく、専門看護への細分化や看護業務の拡大へと展開していった。専門・高度医療に対応可能な医師が確保され、更に、手術室、ICUなどの整備や、レーザーメスやシンチスキャナーなどの医療機器の導入により診断や治療が格段に向上した。それぞれの部署においても医療同様に看護の質を担保する為、医師・看護師・コメディカル一丸となって、学び、検討し、研究に取り組んだ。
　看護師500人のうち、勤務配置は、新卒が1病棟6〜8人の時代であった。そのため2人夜勤の部署では、通常新卒とのペアでの夜勤であった。各勤務の引継ぎはカルテを使用し、全患者の申し送りをしていた。看護方式は「チームナーシング」で、看護実践に必

要な知識・技術・態度は、先輩看護師の卓越した日々の看護の中から主体的に学び修得していった。新診療科の開設は、我々看護師の目と芽を開かせた、より専門性の高い看護が必要になり、看護基準・手順も検討を重ね、整備していった。しかし主な看護技術は、まさに先輩の背中を見て覚え、育ててもらった。素晴らしかった。尊いと感じた。憧れ、知らず知らずに繋ごうとした。

　1981（昭和56）年5月に、梅本勝子氏がナイチンゲール記章を受章された。松山赤十字病院で働く看護師にとって、大きな誇りと励みになった。

　同月から、日本赤十字社愛媛県支部と松山赤十字病院の主催により、院内の家庭看護教室においても「赤十字家庭看護教室」が開講された。少子高齢社会に入ろうとする社会に対し、在宅看護の必要性と有用性を見据えた取り組みである。糖尿病教育入院を開始、愛媛小児糖尿病サマーキャンプにも参加した。心筋梗塞や脳卒中の患者に速やかな医療の手をということで「ドクターカー」の運用も開始された。赤十字の使命のもとで、地域住民により信頼される病院として、院内外で様々な医療・看護の提供に取り組み、展開し始めた。

　その他、託児所棟の増築工事開始、病院図書館、院内看護学校・学生寮、教育講堂が完成した。院内クラブ活動も盛んで、文化祭・運動会も開催された。また、ボランティアクラブが発足し、フロントサービスも試験的に開始するなど現在の院内のハード面・ソフト面での充足につながる基盤となった時期でもあった。

3）医療を問う　＝量から質へ＝
i　看護専門性の探求

　1985（昭和60）年、医療法の第一次改定により医療は"量から質"が重視され始めた。

　1985（昭和60）年6月、当院で初めて腎移植が実施され、内科と血液内科・循環器内科と心臓外科などといった診療科における細分化がみられ、より高い専門性が問われ始めた。それに伴い輸液ポンプやCV2000といった医療機器の導入もあり、看護師サイドの専門的知識も必要となってきた。

　看護業務の増大と煩雑化は以前と変わらず、深夜帯での業務をこなす為に夜勤看護師を2名から3名に増やし、看護方式を「チームナーシング」から、1986（昭和61）年頃には「チームナーシング機能別・受け持ち制」を取り入れる等の工夫をする病棟も増えてきた。また早出・遅出の導入にて対応する病棟も見られてきた。

　この時代の新人看護師は、入職前にアルバイト期間があり、その後、正規職員として採用された。今のようなプリセプター制度はなかったが、自らが常に学ぶ姿勢を持ち、先輩看護師の姿を見て学んでいかなければいけなかった。時には、経験年数の浅い看護師同士での勤務もあり、今では考えられないことである。入職1年目の年度末に症例報告を実施することで、自分の看護の振り返りを行い成長の糧としていた。

1985（昭和60）年～1988（昭和63）年、医療体制は整備され、治療の専門化は進んでいく。看護業務に占める診療の補助業務が増え煩雑化してきた。「患者と向き合い、患者の心に触れる看護とは」を問い直すこともあった。

　昭和から平成に変わるに伴い、業務の中央化の整備が少しずつ進んでいく。

　医療・看護の激変が予測されるなか、赤十字看護師の誇りと精神が行動化された。1986（昭和61）年の飛永艶子看護副部長のネパール国際救援活動である。プライマリーヘルスケアを目指す公衆衛生活動への評価は大きいものであった。また、1988（昭和63）年には、松山赤十字看護専門学校に所属する阪本紀子専任教師がマレーシアビドン島へ医療救護活動に尽力され、一挙に松山赤十字病院の看護師や松山赤十字看護専門学校学生の国際救援・救護活動に対する士気の向上となった。

ii　時代の変化に対応した看護業務改善の加速

　1991（平成3）年、バブル景気が崩壊し、時代の流れが大きく変化し始める。

　看護においては、看護学教育カリキュラムの改正や、大学教育の整備が推進され、現場ではプライマリナーシングを導入し、リーダーナースの役割を再考、明確化し看護師の専門的役割に対する意識が向上した。

　この時期は、看護助手も正規職員で、患者の日常の細かい変化や継続的な状況は彼女達の方が良く見えることもあり、新人看護師や看護学生が教わることも多くあった。大部屋では患者同士はカーテンを開けて過ごしコミュニケーションは活発であり、共に支えあう療養であった。

　1990（平成2）年、医療は医療者目線から患者目線へと意識が変化し始め、当院でもサービス向上の流れからサービス委員会を立ち上げ、病院玄関での案内・相談等が開始された。患者の希望・要望を聞き、病院食のメニュー、食器、配膳時間など入院環境の改善に向け動き始めた。

　1992（平成4）年、国家公務員の完全週休2日制、2002（平成14）年、公立学校の完全学校週5日制が実施され、当院も週休2日制を導入した。医療では、手術後の早期離床、内視鏡手術の普及、抗生剤投与期間の短縮化により、入院期間の短縮が進み1989（平成元）年の平均在院日数は30日となった。看護においても業務改善の動きが加速、1993（平成5）年、患者全員申し送りが廃止され、記録用紙は紙カルテからデジタルへと変化しはじめた。

iii　医療の高度化、看護の専門性に向けて看護全体を再考

　医療の高度化・少子高齢化など時代のニーズに対応できる人材育成を目的とした教育カリキュラム改正が行われ、看護界の教育体制に変化がおとずれていた。看護系4年生大学の増加や専門・認定看護師の誕生など、看護教育は看護の自立を目指し躍進を遂げてい

た。そのような時代背景を受け、松山赤十字病院では、教育委員会を柱として教育体制の強化を図っていた。新人教育体制の確立や次世代を担うリーダーナース育成に向け、卒後5年以上の看護師対象にレギュラーコース研修や専門コースといった研修会が計画・実施されていた。

　1995（平成7）年度、54病棟「呼吸器センター」新設、1996（平成8）年「リウマチ科」開設など、医学の進歩に伴い医療技術は高度化し、今日の診療科専門細分化への流れの始まりといえる診療科の独立、専門化がますます進んでいった。

　看護教育体制の強化は必須であった。院内では、看護研究・症例発表が盛んに行なわれ、深夜申し送り廃止や記録の簡略化など業務整理も進んでいた。看護の質向上を目指し、看護用具の工夫への活動も行われていた。業務委員会では、メッセンジャー業務の見直し、看護補助者研修も開催され、業務を分担・整理することで、チームで患者を支える体制づくり、チーム医療が重要視され、実践され始めた。

　1995（平成7）年1月17日、未明5時46分、兵庫県南部を震源地とする「阪神淡路大震災」は、死者6,434名、行方不明3名、負傷者43,792名という甚大な被害を及ぼす。当院からも看護師21名をはじめ、医師8名、薬剤師1名、事務職14名、支部職員4名の総勢48名が出動し医療・救護活動に尽力した。

　都市型災害での救護という新たな活動と、被災者はもちろん、力が及ばず救護できない状況に絶望し苦しむ救護担当者のこころのケアという課題が提示された。そこには、時代・歴史に関係なく、真摯に懸命に救護活動に励み「死と苦痛」に苦悶する者に寄り添う赤十字看護師の姿があった。

　この大災害を受け、防災委員会による院内防災研修会が企画・実施された。赤十字の基本理念の下、災害救護に対する知識・技術の充実の必要性を確信した年であった。また阪神淡路大震災規模の災害を想定した防災訓練が実施されるなど、防災対策・災害救護躍進の年でもあった。この訓練の積み重ねや経験が、2011（平成23）年3月11日に発生した未曾有の大災害「東日本大震災」での活動の礎となっていると考える。

Ⅳ. 21世紀を展望し平成へ

1）地域包括型医療福祉提供体制への変容に向けた赤十字看護の実現

ⅰ　赤十字理念の継承・行動化

　救護看護師養成が開始された当初は、目の前の命と苦痛を救うことに必死だった。その中で日清・日露、二度にわたる世界大戦という甚大な被害の中にあっても、静かに確かに救護看護を実践してきた。

　今後、日本は平和な時代にあっても少子超高齢社会へと進む。世界に類をみない文明社

会の発展の結果が訪れる事態といえる。それに対応すべく国は、医療にも大きな変容を求めた。自己完結型医療提供体制から、地域完結型医療提供体制さらに地域包括型医療福祉ケア体制の主体的構築である。

当院は、即座に行動を起こした。1997（平成9）年の地域医療連携室の開設により、それまでのどんな病気や怪我も最初から最後まで患者を診る医療から、地域医療支援病院として急性期医療を担当し地域医療を支援する体制へと、大きく舵を切ることになる。

赤十字看護師として「赤十字とは」を自らに問い、理念をどう継承し行動化するのかを模索した。

今後、当院が急性期医療から超急性期医療へと役割発揮するには、更なる在院日数の短縮が求められる。在院日数が短縮しても、患者には必要とする急性期医療・看護が提供されなければならない。急性期医療が終了すれば、患者・家族は、地域の中で次の療養の場を求めることになる。しかし地域の療養・リハビリ病床は削減され、医師・看護師不足等の影響で転院できる機関が制約・制限されることは容易に推測された。転院が無理となれば在宅での療養となる。しかし在宅では、継続する治療や看護処置、高齢者介護などの大きな多くの問題が影響し苦しく辛い療養生活が待つことも容易に推測された。

以上のことから我々急性期の看護師は、まず、急性期看護に責任を持つ専門家であると同時に、健康や生活に問題があっても、患者・家族がその人らしく、いきいきとした療養生活を送ることを目標に患者・家族に寄り添う療養の支援が重要な看護活動と確信した。

急性期看護の保証から超急性期看護の実践を目標に、看護実践の可視化と評価を継続した。看護の質の保証と業務の標準化を目指し、看護の方向性を提示し提供する看護ケアを明文化した「看護基準」へと改編した。2000（平成12）年、病院はクリニカルパス推進委員会を発足し、適切で効率的・有効性の高い医療を提供する方法としてパスを作成・導入した。インフォームドコンセントの理念や個人情報保護の考えが浸透し、開示できる記録が求められてきた。また、ベッドサイド時間の確保に向けた記録時間の短縮と看護実践記録として「看護記録」を変更・一新していった。

一方、日本看護協会は、1997（平成9）年9月の医療保険制度改革協議会「21世紀の国民医療～良質な医療と皆保険制度の確保への指針」を受け、10年以上の歳月を掛け看護サービスの新たな評価基準として「看護必要度」を開発、2008（平成20）年度の診療報酬改定で、急性期等手厚い看護を必要とする基準として「7対1入院基本料」を導入した。当院は、2007（平成19）年11月「7対1入院基本料」を充足する看護師数の確保に至り、急性期看護を量・質ともに保証することとなる。

このような中、看護方式については、大きな変遷を遂げていく。平成初期、看護方式は「プライマリナーシング」が主流であった。1993（平成5）年、リーダーナース業務を充実させ「プライマリナース」「アソシエイトナース」とし、各々の責任と業務を明確化し強化していっ

た。その後も、効果的・効率的な急性期・継続・専門看護を実現する看護方式を試行する病棟が増えていった。1998（平成10）年、業務委員会による看護方式の調査では「モジュール型継続受け持ち方式」へと、緩やかに変更していることが明らかになった。

在院日数が急速に短縮し、在院する患者の重症度・必要度が高くなるなかで「7対1入院基本料」取得は、上述したように急性期看護の手厚い看護の保証に対する対価である。2007（平成19）年には、各部署の特殊性を踏まえ煩雑かつ多忙な業務の効率性を考慮し、また患者にとり、より安全で安心な看護方式として「チームナーシング」を採用していた。熟練した看護リーダーがリーダーシップを発揮、看護師・看護助手をメンバーとし全入院患者について看護過程（PDCAサイクル）を回し、タスクマネジメントの実践を要としたものである。

2011（平成23）年、看護提供体制検討委員会では「医療の変化に対応した質の高い看護が実践できる看護提供体制を検討する」を目標に、新たな看護提供体制の創造に向け再考した。今後は、看護単位及び関連科の枠を超えた専門看護の協働促進、更には「顧客ニーズ」に焦点をあてた看護の生成が求められると考える。

一方、1998（平成10）年には地域の看護者と共に看護する地域看護チームの実現と看護の連携に向けた活動を開始した。地域で暮らす人々の療養生活とそれを支える地域の医療・福祉スタッフの実践と努力に触れ、共に地域チームとしての看護と新しい地域作りへの貢献を語り合うことから活動を開拓・開発・開始していった。施設相互研修、看護と介護の合同研修会の開催、看護講座での共同・共有・交流学習などが展開された。

2007（平成19）年7月、専門看護領域のエキスパート看護師を現場に配属したままで、地域医療連携課を兼務させ、患者・家族のその人らしい療養の支援に特化させた業務を役割とする「療養支援ナース」を配置した。療養支援ナースの役割が、決して退院を促すことでなく、「病気をしても、医療を継続し障害があったとしても、患者・家族の望む療養生活に向けての支援、その人らしくいきいき生きることを支援すること」を、当院看護師全員・療養支援ナース自身が肝に銘じ、患者・家族や院内外に理解・周知するため退院調整でなく、あえて療養支援とした。

これが、私たち赤十字看護師の拘りであり、表すべき進むべき姿であり未来と考える。

ii 「看護の質の追求」

患者の権利意識の高まり、情報化時代の加速により、患者・家族から選ばれる病院への変革が期待され、看護サービスも、量の拡大から質の追求が求められるようになった。

1995（平成7）年医療の質の向上・改善を目的に日本医療機能評価機構が設立され、1997（平成9）年、全国で11番目に病院機能評価を受審、認定された。以後、5年ごとの更新を行い、医療の質の維持・改善を図っていった。看護部門においては、2009（平

成21）年、「看護の質評価委員会」を設置した。現場では、「看護実践の評価がどうか」「質の高い看護を目指しているか」「看護によりどのような効果がもたらされているか」など看護を可視化し、質改善に向けた取り組みを始動した。

　2003（平成15）年には「看護方式検討プロジェクト」を立ち上げ、以後、公平性と効率性に基づいた患者集団対看護師集団というシステムの現状分析と新たな看護方式の開発を継続した。

　2007（平成19）年4月、「がん対策基本法」が成立する。同年、厚生労働省は「4疾病5事業」について各都道府県における地域医療計画と医療連携体制の策定を指示した。当院は2007（平成19）年1月、「地域がん診療連携拠点病院」の指定を受ける。看護部門においても患者の約20％を占めるがん患者に対して、がん専門・認定看護師を中心としたがん患者支援部門の設置等に取り組んだ。

　急激な少子化の現状と産婦人科医・小児科医の減少を受けて、国・県は、産婦人科・小児科医療施設の集約化、重点化を進めてきた。当院は、2004（平成16）年「成育医療センター」を開設、次いで2006（平成18）年3月には、「地域周産期母子医療センター」の認定を受け、その役割・機能を発揮している。看護部門においても「人も地域も、手と手をつないで、育てよう生命（いのち）支えよう未来を」をビジョンとし「成育医療センター看護部門」という新たな看護提供と地域とともに育む成育看護の実現を目指した。

iii　将来に向けた看護業務の再考と特化

　医療が、専門・複雑化する中、急性期病院としての役割特化が求められてきた。

　1996（平成8）年、日本看護協会の業務委員会が示した「看護補助者の業務範囲や教育に関する検討」を基とし、2010（平成22）年には、「急性期医療における看護補助者の業務や研修に関する基本的な考え方」が策定された。この間、急性期医療体制の整備を進めるにあたり、看護師は本来の看護に専念できるよう、チーム医療の役割分担と連携が推進されることとなった。

　当院、看護部でも看護師・看護助手の業務調整、説明支援ナース及び診療アシスタント導入、更には委託業者による休日ベッドメイキング制度の開始等の取り組みが開始された。このように、良質な看護サービスを追求する上では、機能分化と連携強化を促進した業務調整が不可欠となっていった。

iv　チーム医療の実現と看護専門職としての自立・自律

　医療の高度化や複雑化に伴い、質の高い、安全で安心な医療を求める患者・家族の声が高まり、看護の質の高度化を目指した社会的動きも活発化してきた。看護教育の大学化、そして看護の専門分化の動きが起こり、看護教育の変化による新時代が到来した。医療の

「機能分化」「連携強化」が進む中、看護職の専門性の向上と役割の拡大が後押しされ、今後、ますます看護の専門力の強化が期待されると考える。2001（平成13）年、保健婦助産婦看護婦法が改正「看護婦・士」から「看護師」に改称された。

専門職としての自立が求められる中、看護師における教育体制整備と職務満足向上への手段として普及されたのがキャリア開発である。当院では、2001（平成13）年「卒後継続教育体系化プロジェクト」を発足し、経年別教育の課題を明らかにした。これを受け、2004（平成16）年「松山赤十字病院キャリア開発ラダー」が導入され、ステージ別、専門コース別研修会を開催し、個々のライフスタイルに合った個人の課題や目標が明示される能力開発の体系化づくりを行った。

一方、新人教育についても、大きく変化した。1997（平成9）年から組織的に、プリセプター養成研修を開始し、新人教育に効果をあげてきた。2004（平成16）年3月、厚生労働省は「新人看護職員の臨床実践能力の向上に関する検討会報告書」を基に「新人看護師臨床実践能力向上推進事業」を推進した。

その背景として、学校教育カリキュラムの変更に伴い、看護学生の臨地実習では、看護技術を実践できる機会が限定されたこと、また基礎教育修了時の看護実践能力と臨床現場で求められる水準との大きなギャップを抱える問題が生じていた。新人が、できるだけ早期に基本的看護技術を確実に習得でき、自信をもって提供できること、そして看護の質の確保、安全な医療を提供することが課題となっていた。

当院では、2008（平成20）年より「新人看護師臨床看護研修制度」を導入した。新人研修運営委員会を設置し、各部署に研修担当者、実施指導者、ジュニアプリセプターを配置し、ＯＪＴ及び集合研修を通して、全看護職が新人を指導する体制を強化した。2009（平成21）年7月、「保健師助産師看護師法及び看護師等の人材確保の促進に関する法律の一部を改正する法律」により、翌年、新たに業務に従事する看護職員の臨床研修等が努力義務化され、看護教育がますます強化された。

1993（平成5）年、看護部長に就任した二宮由美子看護部長は、21世紀を展望し、自己完結型医療から地域完結型医療、さらには地域包括型医療体制の構築、また看護管理者としての病院経営への参画を実践し役割発揮に向けて多くの偉業を成し遂げた。これを受け継いだ光峰前看護部長は、現場を支えるをモットーに、現場主導の看護革新に尽力されていた。

2）将来構想にむけた決断

2012（平成24）年、松山赤十字病院将来構想委員会では、松山赤十字病院及び松山赤十字看護専門学校の将来に向けた役割とその姿を議論した。

結論、病院は地域医療支援病院として急性期医療を担い、地域医療を支援する病院とし

て現地建て替え、専門学校は、これまでの赤十字教育を継承すると同時に、地域看護のリーダーとしての機能発揮を目指し、地域大学との連携を探る。

V．看護の原点を見失わず、赤十字精神を受け継ぐ看護師を育てるために

　改めて看護の原点に立ち戻ってみる。看護は、人類が誕生すると同時に必要とされた。看護は、母親が我が子を愛おしみ、我が子を我が胸に抱きしめ母乳を口に含ませることから始まり、そこから広がり、病に苦しむ人たちの世話をすること。そして、その行為やその結果として苦しみがとれ、心癒されることだと言われている。

　21世紀を迎え、日本は世界に類をみない超高齢社会を迎える。しかし、高齢者や家族は長寿を手に入れても、決してこころから喜べる状況にはない。鎌田は「ナイチンゲールが19世紀に看護を創り出したときは、医学が生命を救えない時代でした。感染症や栄養失調で人々が死んでいくなかで、彼女は看護の力で生命を芽吹かせようとしたのです。時代がナイチンゲールを生んだともいえるのでしょう。そして今、日本は進歩した医学をもってしても高齢者を幸せにすることが出来ない時代を迎えています。ナイチンゲールの時代は医学が無力でしたが、現代の日本は医学が非力な状況にあります。まさに、今こそケアの時代となったのです。そのようななかで看護のもっている力を信じて、高齢者・家族・介護職とともにケアの時代を作っていく役割が看護職に求められています。超高齢社会は看護職の肩にかかっているのです」（鎌田ケイ子『失われた看護を求めて　看護の"かたち"を考える』高齢者ケア出版、2015年、192頁）と述べている。

　ナイチンゲールは、神に仕えるためにナースになった。神への強い意志のもと、看護は苦しんでいる傷病者への愛の行為にほかならない。

　看護教育の目指している「ケア」は、人類が求めてやまない「ただただ、苦しむ人を救いたい」という患者への愛であるとも考えられる。今、このような時代にあって、我々看護者は、看護の原点を見失わず、その根底にある愛を引き継ぎたい。

　日本国における戦争が終結し70年が過ぎるが、世界中では紛争や戦争が続く。

　自然災害は、容赦なく私達の心と生活を傷つけ、同時に忘れてはならない大切な事を教えてくれる。わが国は、海に囲まれ緑の山河や平地に恵まれているが、その一方で毎年、自然災害が後を絶たず地震の恐怖は拭い去れない。1995（平成7）年阪神淡路大震災、2004（平成16）年新潟県中越地震、そして、2011（平成23）年3月11日14時46分、東日本を未曾有の災害が襲った。その被害は20都道県におよび、死者15,000人以上、重軽傷者6,000人以上、行方不明者3,300人を越える甚大な被害であり、今もなお復興途上にある。

　赤十字看護師として、災害現地に駆け付け、その思いは被災者と共にあった。懸命にで

きる限りの救護活動を行った。これが赤十字である。

　赤十字の創設者アンリー・デュナンは、1828（文政11）年5月8日、スイスのジュネーブで生まれる。スイスという国は、世界主義的傾向があり、ジュネーブ上流階級はカルバン派宗教改革の影響で、人生観は厳しく宗教的、道徳的理想を博愛事業に発揮する精神風土があった。デュナンの父親は、ジュネーブ共和国の代議院議員で、親のない子どもの世話をする保護局の仕事を担当し、母親は、孤児院の監督や自分の田舎の別荘の子どもを引きとり世話をしていた。取り分けデュナンの家庭は信仰と博愛の空気に満ちていた。デュナン31歳、1859（安政6）年6月25日、フランス・サルディニア連合軍とオーストリア軍の間で開戦されたイタリア統一戦争の激戦地ソルフェリーノのカスティリオーネの地に降り立った。戦場から約6キロ西方にある教会には、血と泥にまみれた傷兵がところ狭しと詰め込まれ、教会の中ではあらゆる国の人々が、苦悶の声をあげ横たわっていた。傷ついた兵士はもはや兵士ではない、人間である。人間同士としてその尊い生命は救われなければならない。デュナンは『"Tutti fratelli!"～われらはみな兄弟～』と叫び、カスティリオーネの婦人たちと共に救護活動に奔走した。カスティリオーネの婦人たちは言う、「腕の中でもがき苦しむ若者は、我が子にしか思えなかった」と。もし、十分な人手があったら。もし、平素から訓練された国際的な救援団体があったなら、もし、傷病兵の母国語を話せる人がいたら、もっとボランティア経験者がいたら、傷病兵や人間の命はもっと救済されたであろう。デュナンは、すぐに行動・活動を起こした。人道・博愛・平和・中立の思想を基調とし、1863（文久3）年10月29日ボランティアの救護団体を平時から各国に組織する「赤十字」を誕生させ、次いで1864（元治元）年8月22日に救護団体の目的達成のために国際的な条約として「ジュネーブ条約」が締結される。世界を繋ぐ純白に赤の十字の旗は、偉大なる思想が生まれたスイス連邦に敬意を表し、スイス国旗の赤と白の配色を逆にしたものである。

　2016（平成28）年現在、世界190の国と地域にある赤十字・赤新月社の中で、日本における赤十字の発祥はこれと非常に似ている。

　1877（明治10）年、日本最後の国内戦争である西南の役は「博愛社」を誕生させた。1877（明治10）年2月、西南戦争ぼっ発。2月21日、薩摩軍は政府軍と熊本城の攻防戦を開始。3月20日、政府軍田原坂を陥落。敗れた薩摩軍は敗退の一途をたどっていく。特に、田原坂の激戦は死傷者が多数にのぼり、しかも山野に放置されるという悲惨な状況であった。このあり様は、人々の胸に戦場の悲惨さを思い知らせた。後に日本赤十字社初代社長となる佐野常民は、1873（明治6）年「ウィーン万国博」へ参加し、ヨーロッパにはすでに「赤十字」という救護団体があることを知っていた。しかし、時の政府に敵・味方の区別なく救護するという申し出は受け入れられなかった。佐野は戦地の熊本に向かい、5月1日、政府軍総指揮官であった有栖川宮熾仁親王に「博愛社」設立の博愛社創設

の請願書を奉る。5月3日、有栖川宮熾人親王は、戦場における博愛社の活動を認める旨を示す。我の眼下でもがき苦しむ姿に、また、もがき苦しむ親王の判断だったことが伺える。佐野常民は、日の丸の下に赤い線を引いた旗を博愛社のマークとして使用し直ちに救護活動を開始する。1886（明治19）年、日本政府のジュネーブ条約締結により、1887（明治20）年、「日本赤十字社」として創設される。

　日本赤十字社は、1880（明治13）年熟練した看護者を得るため「看護補員規則」を制定し、看護人を、平時から訓練・確保することに着手した。1890（明治23）年には、平時から救護看護に熟練した看護者を得るため全国から生徒を募集し、愛媛県支部は、これを機に、後の松山赤十字病院初代看護婦長となる俊野イワ女史を委託生として派遣した。1894（明治27）年、県立松山病院に「日本赤十字社愛媛支部看護婦養成所」を開設し、愛媛県における看護師養成事業が開始される。

　1913（大正2）年4月、「日本赤十字社愛媛支部病院」（現、松山赤十字病院）が開院した。病院開設の主な目的の一つに救護看護師の養成を提示し、それまでの看護師養成事業を移管し、第一回生として5名を入学させた。1914（大正3）年4月1日「日本赤十字社愛媛支部病院救護員養成所」と改称、さらに1916（大正5）年4月1日には「日本赤十字社愛媛支部病院看護婦養成所」と改称し、その呼称は1949（昭和24）年まで続き、愛媛県支部における救護活動の礎として看護師養成が伝承される。戦時も看護師養成は継続され、1949（昭和24）年までの養成所時代に1,186名の救護看護師を輩出した。

　第二次世界大戦後の1947（昭和22）年には、「救護看護婦」の名称は「赤十字看護婦」と改められる。1948（昭和23）年「保健婦助産婦看護婦法」が制定され、各県支部の養成所は「赤十字看護学院」となり、本校も1949（昭和24）年「松山赤十字看護学院」と改称、翌1950（昭和25）年には「松山赤十字高等看護学院」と改称すると共に、入学資格も高等学校卒業者となる。1976（昭和51）年、「学校教育法」の一部改正に伴い、県知事より専修学校専門課程の専門学校として認可を受け、「松山赤十字看護専門学校」と名称を改める。看護学院時代と看護専門学校時代を合わせ、2016（平成28）年3月までに1,817名が巣立つ。支部病院での養成となっての卒業生は、2016（平成28）年3月で3003名となる。

　人道を基盤とした「命と苦痛に寄り添う」救護員の養成は、激動の時代に、努力と挑戦、勇気と知恵を持って、またその将来を熟慮し行われてきた。2016（平成28）年3月で、日本赤十字社愛媛県支部における救護員養成123年、松山赤十字看護専門学校での赤十字看護師養成103年の歴史を刻んできた。松山赤十字看護専門学校における赤十字看護師養成は、2016（平成28）年度入学生を持ってひとまず終えることになる。

　筆者は、松山赤十字看護専門学校を卒業し、赤十字病院や母校の教育に携わり、赤十字と共に40年を過ごしてきた。赤十字精神を愛し、それに基づき行動してきた。教師とし

て看護師を育ててきた筆者にとって、赤十字看護専門学校が閉じることは断腸の思いである。しかし、同時に将来に向けた大きな決断でもある。

　「人道」という、人類にとって唯一無二の価値は、形は違っても、これまで本校や松山赤十字病院を支えてきた一人ひとりの学生・卒業生の中で、生き続けて継承・発展されていくものと願っている。

　そして、2017（平成29）年度「愛と真理」を理念とする聖カタリナ大学に人間健康福祉学部看護学科を開設し、赤十字教育の継承を委ねることとした。

　ここで、大学移行を選択し、聖カタリナ大学と提携するにあたって、筆者の考えと聖カタリナ大学理事及び教職員との話合いの一部を紹介する。

　第一に、現在、松山赤十字看護専門学校は、松山赤十字病院付帯事業としての学校経営である。付帯事業としての制度設計での継続は、生産性、可能性ともに限界である。まずは、病院の付帯事業から、独立した経営、自立した教育機関になること。それに際しては、卒業後の活動の可能性を期待し、3年課程の看護師養成から4年生大学教育機関への変換・移行を探る。

　次に、看護学単独での大学化が良いのか。また、赤十字単独がよいのか。重要な考察となる。

　今後の看護活動は、従来の病院から地域在宅へと広がり、一人ひとりの看護師に今まで以上に質の高い判断・活動が求められる。また、新人看護職員の就業先も病院に限らず地域・在宅も選択肢となり、その際に、赤十字原則は、その判断・活動の基準となり得る。今まで以上に、看護基礎教育での赤十字修学の意味はさらに大きくなると考える。また、これからの超高齢社会の中で一人ひとりの高齢者の暮らしと尊厳、人生の終焉に寄り添うには療養、介護、養生、癒しといった支援の必要性が高まっていく。それには地域での療養生活を支援する力や、保健医療福祉関係者等と連携や協働する力が欠かせない。何より、基礎教育の段階から、看護のみならず健康と暮らしを支える介護・福祉等のケアの専門職が、理念を共有し協働して学び、互いを尊重し活かし合う教育が欠かせない。以上の事から、看護学単独ではなくケア専門学との共学としたい。

　赤十字が、「傷ついた人を救いたい」という戦時救護から誕生したことは先に述べた。

　シエナの聖カタリナは、それよりはるか以前、1347（貞和元）年、イタリアのトスカーナ州シエナに生まれる。人々が恐れるペスト患者をふくむあらゆる病者や、社会の底辺に生きるすべての弱者に対して、キリスト教の教えに則り深い愛を向けながら、様々な世話や奉仕に献身し、人々を慰め、力づけ、励まし、驚嘆すべき隣人愛の模範を示している。聖カタリナの愛は、特に道徳的、精神的な弱者、犯罪者、死刑囚にまでにおよび、叱正、助言、指導、激励等の個別な援助にとどまらず、集団や地域との多様な福祉活動、風俗改良、精神指導として具現化している。

「隣人を愛し救いたい」という理念を、赤十字は、災害救護・看護として具現・行動化し、聖カタリナは、看護・福祉・介護として具現・活動してきた。双方は、十分に相通じるものである。赤十字と聖カタリナ双方を内包する基礎教育機関として、そのビジョンを「隣人の安心と健康、そして幸せのために」とし、大学の新たな座標軸を「人類に対する普遍の愛と人道の実践に向けた諸科学の連携」を目指すことで合意した。

　さらに、持続可能な地域づくりには、教育の整備・充実は重要である。将来の国土を豊かにするために桜の苗を植えるように、地域社会の将来を託すこころの豊かな人を育てることが重要と考えられる。また、何より、日本赤十字社の愛媛県における看護教育や病院の歴史と伝統、その実績・信頼を継承することは地域住民の安心と安寧となり、これまでの赤十字看護教育を継承し、さらに発展する可能性のある地元の聖カタリナ大学との連携は有効である。

　聖カタリナ、アンリー・デュナンが、そしてナイチンゲールが、人類に問い実現しようとした「愛の具現化」を、新たな看護学科や聖カタリナ大学に期待し、ペンを置く。

　　引用文献
　　　失われた看護を求めて　看護の"かたち"を考える

　　参考文献及び資料
　　　日本赤十字社史稿
　　　日本赤十字社史続稿上巻、下巻
　　　日本赤十字社社史稿第四巻～第八巻
　　　人道――その歩み　日本赤十字社百年史
　　　国際赤十字ハンドブック
　　　人道――日赤の手引き
　　　松山赤十字病院五十年史
　　　松山赤十字病院七十年史
　　　日赤愛媛県支部百年史
　　　愛媛県百科大辞典
　　　日本の歩みと世界
　　　愛媛年鑑
　　　愛媛県史近代上
　　　愛媛県史概説上巻、下巻
　　　刊行物　支部事務概務（明治二十二年～明治四十年）
　　　　　　　支部事務概務（明治四十一年～昭和十七年）
　　　　　　　支部事業概要（各年度一回）

あとがき

　聖カタリナ大学開学30周年・聖カタリナ大学短期大学部開学50周年『記念論文集』の発刊となりました。発刊にあたっては、何かと御指導、御助言、また御協力下さいました関係者の皆様に、先ず御礼と感謝を申し上げます。

　本学は、聖ドミニコ修道会の精神とキリスト教のヒューマニズムに基づいて、建学の精神「愛と真理」に満ちた豊かな人格を形成することを目標としてまいりました。大学は1988（昭和63）年に聖カタリナ女子大学として開学してから30年、同短期大学部は1966（昭和41）年に聖カタリナ女子短期大学として開学50年となりました。この間、キリスト教的人間観を基礎として、真実に従って生き、高い志しと隣人を大切にする心をもった人材の養成に努め、社会に大きな貢献を果たしてまいりました。建学の精神は大学教職員に周知され、社会福祉学科、人間社会学科、健康スポーツ学科、保育学科の各学科において、それぞれ目的・教育目標に応じて着実に実践し、その成果を挙げてきました。

　しかしながら、日本社会が超高齢社会の到来により、今後健康福祉分野において優秀な人材の育成と地域社会で活躍できる人材が更に求められるため、本学は時代の要求に即応した健康福祉社会づくりに貢献できる人材養成に取り組んで行くことが喫緊の課題でした。地域に愛され信頼される大学に体制を整備するためには、教育の更なる質の向上に努めると同時に、平成29年度設置の看護学科と短期大学部の幼児教育に関する諸問題、それに学園全体の課題や地域社会が求める専門領域と連動させることによって、愛媛における学園の将来体制が構築できるものと考えています。

　この展望を着実に実践していくには、社会の信頼に応える学士課程教育の充実と卓越した教育研究拠点の形成、更には産学官の連携による地域創生、教職員の質の向上・保証と教育研究を支える基盤強化が不可欠になります。その一環として、優れた教育実践を生み出す研究の深化と地域貢献に結びついた教育活動の成果を論文集として発刊することによって、本学が健康・看護・福祉・地域社会・保育などに特化した、新しい地域包括支援体制を担う、学園づくりの一助となる思いで本書を企画いたしました。

　かつて我が国の農山漁村には、雑木林（照葉樹の森）と川や海が結びついた里山の暮らしが日常空間としてみられました。また都市部においても、そのような環境が都市近郊や街なかに容易にえられました。そこには物質的豊かさよりも、心の豊かさとしての環境（癒し）がありました。この環境を再構築することが、地域システムや地域創生にとって必要不可欠なのです。この心の癒しと地域包括ケアの立場から編んだのが本書です。

　本書の企画編集に至る経緯については、人間健康福祉学部看護学科を聖カタリナ大学

松山市駅キャンパスに設置（平成 29 年度）し、同キャンパスに「健康と福祉」をテーマに都市型の学園イメージを構築する『心の癒し研究所』も設置することが、2015（平成 27）年 4 月の将来計画委員会において議決されました。この決定をうけて研究所開設までの準備作業の一環として本書が企画され、また平成 29 年度が大学 30 周年と短期大学部 50 周年の記念の年度でもあることから、開学記念論文集として刊行することになりました。

　2015（平成 27）年 4 月の同委員会をうけて、心の癒しと地域包括ケアを目的に本学教員の研究のなかから、執筆者を選出し、加えて特定の学科に偏らない配慮もしながら、同年 5 月に 17 名の教員に口頭で原稿依頼をいたしました。その後、7 月と 10 月の全体会議において記念論文集の目的と意見交換を実施し、平成 28 年 3 月に原稿の提出に至りました。編集委員会に提出された原稿 14 編は 4 月以降、同委員会において書籍の体裁と構成、それに査読者への依頼と執筆者への加筆・修正等を 9 月まで実施しました。

　本書の刊行については、大学 30 周年・短大 50 周年、それに看護学科設置の記念特集号であることから、「聖カタリナ大学・聖カタリナ大学短期大学部研究叢書 NO4」としての出版企画提案書を FD 委員会へ提出し承認（平成 27 年 10 月）をうけ、刊行に至った次第です。執筆者は心の癒しや健康・福祉・看護・保育の研究者、更に社会的にも幅広くご活躍の方々です。本書が地域支援や高等教育に寄与しうるところがあるとすれば、ご執筆いただいた諸先生方のおかげです。本書が地域再編の一助になることを願ってやみません。

　なお本学の看護学科設置おいて松山赤十字病院と協力協定を結んだこともあり、松山赤十字看護専門学校副校長の渡邉八重子先生に「松山赤十字看護教育の歩みと歩むべき道」について執筆をお願いいたしました。また本学名誉教授の下田正先生には社会福祉学に関してご教示と執筆を賜りました。両先生には多大なご尽力とご協力を戴き、そのご厚情に感謝しここに深く御礼を申し上げます。

　最後になりましたが、聖カタリナ学園理事長中田婦美子先生には発刊のお言葉を戴き、また教職員の皆様には、一方ならずお世話になりました。心より御礼申し上げます。不慣れな編集委員を発刊に至るまで支えていただいた方々の労に深甚なる感謝の意を表します。

平成 29 年 2 月 11 日
編集委員長　玉井 建三

執筆者紹介 (執筆順)

ホビノ・サンミゲル	聖カタリナ大学学長	(キリスト教学)
寺尾　寿芳	聖カタリナ大学教授	(諸宗教の神学)
下田　正	聖カタリナ大学名誉教授	(社会福祉学)
佐々木　裕子	聖カタリナ大学教授	(国際福祉学)
恒吉　和徳	聖カタリナ大学教授	(社会保障)
鷹尾　雅裕	聖カタリナ大学教授	(精神保健福祉)
山本　克司	聖カタリナ大学教授	(人権論)
竹田　信恵	聖カタリナ大学短期大学部講師	(幼児教育学)
藤井　澄子	聖カタリナ大学短期大学部教授	(音楽療法)
秋山　昌江	聖カタリナ大学教授	(介護福祉学)
稲田　俊治	聖カタリナ大学教授	(スポーツ社会学)
丸山　裕司	聖カタリナ大学教授	(医療福祉学)
関谷　由香里	聖カタリナ大学教授	(基礎看護学)
渡邉　八重子	松山赤十字看護専門学校副学校長	(看護管理学)

開学記念特集号
聖カタリナ大学・聖カタリナ大学短期大学部研究叢書 4
癒し 地域包括ケア研究

| 2017 年 2 月 11 日　第 1 刷発行 | 定価＊本体 2000 円 + 税 |

編　集　聖カタリナ大学・聖カタリナ大学短期大学部
　　　　開学記念論文編集委員会
企　画　聖カタリナ大学・聖カタリナ大学短期大学部
　　　　〒 799-2496 愛媛県松山市北条 660 番地
　　　　TEL.089-993-0702（代）
　　　　http://www.catherine.ac.jp

発行者　大早　友章
発行所　創風社出版
　　　　〒 791-8068 愛媛県松山市みどりヶ丘 9 − 8
　　　　TEL.089-953-3153　FAX.089-953-3103
　　　　振替 01630-7-14660　http://www.soufusha.jp/

印　刷　岡田印刷株式会社

Ⓒ St.Catherine University 2017
ISBN 978-4-86037-243-9　　　Printed in Japan